스토아 수업

철학은 어떻게 삶의 기술이 되는가

스토아 수업

라이언 홀리데이 · 스티븐 핸슬먼 지음 | 조율리 옮김

다산
초당

자기 삶의 철학자가 되기 위한 스토아 수업

철학을 공부하는 유일한 이유는 더 나은 사람이 되기 위해서다. 니체는 이렇게 선언했다. 더 나은 사람이 되는 걸 돕지 못하는 철학은 가치가 없으며, 단지 말로써 말을 비판하는 것에 불과하다고. 기원전 3세기, 고대 그리스에서 시작된 스토아 철학만큼 이 주장에 동의하는 철학은 없다. 스토아 철학자 세네카는 철학을 공부하는 목적이 좀 더 행복한 삶을 살기 위해서라고 솔직하게 말했다. 니체에게도 세네카에게도, 철학은 이처럼 삶의 방향을 구체적으로 알려주는 방법이었다.

하지만 오늘날 철학의 이러한 역할은 퇴색됐다. 언제부턴가 철학은 똑똑한 사람이나 쓰는 번지르르한 말, 상대가 쉽게 내 말을 이해할 수 없도록 하는 역설적 수사나 수수께끼 따위로 변질됐다. 그러니 사람들이 철학은 쓸모가 없다고 비판하는 것도 어찌 보면 당연하다. 실제로도 그러하니까!

가장 쓸모 있는 삶의 기술

역설적으로, 이것이 바로 내가 스토아 철학에 관심을 갖게 된 이유다. 본래 철학이 가진 실용성을 되살리고, 어떻게 해야 잘 살 수 있는지 배우기 위해서다. 그래서 이 책은 스토아 철학자들의 삶과 죽음, 그리고 그들에게서 배울 수 있는 실용적 지혜를 누구나 쉽게 이해할 수 있도록 풀어 썼다.

스토아 철학자들은 우리가 마땅히 본받을 만한 삶을 살았다. 그들은 자기 삶이, 그리고 공동체가 옳은 방향으로 나아가도록 최선을 다했다. 때론 고된 망명 생활을 견뎌냈고, 사랑하는 사람을 잃는 시련을 현명하게 극복하려 애썼으며, 가슴에 품은 꿈을 이루고, 단점을 장점으로 바꾸기 위해 끊임없이 노력했다. 매 순간 삶의 방향을 고민하면서, 때론 비극적이지만 영웅다운 선택도 했다.

2천 년 전에도 조롱의 대상이었던 '글만 잘 쓰고 말만 잘하는' 철학자들과 달리, 스토아학파는 '어떻게 살 것인가'라는 핵심적 질문을 던졌다. 유려한 말솜씨를 뽐내기보다 개인의 선택과 책임, 대의를 위한 공헌을 중시했고, 역경에 현명하게 대처하는 법 등 삶에 적용 가능한 행위를 고민했다.

다시 말해, 스토아 철학은 덧없는 사상이 아닌, 행동하는 철학이자 쓸모 있는 삶의 기술이다. 용기, 절제, 정의, 그리고 지혜라는, 간결하지만 좋은 삶을 살기 위해 꼭 필요한 네 가지 덕목을 강조했다. 그래서 여느 철학처럼 철학자들이 남긴 말과 글뿐만이 아니라, 그들의 실제 삶의 여정에서도 여러 교훈을 얻을 수 있다. 예를 들어, 소 카토는 자신이 터득한 지혜를 글로는 거의 남기지 못했다. 공무를 보거나 전투에 참여하느라 평생 바쁜 시간을 보냈기에, 오늘날 남아 있는 그의 문장은 단지 몇 구절뿐이다. 하지만 로마 공화정이 몰락하던 시기, 그가 자기 삶을 통해 보여준 올곧고 청렴한 정신과 이타적인 태도는 그 어떤 유려한 글보다 훌륭한 가르침을 준다.

늘 좋은 것에서만 배울 수 있는 건 아니다. 기원전 1세기 초 활동한 스토아 철학자 디오티무스의 이야기는 뛰어난 인물도 얼마나 쉽게 나쁜 길로 빠지고 방황할 수 있는지를 보여준다. 세네카 역시 마찬가지다. 그가 남긴 서신들은 사람을 움직이는 힘이 있지만, 폭군 네로의 스승으로서 시대와 타협한 행동은 자신의 글과는 대비된다.

이 책은 삶뿐만 아니라 죽음도 다룬다. 암살당했든, 자살로 생을 마감했든, 크리시포스처럼 웃다가 죽든, 그 형태와 상관없이 죽음을 피해간 스토아 철학자는 누구도 없었다. 키케로는 "철학이란 죽는 법을 배우는 것"이라고 말했다. 스토아 철학은 삶을 살아가는 방법뿐만 아니라, 인생에서 가장 두렵지만 그 누구도 피해갈 수 없는 죽음과 어떻게 마주해야 하는지 알려준다. 한마디로 잘 죽는 법도 가르쳐주는 것이다.

26인의 철학자가 전하는 생생한 지혜

이 책에서 소개하는 철학자는 대부분 남성이다. 스토아 철학이 꽃폈던 시대는 남성중심주의 사회였기 때문에, 여성 철학자를 거의 찾아볼 수 없다. 선조들의 저주라고밖에 표현할 길이 없다. 다만 여기서는 소 카토의 딸, 포르키아의 삶을 통해 여성의 목소리에 조금이나마 귀 기울이려 했다.

대부분 남성 철학자이기는 하나 출신지는 다양했다. 이 책에 등장하는 철학자만 해도 키프로스, 터키, 이집트, 리비아, 시리아, 이라크 등 세계 곳곳에서 태어났다. 비록 스토아 철학이 뿌리내린 곳은 아테네지만, 그들은 세계를 하나의 국가로 간주했다. 특히, 스토아 철학의 창시자이자 페니키아 출신인 키티온의 제논이 아테네 시민권을 거부한 일화는 유명하다. 개인적으론 충분히 영예로운 일인데도 그렇게 행동한 이유는, 한 국가의 시민권을 얻는다는 것이 세계 시민주의에 대한 자신의 신념과 충돌했기 때문이다. 이러한 세계 시민주의 정신을 바탕으로 스토아 철학은 그리스를 넘어 로마인의 삶에도 커다란 변화를 가져왔으며, 그 거대한 다문화 제국을 지배하는 철학으로 자리매김한다.

노예 출신이었던 에픽테토스부터 철인 황제인 마르쿠스 아우렐리우스에 이르기까지, 스토아 철학사의 첫 500년을 장식한 이들은 놀라울 정도로 다양한 계층 출신이다. 직업 또한 상인, 장군, 작가, 운동선수, 교수, 외교관 등으로 다양했다. 그들의 삶을 우리는 유심히 살펴볼 만하다. 어떻게 해야 덕을 실천하면서 좋은 삶을 살 수 있는지 중요한 교훈을 전하기 때문이다.

스토아 철학자들은 스토아 철학에 대한 고정관념과도 맞서 싸워야 했다. 영어로 'stoic', 또는 'stoicism'은 고통을 묵묵하게 참아내는 극기심을 뜻한다. 이처럼 사람들은 스토아 철학이 무턱대고 극기심과 평정심만을 강조한다고 여겼고, 스토아 철학자들을 평생 고생하고 살면서 주변을 돌아보지 못하는, 찔러도 피 한 방울 나오지 않을 냉혈 인간이라고 생각했다. 하지만 실제 그들의 생애는 그러한 고정관념이 사실과 다르다는 것을 알려준다.

흔히 사람들은 모든 스토아 철학자가 역경을 끈질기게 참아냈을 거라 생각하지만, 모두 그러지는 못했다. 물론 스토아 철학자들은 대체로 자기 삶에 충실했고, 고난과 불행에는 당당히 맞섰다. 전투의 최전선에서 용맹하게 적과 싸웠고, 유배지에서도 후학을 길러내고 의미 있는 작품을 집필했으며 늘 신념을 가지고 당당한 자세로 살아갔다. 스토아 철학은 그들 모두가 함께 일구어낸 생동감 넘치고 포괄적인 철학이다.

진정한 스토아주의자는 현세와 얄팍하게 타협하지 않지만 세상의 부당함도 무조건 참지는 않는다. 오히려 율리우스 카이사르나 네로 황제 같은 권력자에게 누구보다 열렬히 저항했고, 한발 더 나아가 민주주의 개혁에도 영향을 미쳤다. 역사학자 리처드 검머 Richard Gummere 의 표현을 빌리면, 깐깐한 간호사가 의사의 진료를 보조하듯 스토아 철학은 로마 제국의 첫 100년을 빛낸 영웅들의 엄격한 간호사 역할을 했다. 수 세기 동안 국가를 올바른 방향으로 이끌기 위해 노력했던 스토아학파는, 남북전쟁에서 흑인 부대의 연대 지휘관을 맡은 토머스 웬트워스 히긴슨 Thomas Wentworth Higginson 같은 애국자와 미국 혁명의 지도자들에게도 영감을 주었다. 실제로 히긴슨은 에픽테토스의 글을 번역하기도 한 스토아주의자였다.

기원후 55년, 세네카는 젊은 황제 네로를 위해 쓴 책에서 이런 말을 남겼다. "스토아 철학을 잘 모르는 사람들 사이에서 스토아 철학자에 대한 나쁜 소문이 돈다. 너무 매몰찬 나머지 왕과 왕자에게 쓸모없는 조언을 건넬뿐더러, 스스로 현자라고 주장하지만 동정심이 없고 타인에게 너그럽지도 못하다는 것이다. (…) 철학은 유용하게 쓰이고 삶에 도움을 주는 데 그 목적이 있다. 철학에 몸담은 사람뿐만 아니라, 모든 이의 이익을 고려한다. 스토아 철학의 본질이 그러하다. 스토아학파만큼 친절하고 온유하며, 인류에 애정을 가지고 공익에 관심을 기울이는 학파는 없다."

이처럼 스토아 철학자들은 올바른 가치를 위해 피 흘리고 목숨을 바칠 준비가 되어 있었고, 타인의 평가나 세속적 성공에는 크게 관심을 두지 않았다.

이 책의 구조와 스타일은 역사상 가장 위대한 전기 작가 중 한 명인 스토아 철학 비평가 플루타르코스로부터 영감을 받았다. (훗날, 플루타르코스의 손자 섹스투스는 철인 황제 마르쿠스 아우렐리우스의 철학 교사가 되었다.) 여기서 나는 스토아 철학을 빛낸 주요 인물 26인의 삶과 죽음, 그리고 그 생애에서 우리가 배울 만한 삶의 지혜들을 꼽아 선보일 것이다.

창시자 제논, 결단력 있는 철의 여인 포르키아, 그리스를 지켜낸 외교관 디오게네스, 일상의 문제를 고민한 윤리학자 안티파트로스 등의 생애를 소개하면서, 각 철학자의 특징과 철학사에서 맡은 역할을 살펴볼 것이다. 그들의 삶을 생생하게 묘사하고 설명할 뿐만 아니라, 스토아 철학의 정수를 구석구석 살펴 어떻게 살아야 하는지 교훈을 찾을 것이다. 이 교훈이 시간이 흘러도 독자들이 의지할 수 있는 귀중한 자원이 되었으면 하는 바람이다.

우리는 '그리스 철학사의 불침번'이라 불린, 기원전 3세기에 활동한 전기 작가 디오게네스 라에르티오스가 편찬한 『그리스 철학자 열전』을 참고로 초기 스토아 철학자들을 만나볼 것이다. 그의 책에 담긴 이야기는 때때로 모순적이고 허구가 섞여 있지만, 그들의 뛰어난 통찰력을 살펴볼 수 있는 일화가 많이 담겨 있다. 디오게네스는 자신만의 고유한 스타일로, 다른 고대 필사가나 비평가와는 다른 방식으로 철학사를 정리했다.

로마 후기에 활동했던 스토아학파는 권력의 노른자에 좀 더 가까이 있었다. 타키투스, 수에토니우스, 디오 카시우스 등 로마 역사가의 책에 이상만 좇다가 실패한 인물로 조롱당하기도 한다. 플리니우스, 스트라본, 아테나이오스, 겔리우스 같은 정치가, 학자, 작가들은 스토아학파의 가르침을 받아들여 자기 삶을 빛냈다. 성 유스티누스 순교자, 클레멘스, 오리게네스, 테르툴리아누스, 에우세비우스, 히에로니무스, 성 아우구스티누스 같은 기독교 작가들 또한 스토아 철학에서 가르침을 얻었다. 그 외에도 다양한 스토아주의자가 남긴 글에서, 우리는 스토아 철학의 진면모를 엿볼 수 있다.

스토아학파와 신 아카데미아학파의 절충론자였던 키케로의 연구도 참고할 것이다. 그는 평생 로마 정계의 정상에 오르려고 온 힘을 쏟는 한편, 인생의 많은 부분을 스토아 철학의 역사와 학설을 탐구하는 데 바쳤다. 그는 전기 스토아 철학자들의 일화를 소개하거나 그들이 남긴 문구를 풍부하게 인용함으로써 가치 있는 많은 자료를 남겼다. 후기 스토아 철학자인 세네카가 없었다면 고대 스토아 철학자의 글 대부분은 오늘날까지 전하지 못했을 것이다.

이 책의 목표는 엄격한 고증이 아니다. 이미 시간이 흐를 대로 흘러 역사적 사실을 분명하게 고증하는 건 불가능할뿐더러, 그보다 중요한 것은 그들의 삶에서 얻을 수 있는 지혜를 명료하게 밝혀내는 일이기 때문이다. 다만 스토아 철학자들의 흥미진진한 이야기들이 다양하게 변주되어 발견된다는 점은 매우 흥미롭다. 어떤 일이 실제로 일어났는지 확실히 증명하는 문서는 없지만, 철학자들과 그 후예들이 서로에게 어떤 영향을 미쳤는지는 알 수 있다. 우리는 사실 여부와 관계없이, 그 이야기들에서 중요한 교훈을 얻게 될 것이다.

한 번뿐인 삶을 어떻게 만들어갈 것인가

오늘날 우리는 왜 스토아 철학자가 추구한 가치에 주목해야 하는가? 이유는 분명하다. 바로 그것이 우리 삶을 밝히는 빛이 될 수 있기 때문이다. 스토아 철학자는 지금의 우리와 다를 바 없는 삶을 살았다. 수많은 희로애락이 교차했고, 불시에 덮친 불행으로 고통스러워하기도 했다. 그러나 그런 삶 속에서도 평온함을 추구했으며, 삶의 목적을 찾고, 절제를 통해 행복을 얻고자 했다. 바로 이 때문에 스토아 철학은 시대를 초월하는 가치를 지녔다고 평가받고 있다.

스토아 철학은 누구나 한 번쯤 반드시 생각해봤을 법한 질문을 던진다. 행복한 삶을 결정하는 건 무엇인가? 인생의 갈림길에서 어떻게 올바른 선택을 할 것인가? 통제할 수 없는 일들에 어떻게 대처해야 하나? 그리고 궁극적으로, 한 번뿐인 삶을 어떻게 살아갈 것인가? 우리가 살면서 자연스레 가지게 되는 질문들이다. 철학이 중요한 이유가 바로 여기 있다. 그토록 많은 이가 찾아 헤매던 질문들에 대한 답을 제공하기 때문이다.

위대한 스토아 철학자이자 철인 황제였던 마르쿠스 아우렐리우스는 『명상록』에서 자기 자신에게 이런 글을 썼다. "너는 평생 곳곳을 떠돌았다. 하지만 끝내 어떻게 살아가야 하는가에 대한 답을 찾지 못했다. 돈이나 명성을 좇거나, 제멋대로 사는 것은 답이 아니었다. 그 물음에 대한 답은 어디에도 없었다."

세네카는 철학서를 읽는 독자의 가장 중요한 임무는 가르침을 행동으로 옮기는 거라고 했다. 이 책에서 소개하는 철학자들의 가르침에 귀 기울이고, 이를 어떻게 행동으로 옮길지 고민하는 건 독자의 몫이다. 우리는 앞서 살아간 이들의 삶과 죽음, 성공과 실패로부터 얻은 교훈을 마음속에 새기고 현실에서 실천해야 한다. 그렇게 배움을 삶으로 옮길 수 있는 자만이 어떤 불행에도 흔들리지 않고, 스스로 인생의 주인이 되어 살아가는 '자기 삶의 철학자'가 될 수 있다.

2부
나에게 질문하는 시간

3부
최선의 삶을 살기 위해 필요한 것들

4부
그래서 어떻게 살 것인가

1부

우리에게
필요한
삶의
기술은
무엇인가

지혜 · 삶의 태도 · 비판정신
열정 · 소명 · 냉철함

1장

지혜

불행은 결코 우리의 행복을 줄일 수 없다

스토아 철학의 창시자, 키티온의 제논(Zeno of Citium, B.C. 334~B.C. 262)

키프로스섬의 키티온 출신 현자. 스토아 철학의 창시자로, 원래 직업은 무역상이다. 배가 난파되어 아테네에 머무를 때 철학에 입문, 여러 학파의 가르침을 받은 후 독자적인 철학을 창안했다. 이때 공회당의 채색 주랑(스토아) 밑에서 제자들을 가르쳐서 '스토아 철학'이라는 이름이 탄생했다. 이성과 절제, 부동심을 강조했고, 외부의 어떤 불행과 변화, 압력에 결코 휘둘리거나 빼앗기지 않는 내면의 행복을 강조했다.

스토아 철학의 시작은 순탄치 않았다.

기원전 4세기 후반, 페니키아의 무역상 제논은 티리언 퍼플 염료가 가득한 배를 끌고 지중해를 항해했다. 티리언 퍼플은 바다 달팽이의 체액에서 추출한 보라색 염료로, 만드는 데 많은 노동력이 필요해 매우 비쌌다. 어떤 고대 역사가가 '은만큼 귀중한 염료'라고 불렀을 정도로 왕족과 귀족, 부자가 아끼는 염료였다. 제논의 가족은 이처럼 아주 비싼 물건을 거래하던 큰 무역상이었고, 사업은 성황을 이루었다.

제논의 배가 난파된 이유는 아무도 모른다. 폭풍우? 해적? 인재? 이유는 중요하지 않다. 그는 배가 좌초하는 바람에 화물을 몽땅 잃었다. 그 당시에는 보험도 없어서 난파된 선박과 화물을 보상받을 길이 없었다. 막대한 재산을 한순간에 잃어버렸고, 이를 회복하는 건 불가능했다. 하지만 제논은 대부분 절망했을 법한 불행한 일을 겪고도 오히려 이렇게 말한다. "배는 난파했으나 항해는 성공적이었다." 배가 난파했기에 아테네에 오랫동안 머물 수 있었고, 마침내 스토아학파를 창시할 수 있었기 때문이다.

모든 창시자의 이야기가 그러하듯이, 제논의 초기 생애가 어땠는지에 대해서는 다양한 버전의 이야기가 전한다. 난파 당시, 이미 제논은 아테네에 머물고 있었으며 "운명이여, 나를 철학으로 내몰다니, 참 고맙네!"라고 말했다는 이야기도 있다. 고향 키프로스섬을 무너뜨린 알렉산더 대왕의 사망 이후, 제국의 계승권을 놓고 후계자들은 '디아도코이 전쟁(후계자 전쟁)'이라 불리는 내전을 벌였다. 어쩌면 이 전쟁에 휘말리지 않도록 그의 부모가 일찌감치 제논을 아테네로 보냈을지도 모른다. 고대 기록에 따르면, 제논이 아테네에 도착했을 때 보유한 부동산과 선박을 지금 가치로 따지면 수백만 달러 상당이었다고도 한다. 다른 설에 따르면, 기원전 312년 그가 스물둘의 나이로 아테네에 도착했을 때, 고향은 이미 침략을 받아 지도자가 살해되고 마을이 함락되었다고도 한다.

불행에 대처하기 위해 탄생한 기술

스토아 철학이 예상치 못한 재앙으로부터 벗어나는 회복탄력성을 기르고, 고통과 불행에 휘둘리지 않는 태도를 기르기 위해서 탄생했다는 설이 있다. 일리가 있다. 난파 사고로 가족이나 친구를 잃었을지도 모르고, 설령 쫄딱 망하지 않았을지라도 그런 사고는 한 사람의 인생을 흔들어놓기 때문이다. 제논에게는 다양한 선택지가 있었다. 육지 무역상이 되어 다시 평범한 삶을 살 수도 있었고, 좌절한 채 술독에 빠져 살 수도 있었다. 하지만 제논은 위기를 기회로 삼아 새로운 삶의 방식을 좇기로 했다.

제논은 적응력이 뛰어나야 살아남을 수 있던 시대에 살았다. 어린 시절, 세상은 혼돈으로 뒤덮여 있었다. 그가 한 살이던 해인 기원전 333년, 알렉산더 대왕은 그리스 키프로스섬의 키티온 왕국을 페르시아로부터 독립시킨다. 200년간 이어진 페르시아의 통치에서 해방된 키티온은 소위 흔들리는 체스판 위의 말 같은 존재가 됐으며, 여러 제국의 지배를 거친다.

제논의 아버지 므나세아스는 해상 무역상으로, 가업인 무역 사업을 이어가며 혼란의 시대를 헤쳐갈 수밖에 없었다. 므나세아스는 키프로스섬에서 레바논 남부의 시돈으로, 그보다 더 남쪽에 있는 티레로, 다시 아테네 외곽의 항구도시 피레우스로, 뇌물을 주고 도망치면서 위협을 피했다. 한편, 자애로운 아버지였던 그는 자식에게 소크라테스에 관한 책을 선물하기도 했다. 제논이 아버지를 따라 해상 무역상이 되고, 페키니아 염료를 팔며 모험과 부를 좇은 건 어찌 보면 당연한 결과였을 것이다.

젊은 시절, 제논은 키가 크고 마른 체형에 어두운 피부색을 지녀 '이집트 넝쿨'이라는 별명으로 불렸지만, 불과 몇 년 후에는 훨씬 허름하고 허약한 모습으로 묘사된다. 육지의 삶에 적응하고 나이가 들면서, 그는 점점 수줍음 많은 괴짜로 변했다.

아테네에 정착했을 때, 제논의 삶은 여러 방면에서 불확실했다. 하지만 아테네는 기회의 땅이기도 했다. 번화한 상업 도시로 2만 1천 명의 인구 중 절반이 외국인이었고, 노예는 수십만 명에 달했다. 시민 대부분이 상업에 종사했으며, 좋은 교육을 받은 성공한 엘리트들은 이론을 탐구하고 민주적 토론을 통해 도시를 이끌어나갔다. 이방인 제논이 깨우침을 얻을 수 있는 모든 조건을 갖춘 비옥한 지식의 땅이었다.

장사를 쉬는 어느 날, 제논은 읽을 책을 찾으러 서점을 방문한다. 마침 낭독회가 열리고 있었다. 그는 자리에 앉아 서점 주인이 늘어놓는 소크라테스의 삶과 철학에 관해 듣는다. 약 100년 전, 철학적인 삶을 산다는 이유로 아테네에서 죽음을 맞은 한 사람의 이야기였다.

제논은 상선이 침몰하기 전부터 소크라테스에 관해 잘 알고 있었다. 또한 위대한 철학자가 그랬던 것처럼, 어떻게 해야 최고의 삶을 살 수 있는지 신에게 물은 적도 있었다. 신탁은 이렇게 답했다. "최고의 삶을 살기 위해서는 세상을 떠난 사람들과 대화를 나누어야 한다." 몇 년 전, 아버지가 자신에게 선물한 책을 산 서점에서, 마침내 제논은 자신이 살아야 할 삶의 방향을 구체적으로 깨닫는다. 세상을 떠난 사람들로부터 지혜를 얻는 방법이란, 바로 책을 읽고 철학을 공부하는 것 아니겠는가?

첫 번째 책 낭독을 마친 서점 주인은 이어서 크세노폰의 『소크라테스의 회상』을 낭독하기 시작했다. 철학자가 제자들을 가르쳤던 바로 그 거리에서, 제논은 소크라테스의 삶에 관해 배우고 있었다. 제논이 크게 감명 받은 부분은 '헤라클레스의 선택' 신화로, 삶의 교차로에 서 있던 영웅의 이야기다. 헤라클레스는 선을 대표하는 여자와 악을 대표하는 여자 중 한 명을 선택해야 했다. 둘은 각각 열심히 일하는 삶과 게으름뱅이의 삶을 나타낸다. 먼저 선을 대표하는 여자가 이렇게 말했다. "마음이 몸을 지배할 수 있도록, 고통과 땀으로 단련해야 합니다." 하지만 악을 대표하는 여자는 아주 다른 이야기로 헤라클레스를 유혹했다. "잠깐만요! 그러면 즐거움을 얻기까지 너무 고되고 힘들지 않나요? 쉬운 길로 가죠!"

서점에서 이야기를 듣던 사람들의 의견이 갈렸다. 제논도 고민하다가 고되지만 선한 길을 택했다. 그리고 서점 주인에게 자신의 삶을 바꿔놓을 중요한 질문을 던진다. "소크라테스 같은 스승은 어디서 찾을 수 있습니까? 크세노폰이 소크라테스에게 가르침을 받았듯, 저를 가르쳐줄 철학자가 필요합니다. 선택의 갈림길에서 저를 인도해줄 사람은 어디서 찾을 수 있습니까?"

배가 난파된 사건이 불행이라면, 우연히 그 서점에 들어간 건 그야말로 행운이었다. 마침 철학자 크라테스가 우연히 서점 앞을 지나고 있었다. 서점 주인은 손가락을 뻗어, 그를 가리켰다. "저 사람을 따라가시오."

운명이라고 부를 만한 만남이었다. 상선이 침몰하는 불행을 겪었기에, 제논은 진정한 스승을 만날 수 있었다. 동시에 그 행운은 제논이 스스로 만든 것이기도 했다. 서점을 찾아가고 거기서 서점 주인의 강연을 들은 것, 스승을 찾아 가르침을 구한 것 모두 그의 선택이었다. 제논은 인생을 둘러싼 질문들에 대한 답을 찾고 싶었고, 더 많은 가르침을 받고자 했다. 학문에 대한 그의 갈증은 스토아학파의 탄생으로 이어지게 된다.

난파한 배에서 얻은 귀한 보물

준비된 학생 앞에는 스승이 절로 나타난다. 선불교의 교리처럼, 제논 앞에 나타난 크라테스는 정확히 제논이 필요로 하는 스승이었다.

테베의 크라테스는 제논과 마찬가지로 부유한 가정에서 태어나 큰 재산을 상속받았다. 전기 작가 디오게네스 라에르티오스에 따르면, 크라테스는 비극 「텔레포스」 공연을 본 후, 전 재산을 버리고 철학 공부를 위해 아테네로 떠났다고 한다. 크라테스는 집마다 돌아다니며 가르침을 전파해 "문을 열라고 부르는 자"라고 불렸다.

크라테스는 제논을 제자로 받은 뒤, 먼저 다른 사람의 시선을 지나치게 의식하는 제논이 외모에 대한 자의식에서 벗어날 수 있도록 가르친다. 당시 몹시 가난한 사람들만 먹는 음식인 렌틸콩 수프 단지를 들고 도시 전체를 돌게 했는데, 그 일에 굴욕을 느낀 제논은 사람들의 눈을 피해 뒷골목으로 다녔다. 그런 제자의 뒤를 몰래 쫓던 크라테스는 지팡이로 수프 단지를 내리쳤다. 수프가 온몸에 튀었고, 제논은 부끄러움에 떨며 도망쳤다. 크라테스는 껄껄 웃으며 제자를 꾸짖었다. "왜 도망치는 것이냐, 나의 어린 페니키아인아? 전혀 곤란한 일도 아니거늘."

타인의 시선에 불안을 느끼거나 자신의 능력을 의심하는 사람, 인생 초기에 잘못을 저지른 사람도, 노력 여하에 따라 얼마든지 위대한 사람이 될 수 있다. 크라테스는 제논이 변화할 수 있도록 용기를 북돋아주는 멘토의 역할을 했다. 그런 스승의 도움을 받아 제논은 사람들의 시선을 더는 신경 쓰지 않고 철학에만 매진하게 된다.

제논은 무역업을 그만둔 후, 자기 삶의 방식을 쇄신한다. 균형 잡힌 연구와 사고에 매진하고, 세계의 질서를 따르기로 한 것이다. 철학의 목적과 덕목은 '원만한 삶의 흐름'을 갖는 것이다. 다시 말해, 인간이 스스로 통제하는 능력과 우주를 다스리는 신의 의지가 조화를 이루는 상태다. 그리스인들은 모든 인간이 내면의 천재성, 또는 자기 삶을 인도하는 목적인 '다이몬daimon'을 지니고 있다고 여겼다. 그런 개인적 본성과 보편적 본성이 일치될 때, 삶은 행복해진다.

개인적 본성과 보편적 본성의 조화를 이루기 위해, 제논은 단순한 삶을 살았다. 세상을 뜨기 몇 해 전의 모습은 스토아학파의 경쟁자였던 에피쿠로스학파의 삶과 크게 다르지 않았다. 제논의 식단은 빵과

꿀, 그리고 가끔 마시는 포도주가 전부였다. 룸메이트와 함께 살았고 하인은 거의 고용하지 않았다. 아플 때도 몸에 좋은 음식을 챙겨 먹기를 거부하고, 기존의 식단을 고수했다. 어떤 스토아 철학자는 나중에 제논의 태도를 두고 이렇게 평했다. "한때 맛있는 요리를 먹었던 사람은 항상 맛있는 음식만 먹으려 한다. 술과 음식의 즐거움을 알면, 계속해서 더 많이 먹고 더 많이 마시고 싶은 욕구가 생기기 마련이다."

제논은 최대한 단순하게 살기 위해, 사교 모임을 피하고 소수의 친구하고만 아주 가깝게 지냈다. 마케도니아의 안티고노스 왕이 초대한 향연 도중에 몰래 빠져나간 일은 몹시 유명하다. 왕이 궁정으로 초대했을 때도 퇴짜를 놓았다.

제논은 대화할 때, 불필요한 수사 없이 거두절미하고 본론으로 들어가는 걸 선호했다. 종종 유쾌하고 재치 있는 말투로 낯선 사람에게 돈을 달라고 부탁하곤 했는데, 이로써 다른 사람이 자신에게 같은 요청을 하는 것을 방지했다.

그의 생애만 보더라도, 어린 시절 부를 누리고 편안하게 살면 성인이 된 후 무조건 방탕해지거나 소박한 삶에 만족하지 못하게 된다는 말은 근거가 없다. 배가 난파해 가진 걸 대부분 잃어버린 사건은 오히려 더욱 귀한 삶의 보물을 얻게 해주었다. 돈은 그의 재산 중에서 가장 가치 있는 게 아니었다. 아테네에 '철학자 제논보다 검소하다'라는 속담이 있을 정도로, 한때 거부였던 제논은 검소하고 절제하는 사람의 대명사가 된다.

위대한 철학의 탄생

⟨⟨⟩⟩

크라테스와 메가라의 철학자 스틸포 밑에서 공부를 마친 후, 제논은 아고라에서 철학을 가르치기 시작했다. 즐비한 가게들 사이에서 물건의 진정한 가치에 대해 토론했고, 격동하는 세계의 흐름 속에서 내면의 평화를 찾는 삶의 철학을 제시했다. 디오게네스는 삶을 사색적인 삶과 행동하는 삶, 그리고 합리적인 삶의 세 단계로 나누었는데, 궁극적으로 스토아학파는 합리적인 삶을 추구한다. 사색과 행동이라는 본성을 따르다 보면, 우리 삶은 자연스레 합리적인 방향으로 발현되기 때문이다.

제논은 똑똑하고 재치 있는 스승이었다. 어느 날, 제논은 한 남자의 저녁 식사에 초대받았다. 그 남자는 평소에 음식을 너무 허겁지겁 먹어서, 손님 몫의 음식도 안 남기기로 유명했다. 그와의 식사 자리에서, 제논은 혼자서 생선을 다 해치울 것처럼 접시를 들어 게걸스럽게 먹기 시작했다. 그 남자가 놀란 듯 쳐다보자, 제논은 이렇게 답했다. "당신은 하루도 내 식탐을 견디지 못하는데, 다른 사람들 마음은 오죽하겠습니까?"

어린 제자가 너무 많은 사람의 마음을 사로잡으면, 제논은 그의 머리카락을 깎게 해서 사람들의 시선에서 벗어나게끔 했다. 한번은 로도스섬에서 인물이 훤칠하고 지갑도 두둑한 귀족 소년이 제논의 가르침을 받으러 온 적이 있었다. 마치 젊은 시절 제논의 모습을 보는 것 같았다. 스승은 옷이 더러워질 줄 알면서도 먼지로 뒤덮인 벤치에 앉게 하고, 구걸하는 사람의 어깨를 주무르게 시켰다. 크라테스가 제논에게 렌틸콩 수프를 들려 도시로 보낸 것과 같은 뜻이었다. 하지만 굴욕을 견뎌내고 가르침을 받은 제논과 달리, 소년은 아테네를 떠나버린다. 제논은 배움을 가로막는 가장 큰 장애물이 자만심이라고 여겼다.

제논은 아고라 북동쪽의 스토아 포이킬레 Stoa Poikile, 즉 채색 주랑(벽 없이 기둥만 줄지어 나란히 서 있는 복도 – 옮긴이) 현관에서 제자들과 토론했다. 기원전 5세기에 세워진 이 유적은 무려 2500년이 지난 지금까지도 터가 남아 있다. 제논의 추종자들은 '제노니안'이라고 불리기도 했지만, 그는 끝내 철학 학파에 자신의 이름을 붙이지 않았다. 궁극적으로 자신이 추구한 지혜의 보편성과 겸손함을 보여준 것이다. 결국 제논의 제자들이 자신이 가르침을 받던 근거지이자, 정신적인 고향을 학파 이름으로 선택했다. 고대 스토아 철학자의 면모와 딱 들어맞는 일이었다. 주랑은 종탑이나 무대도 아니고 창문이 없는 강의실도 아니다. 언제 어디서나 사람들이 쉽게 모일 수 있는 구조를 지녔기에, 생각과 성찰을 위한 장소이자 우정과 토론을 나누는 장소로 손색이 없었다.

제논은 제자들이 강의에 귀를 기울이고 뛰어난 통찰력을 발휘하길 원했다. 게으름을 피우거나 자존심만 앞세우는 학생은 참지 못해서 집으로 돌려보냈다. 오직 배울 준비가 되어 있고 의지를 갖춘 사람들만 제논의 주랑에서 깨우침을 얻을 수 있었다.

아쉽게도 지금까지 전해지는 제논의 저서는 단 한 편도 없다. 그의 대표작이자 플라톤의 저작과 동명의 책인 『국가』조차 전하지 않는다. 남아 있는 건 그의 책을 읽은 사람이 쓴 요약본뿐이다. 거기에 따르면 초기 스토아학파 철학은 놀랍도록 유토피아적이다. "공동체와 정당은 하나입니다. 공동의 밭과 목초지에서 나는 음식을 함께 먹고 공유하는 무리처럼, 우리는 모두 서민의 삶을 살고 일반적인 질서를 따라야 합니다." 하지만 후대의 스토아학파는 그런 유토피아적인 내용은 버리고 더 실용적인 입장을 취하게 된다.

제논은 교육, 인간 본성, 의무, 감정, 법률, 이성에 관해 글을 썼고 『호메로스의 문제점』이라는 유명한 수필을 쓰기도 했다. 『세상에 대하여』는 과연 무슨 내용을 담고 있었을까? 그가 쓴 『크라테스 회고록』을 읽을 수 있다면 얼마나 좋을까? 안타깝게도 오늘날 제논의 글은 단편적으로만 전한다. 하지만 교훈을 얻기에는 그 짧은 글로도 충분하다.

제논은 인간 본성에 관해 이렇게 말했다. "삶의 목표는 자연과 조화를 이루고 덕을 추구하며 사는 것이다. 자연은 우리를 덕으로 이끌기 때문이다." 또 이런 명언도 남겼다. "신이 인간을 창조할 때 귀는 두 개, 입은 한 개를 만든 이유가 있다." "혀로 여행하는 것보다 발로 여행하는 것이 좋다." 말만 번지르르하게 하지 말고, 타인의 말을 경청하고 직접 경험하라는 교훈이 담겨 있다.

지혜를 사랑하고 삶을 사랑하라

제논은 용기, 절제, 정의, 지혜라는 네 가지 덕목을 강조했다. 그에게 이 덕목들은 따로 떼어놓을 수 없으면서도, 서로 뚜렷하게 달랐다. 사주덕의 영향력은 철학자들의 삶과 그들이 내린 수많은 결정에서도 엿볼 수 있다.

당대에 핍박받은 수많은 현자와 달리, 제논은 자신이 살았던 시대에서도 존경을 받았다. 대중에게 무시와 박해를 받지도 않았고, 철학을 가르친다고 화를 내는 왕도 없었다. 그는 살아생전 아테네의 성벽을 열 수 있는 열쇠와 황금관을 받았으며, 동상까지 세워졌다.

제논은 시민들에게 존경을 받았고, 그 역시 아테네를 사랑했다. 하지만 마음속에는 항상 떠나온 고향을 간직하고 있었다. 그가 어느 유명 목욕탕을 복원하는 사업에 거액을 기부하면서, 복원된 건물에 '키티온의 목욕탕'이라고 새겨달라고 요청했다는 일화도 있다. 그는 아테네에 깊은 애정을 가졌지만, 결코 자신의 뿌리를 잊지 않았다.

그는 평생 단 한 가지를 가르쳤다. 바로 진리였다. 그는 손가락을 길게 뻗으며 손가락 사이의 공간을 넓고 광범위한 인식에 비유했다. "이게 인식이라면." 그리고 손가락 간의 간격을 조금씩 좁혀가면서 이렇게 말했다. "이건 동의입니다." 또한 한 손에 주먹을 쥐며 "이것이 이해력이라면"이라고 한 뒤, 다른 한 손으로 그 주먹을 감싸며 말했다. "이것이 지식입니다." 그는 오직 지혜로운 자만이 그 모두를 가질 수 있다고 여겼다.

앞서 말한 신탁처럼, 그는 크라테스나 스틸포, 그리고 그들보다 앞서 세상을 떠난 소크라테스 등 여러 스승과의 대화를 통해 지혜를 얻었다. 아고라에서 제자들과 함께 진리를 탐구했고, 사색하기 위해 오랫동안 산책했으며, 치열한 토론을 통해 진리를 시험했다. 그렇게 얻은 지혜는 그 어떤 고통과 불행에도 흔들리지 않았으며, 내면의 행복을 굳게 지키도록 해주었다.

지혜를 향한 제논의 여정은 배가 난파됐을 때부터 죽음을 맞이한 때까지 대략 50년간 지속됐다. 철학을 시작한 계기는 난파 사건이었지만, 그 단발적인 사건에서 갑자기 지혜를 얻은 게 아니다. 제논은 지혜를 얻기 위해 평생 끊임없이 노력했다. 그는 자신의 삶을 돌아보며 이렇게 말했다. "사소한 행위에서도 행복감을 느낄 수 있지만, 진정한 행복은 쉽게 얻어지지 않는다."

많은 철학자의 죽음과 마찬가지로, 제논의 죽음에 관해 남겨진 기록은 그대로 믿기 어렵지만, 여기서도 그는 우리에게 교훈을 남긴다. 그의 나이 일흔두 살 때, 주랑을 떠나던 와중에 손가락이 부러지는 사건이 발생한다. 말로 할 수 없는 고통을 느낀 제논은 그 일이 자신이 살 만큼 살았다는 신호라 생각했다. 그는 바닥을 주먹으로 치며, 자신보다 한 세기 앞서 살았던 시인 티모데우스의 명언을 읊는다.

"내 발로 이 세상에 왔는데, 어찌 나를 부르느냐?"

제논은 스스로 숨을 참으며 생을 마감했다.

2장

삶의 태도

자신이 잘하는 일은
아무리 미천할지라도 고귀한 것이다

근면성실한 주창자, 클레안테스(Cleanthes, B.C. 330?~B.C. 230?)

스승인 제논의 뒤를 이어 스토아학파의 제2대 영수가 되었다. 소아시아 아소스 출신으로, 물 긷는 노동을 하며 철학 강의를 들었다고 한다. 개인의 의지를 중시하고 신과 자연을 동일시했으며, 시의 형태로 자신의 사상을 설파했다. 작품으로 「제우스 찬가」의 일부가 전한다.

클레안테스가 아테네로 갓 이주했을 때, 그의 사정은 스승인 제논 만큼이나 절박했을 것이다. 물론 둘의 출신 배경은 완전히 달랐다. 제논은 부유한 집안에서 태어나 상인이 될 준비를 마쳤던 반면, 클레안테스는 오늘날 터키 북서부 에게해 해안가의 한 소도시 출신이었다. 클레안테스가 태어나기 20년 전, 아리스토텔레스가 처음으로 학교를 설립해 학문적 전통이 꽃피기 시작했다는 점 외에는 별 볼 일 없는 곳이었다.

스승인 제논을 철학으로 이끈 것은 예상치 못한 난파 사건이었지만, 클레안테스에게는 갑작스러운 재앙이 닥쳐 하루아침에 파산하는 일 같은 건 없었다. 애초부터 빈털터리였으니까. 아테네에 도착했을 때 그는 단지 권투 선수로 유명했을 뿐이었다. 그가 왜 아테네로 갔는지는 확실히 알 수 없지만, 가난한 소년이 돈을 벌겠다는 희망을 품고 큰 도시로 이주한 게 아니냐는 추측이 있다.

몇 푼 안 되는 돈을 들고 아테네로 온 클레안테스는 열심히 일했다. 생활비를 벌기 위해 물지게를 지는 등 닥치는 대로 일을 했다. 주로 밤에 커다란 물통을 들고 다녔기 때문에 '우물에서 물을 긷는 자'라는 뜻의 헬라어이자 이름과 운율을 맞춘 '프레안틀레스 Phreantles'라는 별명을 얻기도 했다.

그런 그가 언제 어떻게 제논을 만났는지는 알 수 없다. 아마 크라테스를 통해서였을 거라고 추측된다. 흥미로운 것은 그가 노동자 출신이라는 점뿐 아니라, 철학자로 유명해진 이후에도 계속해서 몸을 쓰는 노동을 했다는 점이다. 마치 처음 아테네에 왔을 때처럼, 그는 한결같이 낮에는 열심히 공부하고 밤에는 더 열심히 일했다.

그런데 클레안테스의 외모는 꽤나 멀끔했던 것 같다. 중년의 나이까지 밤낮으로 노동한 것치고 겉모습이 너무 멀쑥하다고 생각한 아테네 시민들은 그를 법원으로 끌고 가서 어떻게 돈을 벌었는지 설명해보라며 다그쳤다. 클레안테스는 묵묵히 자신이 물을 길어다 주는 정원사와 곡식을 찧어다 주는 여인을 증인으로 데려왔다.

법원은 지혜롭고 근면 성실한 클레안테스에게 무죄를 선고했다.

그리고 그가 처음 아테네에 왔을 때 주머니 속에 들어 있던 돈의 몇 배나 되는 100드라크마를 수여했다.

철학자에게 가장 완벽한 직업

"세상에 이런 사람들이 더 많아져야 한다. 몇 세기가 지났어도 그와 같은 인물은 참 보기 힘들구나!" 클레안테스의 법정 사건은 그리스인들에게 깨달음을 주었다. 그 누구도 반박할 수 없는 성실성은 클레안테스의 노동 윤리 중 하나였다. 왜 오늘날에는 그와 같은 사람을 찾아보기 힘들까? 인생을 살아가는 것과 마찬가지로, 철학을 배우고 실천하려면 부단한 노력이 필요하다. 그건 여간 어려운 일이 아니다.

이 사건은 또한 당시 아테네에서 철학자의 영향력이 어땠는지도 보여준다. 요즘 사람들은 하버드대학교 교수가 어떻게 비싼 차를 타고 다닐 수 있는지, 사생활이 지저분하지는 않은지에 관해 거의 관심을 두지 않는다. 기원전 3세기 아테네는 달랐다. 클레안테스 같은 사상가는 단순한 지식인 그 이상이었다. 쉽게 말해 요즘의 연예인과 비슷하다. 대중은 사상가들의 말과 행동을 주시했고, 그들과 얽힌 재담은 오늘날 인터넷 '짤'이 도는 것처럼 빠르게 퍼져나갔다.

클레안테스가 철학자로 명성을 얻은 뒤에도 쉬지 않고 노동을 한 것은 단순히 경제적 요인 때문이 아니었다. 그는 자신이 일을 그만두고 학문에만 매진할 수 있도록 돕고자 했던 마케도니아의 왕 안티고

노스 2세 등 후원자들의 대규모 재정 후원을 매몰차게 거절했다.

그에게 노동과 철학은 서로 대립되는 것이 아니라, 동전의 양면과 같았다. 노동과 철학, 어느 한 쪽만 택하는 것이 아니라 같이 매진함으로써 시너지 효과를 발휘하고 더 나은 가치를 추구할 수 있었다.

20세기 미국의 작가 존 스타인벡의 소설 『에덴의 동쪽』에는 스토아 철학에 조예가 깊은 '리'라는 훌륭한 인물이 나온다. 그는 소설의 주인공 아담의 집에서 일하는 하인으로, 사람들은 리에게 왜 미천한 직업을 가져서 스스로 위신을 떨어뜨리냐고 묻는다. 그러자 리는 하인이야말로 철학자에게 완벽한 직업이라고 반박한다. 방해받지 않고 쉽게 인간 군상을 탐구할 수 있으며, 사색할 시간도 충분했기 때문이다. 그에게 노동은 철학자로서 익힌 삶의 기술을, 현실에서 충분히 숙달할 수 있는 기회였다.

오늘날 직업에 귀천이 없다는 말을 사실상 인정하는 사람은 별로 없다. 하지만 그럼에도 모든 직업이 쓸모 있다는 주장 자체는 긍정적으로 받아들여진다. 왜일까? 자신이 잘하는 일을 묵묵히 하는 행위는 그 일이 아무리 사회적으로 미천한 취급을 받는다 할지라도 고귀하다. 그렇게 정말로 좋아하는 일을 하기 위해, 부나 지위를 포기하는 사람은 더더욱 존경받을 만하다. 클레안테스가 바로 그런 사람이었다. 어느 날, 왕은 클레안테스에게 왜 아직도 물을 긷느냐고 물었다. 클레안테스는 웃으며 대답했다. "아니, 제가 물을 긷기만 하나요? 우물도 파고 정원에 물도 줍니다. 철학을 사랑하기에 이런 일을 하는 것이지요."

클레안테스는 노동과 철학에 동일한 애정을 품고 있었다. 사람들이 그의 근면 성실함을 묘사하기 위해 사용한 단어가 있다. 바로 필로포니아philoponia. 말 그대로 정직한 노동에 대한 끊임없는 헌신을 일컫는다.

우리는 돈을 벌기 위해서 노동을 한다. 하지만 노동의 목적에는 자기계발도 있다. 로마의 초대 황제 아우구스투스 시절, 스토아 철학자이자 황제의 스승인 아리우스 디디무스는 클레안테스의 자기계발을 위한 노력에 관해 이렇게 설명한다. "모든 인간은 자연적으로 덕을 추구하고자 하는 욕구가 있다. 클레안테스는 이를 쓰다 만 약강격 운문(약한 강세의 음절 다음에 강한 강세의 음절이 와서 운율이 생기는 것으로, 셰익스피어 등이 단시를 쓸 때 이 운율을 사용했다. 약강격이 있는 글을 쓰다 말면 운율이 생기지 않는다 – 옮긴이)에 비유했다. 쓰다 만 글은 조금의 가치도 없다. 하지만 부단한 노력 끝에 완성된 글은 더할 나위 없는 가치가 있다."

애초부터 이렇게 근면한 사람이 철학에 입문한 계기는 무엇일까? 아리스토텔레스의 철학 학교에서 멀지 않은 곳에서 자란 클레안테스는 태어날 때부터 자신의 운명을 알고 있었을까? 클레안테스를 고용한 부유한 사람 중 한 명이 철학책을 건네줬을까? 나이가 들면서 그전과는 다른 인생을 살고 싶어진 걸까? 아니면 스승 제논이 그랬던 것처럼 서점이나 길거리에서 운명적으로 누군가를 마주쳤을까?

누구에게나 삶의 의미를 찾고 싶고, 어떻게 살아야 할지 고민되는 순간이 찾아온다. 사도 바울은 다마스쿠스로 향하는 길에 깨달음을 얻었지만, 클레안테스가 어떤 순간에 깨달음을 얻었는지는 정확히 알려진 바가 없다. 어쨌든 중요한 건, 그렇게 삶의 의미를 찾는 부름에 응답하는 것이다. 그리고 답을 찾을 때까지, 적어도 '나만의 답'을 찾을 때까지 노력하는 것이 중요하다. 그리고 클레안테스는 그 부름에 지체 없이 응답했다.

아소스의 돌덩이 같은 철학자

클레안테스는 제논을 만난 후 그의 제자가 되어 19년간 공부했다. 스승이 사망한 기원전 262년까지 계속 가르침을 받았다면, 그가 제논 아래서 철학 공부를 시작한 것은 거의 쉰 살이 되어서다. 정신적인 가치를 좇기 전까지, 클레안테스는 오랫동안 물꾼으로 고된 삶을 살았다. 혹은 젊을 때 철학에 입문했으나, 나중에 제논이 제창한 스토아학파로 옮겨 뒤늦게 '졸업'만 했을 수도 있다. 어느 쪽이든 그는 제논보다는 늦은 나이에 철학을 시작했을 가능성이 크다.

19세기에 활동한 덴마크 철학자 키르케고르는 천재와 주창자를 구분한다. 천재는 세상에 새로운 빛을 비추고 새로운 일을 창조하는 예지자이자 창시자다. 주창자는 예지자 다음에 오는 사람으로, 창시자의 메시지를 전달하고 전파한다.

키티온의 제논이 스토아 철학의 창조자였다면, 클레안테스는 주창자다. 나이 차이는 불과 네 살이지만, 클레안테스가 제논에게 헌신한 모습을 보면 둘은 동년배나 또래 친구가 아닌 사제 관계를 굳게 유지했던 걸로 보인다. 확실히 클레안테스는 스승의 마음을 따듯하게 해주는 학생이었다. 그는 스승의 말 한마디 한마디에 귀를 기울였으며, 바보 같은 질문을 하는 걸 두려워하지 않았다. 철학 공부에 매진했고, 비록 다른 학생보다 더 느리게 이해할지라도 절대 낙담하지 않았다.

대략 20년간, 클레안테스는 주랑 현관에 앉아 토론에 참여하고 스토아 철학의 초기 이론 정립에 기여한 공로로, 마침내 학파의 최전선에 자리를 잡았을 것이다. 제논이 물리학, 윤리학, 논리학 세 과목을 통해 스토아 철학을 가르칠 때 클레안테스도 그 자리에 있었다. 또한 즐거움을 좇는 삶과 덕을 실천하는 삶 중에 하나를 선택한 헤라클레스 이야기도 제논에게 반복해서 들었을 것이다. 클레안테스는 스펀지처럼 스승의 가르침을 빠르게 흡수했지만, 늘 배울 게 많이 남았다고 생각했던 것 같다. 그처럼 자존심이 센 사람이 20년간 학생으로 남는 건 쉬운 일이 아니다.

적지 않은 나이, 철학에 대한 체계적이고 장인정신이 넘치는 접근법 때문에 클레안테스는 때때로 속도가 느리다고 조롱을 받았다. '당나귀'라는 별명도 얻었다. 그러나 그는 당나귀에 비유되는 게 기분 나쁘지 않다고 말하는 사람이었다. 무거운 짐을 나르는 짐승처럼, 제논이 얹어주는 무거운 지식의 짐을 느릿느릿, 하지만 가뿐히 나를 만큼 클레안테스는 강인했다. 스승인 제논은 제자에게 좀 더 후한 평가를 내렸다. "클레안테스는 마치 딱딱한 왁스 판 같다. 그 위에 글을 새기긴 어렵지만, 한 번 새기면 지워지지 않는다."

서서히, 클레안테스는 자신만의 명성을 쌓기 시작했다. 하지만 언제 처음으로 글을 쓰기 시작했는지, 그리고 언제 글이 출판되었는지는 알 길이 없다. 처음에는 그의 글에 부정적인 반응도 있었다. 풍자시인인 플리우스의 티몬은 클레안테스의 글을 살펴보더니, 장군이 일개 일병을 바라보는 태도로 이렇게 풍자했다. "전사들의 횡렬을 넘나드는 이 숫양 같은 사람은 누구인가? 단어를 자근자근 씹어 먹는 자, 아소스의 돌 같기도 하고 느릿느릿 움직이는 달팽이 같기도 하군!" 풍자가의 신랄한 비판에는 일부나마 긍정적인 모습도 담겨 있기 마련이다. 클레안테스의 고향 아소스는 채석장으로 유명했다. 당시 관으로 주로 사용하던 단단한 흰 돌이 나는 산지였기 때문이다. 클레안테스의 품성은 확실히 돌처럼 묵직하고 단단한 면이 있었다. 늘 침착하고 진지하며 근면 성실했는데, 철학을 공부할 때뿐 아니라 재물을 다룰 때도 그랬다.

클레안테스는 재산을 결코 헛되이 쓰지 않았다. 스토아 철학의 가르침에 따르면 구슬땀을 흘려 번 돈을 쉽게 탕진해서는 안 됐다. 플루타르코스는 클레안테스의 검소함과 남에게 쉽게 손 벌리지 않으려는 자립심에 경탄했다. 클레안테스는 제논의 가르침을 따르기 위해, 그리고 철학을 저버리지 않기 위해서 계속해서 물을 길었다. 클레안테스는 스승까지 경제적으로 부양하고 있었다. 제자가 스승을 부양케 하는 아테네 율법에 따라, 제논은 클레안테스의 임금 일부를 가져갔다. 클레안테스는 매우 성실했기에 스승을 먹여 살리고도 남을 충분한 돈이 있었고, 제논은 그런 제자를 보며 이런 농담을 던졌다. "원한다면, 클레안테스는 스승을 한 명 더 둘 수도 있겠네."

클레안테스는 빚을 지거나 사치하는 걸 몹시 싫어했다. 여러 명의 노예를 두고 화려하게 사는 대신, 소소한 일상 속의 자유를 추구했다. 아테네에서 제논은 절제의 대명사로 불렸지만, 사실 스토아 철학 하면 연상되는 이미지인 고통이나 불편함에 무심하고, 사치를 지양하는 태도를 구축하는 데 더 크게 일조한 사람은 클레안테스다.

하루는 클레안테스가 길을 가던 중 차가운 바람이 불었다. 안에 다른 옷을 입지 않아, 겉옷이 바람에 날리자 맨살이 그대로 드러났다. 지나가던 사람들은 그의 고행에 절로 박수를 보냈다고 한다. 또 클레안테스는 너무 검소한 나머지 제논에게 배운 내용을 굴 껍데기나 소의 어깨뼈에 기록해 파피루스 값을 아꼈다고 하는데, 디오게네스는 그가 50여 종이나 되는 책을 집필했고 그중 다수는 여러 권으로 구성됐다고 전한 바 있다. 여러 증언에 따르면, 그가 정말 그렇게까지 종잇값을 절약했다는 설은 과장된 것 같다. 어쩌면 후대에 전할 지혜가 담긴 좋은 문장이 나올 때까지 굴 껍데기와 어깨뼈에 글을 연습해 절약한 일이 와전됐을지도 모르겠다.

어느 날, 스파르타 출신의 한 젊은이가 클레안테스에게 물었다. "고통은 피하는 게 좋습니까? 올바른 훈련을 받은 상황에서는 고통이 좋은 것이 될 수도 있습니까?" 그의 질문은 클레안테스의 귀에 음악처럼 감미롭게 들렸다. 클레안테스는 호메로스의 『오디세이아』를 인용해 이렇게 답했다. "아이야, 그 말을 들으니 너는 선한 피를 타고났구나."

클레안테스에게 덕을 추구하는 도중에 맞닥뜨리는 고난은 선이지 악이 아니었다. 이러한 태도는 실제로 그의 생애 곳곳에서 찾아볼 수 있다. 그는 어려움이나 불편함을 피하려고 하지 않았다. 사실 거의 사서 고생한 것과 다름없었다. 이런 클레안테스를 존경하는 동료 시민도 있었지만, 어이없이 바라보는 시민도 있었다. 물론 중요한 건, 강인한 의지를 어디에 어떻게 쓰느냐일 것이다. 클레안테스는 제논이 말한 사주덕을 실천하기 위해 끊임없이 노력해야 한다고 주장했다. "내면의 힘과 강인함은 겉으로 볼 때는 지혜로, 인내해야 하는 상황에서는 용기로, 가치를 추구할 때는 정의로, 선택이나 거절을 해야 하는 상황에서는 절제로 발현된다."

훌륭한 인물은 조롱을 피하지 않는다

'물꾼', '당나귀', '아소스의 평평한 돌'이라고 조롱받고, 더 심하게 말하면 스승 제논의 노예와 다름없는 삶을 살던 중년의 클레안테스는 아테네 동료 시민 사이에서 서서히 '제2의 헤라클레스'로 명성을 얻게 된다. 하지만 큰 황소 주변에 파리가 맴돌 듯, 모범적인 인물은 반식자(고대 그리스에서 파티에 참석해 흥을 돋우는 사람-옮긴이)의 조롱을 받기 마련이다. 풍자시인 티몬 외에도 많은 이가 클레안테스를 조롱했고, 이런 경향은 철학이 점점 더 대중화되면서 심해졌다. 제논과 클레안테스, 그리고 스토아학파 학생들은 평범한 아테네 시민은 물론, 지혜를 찾는 다른 동료 철학자와도 아주 다른 생활양식과 사고방식을 가지고 있었다. 다른 학파들이 문을 닫고 토론할 때, 스토아학파는 철학을 거리로 들고 나왔다. 스토아학파 가르침의 대상은 귀족이 아닌 대중이었다.

클레안테스는 숱한 역경을 헤쳐 나간 자기 삶의 방식대로 비평가들을 다루었다. 그들에게 받는 고난을, 자신이 가르치는 내용을 직접 실천할 기회로 여겼다. 어느 날, 클레안테스가 극장에 앉아 있을 때였다. 그를 본 극작가 소시테우스가 무대에 올라 열변을 토하며 '짐승 떼처럼 어리석은 클레안테스 주변에 몰려든 자들'이라고 공격했다. 클레안테스는 자리에 앉아 별다른 표정 없이 가만히 지켜보았다. 관객은 오히려 그의 침착함에 놀라고 자제력에 감탄하며 박수를 보냈다. 결국 소시테우스는 무대에서 내려와야 했다. 공연이 끝난 후, 소시테우스가 클레안테스에게 다가가 사과하자, 그는 이를 흔쾌히 받아들이며 말했다. "원래 훌륭한 인물일수록 조롱을 받는 법. 그런 사소한 일에 기분 나빠 하는 건 말도 안 되지."

클레안테스의 품성을 아는 사람들은 이 일화를 듣고도 놀라지 않았다. 체면을 몹시 중시했던 아테네 사회였기에, 어떤 사람들은 클레안테스의 태도가 비겁하다고 비난했지만, 전혀 개의치 않았다. 그는 높은 기개를 가진 사람이었다. 자신이 생각한 '양심'을 따랐고, 그래서 실수를 피해갈 수 있었다고 믿었다. 아테네 거리에서는 그가 걸어가면서 혼잣말로 자신의 사소한 결점을 꾸짖는 모습이 자주 목격

됐다. 어느 날, 제논의 다른 제자인 키오스의 아리스토가 혼잣말하는 클레안테스를 발견하고 도대체 누구랑 대화하는 거냐고 물었다. 클레안테스는 웃으면서 이렇게 답했다. "재치 없는 백발노인과 이야기하고 있었다네."

자신과의 대화는 스토아 철학의 핵심적인 교육 방법이었고, 수련에도 도움이 됐다. 그러던 어느 날, 클레안테스는 우연히 혼잣말하는 고독한 남자를 발견하고서는 친절하게 말했다. "당신은 지금 나쁜 사람과 대화하는 게 아닙니다." 자신과의 대화는 엄격해야 하지만, 그것이 학대 행위가 되어서는 안 된다는 뜻이다. 클레안테스의 검소함과 직업윤리 또한 이와 비슷했다. 그 무엇보다 굳세고 단호하지만, 자신을 처벌하는 일은 거의 없었다.

스토아 철학자들의 유머 감각은 상당히 저평가되는 경향이 있다. 하지만 클레안테스는 비판을 받아치거나 가르침을 전달할 때, 대중의 긴장을 누그러뜨리려 재치 있는 농담을 즐겼다. 언젠가 클레안테스는 이야기의 요점을 파악하지 못하는 한 청년에게 이렇게 물었다고 한다. "자네는 그게 보이는가?" 청년이 답했다. "네, 당연하죠." 그러자 클레안테스는 의아하다는 표정을 지으며 답했다. "그런데 왜 자네 눈에 보이는 게 내 눈에는 안 보이지?"

이런 일화도 있다. 하루는 동료 철학자들이 스토아학파가 주장한, 자연스럽고 적절한 삶의 의무를 뜻하는 카테콘^{kathekon}에 반대했던 아카데미아학파의 아르케실라오스를 비판하고 있었다. 그러자 클레안테스가 아르케실라오스는 적절한 삶의 의무를 따르는 것 같다며 변론했다. 클레안테스가 자기편을 들어주었다는 이야기를 들은 아르케실라오스는 나중에 그를 만나자 이렇게 말했다. "저는 그런 아첨에 쉽게 넘어가지 않습니다." 이에 클레안테스는 웃으며 대답했다. "그렇군요. 하지만 제 아첨의 내용은 말과 행동이 따로 논다는 거였는데요."

스토아 철학의 긴 역사 속에서 철학자들은 불평이나 비난하는 일을 피하고, 행동이 말과 일치해야 한다는 걸 상기시키기 위한 방법으로 위와 같은 선한 유머를 사용했다. 플루타르코스는 『아첨꾼과 친구를 구분하는 방법』에서, 아르케실라오스가 클레안테스를 헐뜯는 내용의 시를 쓴 배턴이라는 학생을 교실에서 내쫓고 사과할 때까지 돌아오지 못하게 했다고 밝힌다. 그런 행동을 통해 과거에 클레안테스를 비판한 일을 사과하고 존경을 표한 것이다. 클레안테스는 용서를 쉽게 받아주는 사람이었기에, 기쁜 마음으로 시를 읽었을 것이다.

스승 제논과 마찬가지로 클레안테스는 자신이 이야기하는 것보다 남의 이야기를 잘 들어주는 인물이었다. 그리고 자신의 학생들도 말을 아끼고 남의 이야기에 경청하기를 바랐다. 클레안테스는 리라가 아무리 아름다운 울림을 빚어내더라도, 자신의 소리를 듣지 못하면 아무런 소용이 없다며, 아리스토텔레스를 추종한 소요학파를 비판했다. 앞서 살펴본 제논의 말처럼, 우리에게 '귀는 두 개, 입은 한 개' 인 이유가 있다는 것이다. 클레안테스는 신화 속 인물 엘렉트라의 말을 인용해 이렇게 말했다. "침묵, 또 침묵하여 발걸음이 당신의 빛이 되게 하게나."

백 년을 살아서 깨닫게 된 교훈

클레안테스는 종종 생각이 느리고 조심스러웠지만, 그게 자기 의사를 정확히 전달하지 못했다는 뜻은 아니다. 시간이 흐를수록, 특히 스토아학파가 경쟁자의 공격을 더 많이 받을수록 제논은 근면 성실한 주창자 클레안테스에게 기대기 시작했다. 클레안테스는 50여 종의 책을 남겼는데, 여기서 그는 여러 주제를 통해 스토아 철학의 가르침을 분명하게 설명해준다. 디오게네스는 클레안테스가 쓴 책을 여러 권을 언급했는데, 특히 다음과 같은 책들은 주목할 만하다.

『정시』,『제논의 자연철학에 관하여』,『헤라클레이토스 해석』,『감각에 대하여』,『결혼과 감사, 그리고 우정에 관하여』,『남자와 여자의 덕은 동일하다』,『기쁨에 관하여』,『개인적 특질에 관하여』

이 모든 작품이 전하지 않는다는 건 역사적 비극이다. 제목만 보더라도 클레안테스는 '고집불통 당나귀'가 아니었다는 걸 알 수 있다. 클레안테스는 다양한 분야에 적극적으로 관심을 두었고 도전을 좋아했다. 관심 있는 주제를 찾으면 열성적으로 글을 썼다. 그렇게 물리학, 절제, 의무, 논리 등에 관한 책을 여러 권 남겼다. 그중에서도 클레안테스가 가장 큰 관심을 가진 분야는 윤리학이었다. 왕의 후원을 단호하게 거부한 일화를 보면 윤리를 가장 중시했다는 사실이 놀랍지 않다. 그의 작품 중 절반은 구체적인 행동과 실천을 다루고 있다.

절묘하게도 지금까지 전해지는 클레안테스의 글 대부분은 결단력과 수용이라는 독특한 조합이 엿보이는데, 아름다운 시구들로 가득하다. 운명은 준비된 자에게는 친절하게 길을 안내하지만, 준비되지 않은 자는 가차없이 끌고 간다는 내용의 짧은 시를 남기기도 했다. 세네카와 에픽테토스를 통해 이런 글도 전한다.

오래전에 세운 그 목표를 향해
신과 운명을 이끌어라.
목표를 따르되 넘어지지 아니하고,
의지가 약해지더라도 계속해서 정진하리.

클레안테스는 시라는 형식이 던지는 난제를 좋아했다. 구조상 엄격한 규칙을 따를수록, 사람들의 마음속에 깊은 울림을 줄 수 있다고 믿었다. 나팔을 불 때 숨소리가 묻히고, 그 멋진 소리에 온 정신이 집중되는 걸 비유한 시에는 스토아 철학의 핵심 내용을 담기도 했다. "현명하게 대응한다면 방해물과 한계는 자기 자신을 갈고닦는 기회이자 미를 연마하는 기회가 된다."

한 짧은 시에서 클레안테스는 '선'이 무엇이며, 어떠한 모습을 하고 있는지 명쾌하게 정의하기도 했다.

선의 본질이 무엇인지 묻는다면, 나는 이렇게 답할 것이다.

선이란 평범하고 정의롭고 거룩하고 의로운 것이며
주체적이고 유용하고 공정하며 적합한 것으로
독립적이고 항상 유익한 것으로 죽음이 될 수도 있다.
두려움이나 슬픔을 느끼지 않고 이득이 되고 고통으로부터 해방되며
도움이 되고 즐겁고 안전하고 친절한 것이다.
다른 사람에게는 존경을 받고 자신과는 합치되는 일로
명예롭고 겸손하며 조심스럽고 온화하고 열렬하고
지속적이며 떳떳하고 영원한 것이다.

시어만큼 내용도 아름답다. 주목할 점은 이 글이 클레안테스의 삶을 완벽하게 대변했다는 점, 나아가 우리가 추구해야 할 올바른 삶의 방향을 표현했다는 점이다.

세네카는 인간에게 삶을 살아갈 능력은 있어도 자기 수명을 정할 능력은 없다고 했다. 그렇다면 클레안테스는 상당한 축복을 받은 것 같다. 굉장히 알찬 삶을 살았을 뿐만 아니라, 정확히 백 살까지 살았기 때문이다. 아마 스토아 철학자 중 가장 장수한 인물일 것이다.

그는 죽기 전까지 유머를 잃지 않았다. 누군가가 노인이라고 그를 조롱할 때면, 이렇게 맞받아쳤다. "나야 언제든 세상을 떠날 준비가 됐지. 하지만 여전히 건강하고 글을 읽고 쓸 수 있으니, 자네보다는 좀 더 살다가 가도 되지 않겠나?"

그러나 강골이던 그도 백 살이 가까워지자 건강이 나빠지기 시작했다. 클레안테스는 의사의 조언에 따라 잇몸의 심한 염증을 치료하

기 위해 이틀 동안 금식을 했다. 처방은 효과가 있었지만, 단식을 하던 마지막 날 그는 자신이 세상을 떠날 때가 됐다는 걸 깨달았다. 의사는 정상적인 식생활로 돌아와도 된다고 말했지만, 그는 다시 돌아가기에는 너무 멀리 갔다고 대답했다. 그렇게 곡기를 끊은 클레안테스는 며칠 후에 세상을 떠났다.

디오게네스가 쓴 추도문은 클레안테스의 삶에 바치는 찬사다.

클레안테스는 칭송받아야 마땅하다.

죽음의 신 하데스는 그보다 더 높이 칭송받아야 한다.

클레안테스가 힘없이 늙어가는 걸 그냥 지켜보지 못했기에,

살아 있을 때 쉴 새 없이 물을 길은 그를

마침내 죽은 자들 가운데서 안식하게 하셨으니.

내면의 목소리에 귀 기울여라

3장

비판 정신

논쟁적인 도전자, 아리스토(Aristo, B.C. 306~B.C. 240)

그리스 동부 키오스 출신으로 말솜씨가 무척 뛰어나서 '세이렌'이라는 별명으로 불렸다. 스승인 제논, 사형인 클레안테스 등과 맞서 스토아학파에서 파문됐으나, 날카로운 비판 정신과 타협을 모르는 사상은 훗날 철인 황제 마르쿠스 아우렐리우스에게 영감을 주었다.

스토아 철학의 역사를 가만히 살펴보면 그들의 공통된 주장을 쉽게 파악할 수 있다. 제논과 클레안테스, 그리고 학생들이 함께 학문과 우애를 다졌던 풋풋한 초창기에도, 결국 스토아학파의 주장은 하나로 정리된다. 행복하기 위해서는 덕을 실천해야 하고, 덕을 실천해야만 삶이 순탄하게 흘러간다는 것이다.

스토아학파는 설립 이후부터 줄곧 인간은 자연과 조화를 이루며 살아야 한다고 가르쳤다. 그렇다면 그들의 세계에서 갈등은 없었을까? 아니다. 갈등은 항상 존재했다. 다음 질문만 봐도 갈등의 여지가 많았다는 걸 알 수 있다. 스토아 철학자들이 말하는 '자연'과 '덕'은 정확히 무엇인가? 대체 누구의 규정이 옳으며 누가 그것들을 가장 잘 설명했을까? 스토아학파 설립자이자 덕의 실천을 강조한 제논의 가르침을 정통으로 물려받은 제자는 누구인가?

역사는 마지막 질문에 대한 답을, 클레안테스와 크리시포스라고 명확하게 말한다. 하지만 그렇게 쉽게 인정하고 말 사안은 아니다. 역사는 승자의 기록이기에, 패자나 반대 의견을 가진 사람들의 입장이나 이야기는 잘 전하지 않는다. 후계자가 정해지기까지, 아마 무수한 갈등이 존재했을 것이다. 어쨌든 변화를 이끄는 움직임은 언제나 의견 차이와 갈등을 동반한다. 스토아 철학도 예외는 아니었다.

실제로 고대 철학자들 사이엔 다툼이 끊이지 않았다. 이성, 기개, 용기, 그리고 옳고 그름에 대한 분명한 입장을 가진 곳일수록, 자연스레 양보와 타협을 모르는 고집 센 학생들을 끌어들이기 마련이다. 점점 더 인기가 많아져 사람들이 모일수록, 필연적으로 갈등도 잦아질 수밖에 없다. 하지만 그중에서도 스토아 철학사 전체를 통틀어서 철학의 흐름을 바꿀 뻔했던 경쟁자는 아리스토가 유일무이하다.

스토아 철학 역사상 가장 위험한 인물

⟩⟨

기원전 262년, 제논의 뒤를 이어 학파를 이끌 후계자로 클레안테스가 선정된다. 한편, 자리에서 밀린 아리스토는 클레안테스만큼 유망한 철학자로, 라이벌보다 적극적이고 외향적인 인물이었다. 그는 마라톤 전투에서 페르시아를 격퇴한 참전용사 밀티아데스의 아들로, 대중의 마음을 쉽게 흔들어놓는 유창한 언변 덕에 '세이렌'이라는 별명을 얻었다. 세이렌은 노래로 선원들을 유혹해 죽게 만드는 전설의 괴물이었다.

아리스토는 유능했지만, 스토아학파의 학설에 대해 끊임없이 의문을 제기하고 논쟁을 멈추지 않아서, 학파의 지지 기반을 약화시켰다. 따라서 '세이렌' 또는 '대머리 아리스토'라는 별명보다는 '도전자 아리스토'라고 부르는 편이 더 적합할 것이다.

클레안테스와 아리스토의 시대에서 3세기가 지난 후, 세네카는 친구 루킬리우스에게 보낸 편지에서 아리스토와 클레안테스의 견해차를 자세하게 짚는다. 아리스토는 일상적인 의사 결정을 할 때 따라야 할 계율과 실질적인 규칙의 역할을 두고 클레안테스와 논쟁을 벌였다. 예를 들어, 부부간에 어떻게 행동해야 하는지, 자녀를 어떻게 키워야 하는지, 주인이 노예를 어떻게 대해야 하는지, 형제가 화를 낼 때는 어떻게 해야 할지, 친구의 모욕에 어떻게 대응해야 할지, 적들이 음해할 때 어떻게 해야 할지에 관한 규칙들이다. 비교적 무해하고 실제로 삶에 도움이 될 만한 조언이었지만, 아리스토는 그런 세세한 규칙의 존재 때문에, 사람들이 역경을 마주할 때 마치 대본을 외운 것처럼 규칙에 지나치게 얽매이고 의존하게 된다고 비판했다. 그는 스토아 철학의 엄격한 규율들을 "노인들이 할 법한 조언"이라 비판했다.

아리스토는 올림픽에 출전하는 투창 던지기 선수의 실력은 훈련과 연습에서 나오지, 목표물에 대해 공부하거나 규칙만 달달 외워서 생기는 게 아니라고 믿었다. 실력을 향상하는 건 연습이지, 암기가 아니라는 것이다. 같은 맥락에서, 인생을 살면서 충분히 심신을 단련해온 사람에겐 구체적 지침이 필요 없다. 아내나 자식과 함께 사는 법을 하나하나 자세하게 익히느니, 그냥 잘 사는 법을 포괄적으로 배우면, 자연스레 가족과 행복하게 살 수 있을 테니까.

경기장에 나선 운동선수는 자신이 어떻게 움직일지 세세하게 고민하지 않는다. 운동선수의 근육이 훈련한 내용을 기억하기에, 저절로 움직이게 된다. 정신적·신체적 탁월성(본성이 가장 잘 발현되어 탁월한 상태-옮긴이)은 의식에서 나오는 게 아니라 몸에 배어 자연스럽게 발현된다.

그래서 아리스토는 사람들이 훈련을 통해 지혜를 얻고, 그걸로 체화할 수 있는 개괄적이고 명확한 원칙에만 집중하기를 바랐다. 기독교의 십계명처럼 사람들이 나침반으로 삼을 수 있고 서로 다른 뜻으로 해석할 가능성이 없는, 덕에 관한 명확한 지침을 세우고자 했다. 아리스토에게는 탁월성 또는 덕이라 불리는 것만이 유일한 선이었다. 다른 건 신경 쓸 필요가 없었다.

이러한 생각은 덕과 악 사이에 중간 영역이 있다고 믿었던 제논과 충돌할 수밖에 없었다. 제논은 부나 건강 같은 삶의 요소는 그 자체로는 도덕적 가치가 없지만, 진정한 선의 본질에 가까이 있다고 믿었다. 돈이 많다고 자연스레 덕을 갖추는 건 아니지만, 제논 자신처럼 덕을 갖춘 부자들이 있다. 물론 재정적 성공이 덕을 향해 나아갈 기회를 제공할 수도, 악의 유혹으로 내몰 수도 있지만.

제논은 건강, 외모, 명망 있는 가문 등이 그 자체로 덕은 아니지만, 그걸 계발하는 걸 돕는 것들을 '선호하는 무심無心'이라고 불렀다. 부자가 되는 게 가난한 것보다, 키가 큰 게 작은 것보다 더 도덕적인 건 아니다. 하지만 일반적으로 전자가 후자보다 좋다. 그렇지 않은가?

제논은 덕을 좇으면서도, 동시에 부나 명예를 추구할 수 있다고 생각했다. 이렇게 초기 스토아학파는 좋고 선한 삶을 위해 선호하는 무심을 추구할 수 있다고, 아니 추구해야 한다고 주장했다. 거상 출신인 제논이 주창할 만한 타협안이자 실용적 현실주의다. 하지만 제자 아리스토는 이를 견딜 수 없었다.

아리스토에게 삶의 목표란 덕과 악 사이에 있는 자잘한 것에 관심을 두지 않고 무심하게 살아가는 것이었다. 그저 덕만 좇으면 그만이지, '가지고 있으면 좋지만 넘치면 위험한 교묘한 것들'을 상정하고, 그것들을 세세히 구분할 필요는 없다고 강력하게 주장했다. 그는 가치를 복잡한 범주로 나누길 원하지 않았다. 얼마나 선한지 또 얼마나 악한지 순위를 매기거나, 덕과 악 사이의 중간 영역을 고려하거나, 세세하게 쓰인 규칙서를 만들지 않았다. 흑백논리를 좇았고, 훈련과 직관에 의존해 주어진 상황에 맞는 대처법을 곧바로 알고자 했다.

그가 철학하는 자세는 마치 중요한 전쟁을 앞두고 지휘권을 넘겨받은 장군과 같다. 전임 장군들이 만든 세세한 규칙서를 받은 장군은 이렇게 말할 것이다. "그건 태워버려라. 이제 문제가 발생할 때마다 곧바로 결정을 내릴 것이다." 확실히 인상적이긴 하다. 모호한 말은 하지 않고, 판단의 준거에는 오직 선과 악만 있으며 그 사이엔 아무것도 존재하지 않는다. 현명한 사람은 이걸 다 알고 있다!

훗날 키케로가 지적한 것처럼, 아리스토처럼 똑똑한 사람이 이런 흑백논리를 믿었다는 건 다소 어처구니없다. 세상은 그렇게 단순하지 않으며, 상황에 따라 순위를 매기거나 선호하는 가치를 줄 세우지 않으면 자칫 삶이 혼란에 빠질 수도 있다. 확실히 인생의 어떤 요소들은 다른 것보다 낫다. 분명히 우리를 올바르게 인도할 수 있는 일반적인 규칙도 존재한다. 우리의 삶을 둘러싼 상황은 워낙 복잡하고 빠르게 변하기에, 반드시 그대로 따르진 않더라도 어느 정도 참고할 만한 선례들도 필요하다. 그건 우리보다 앞서 살았던 현명한 사람들이 직접 어려움과 부딪히면서, 어떻게 하면 잘 살 수 있는지 터득한 지혜다.

현자에게는 규칙서가 필요 없다

아리스토는 뛰어난 논쟁가였다. 하루는 스승 제논이 '건강'이 선호하는 무심의 범주에 있다고 말하자, 그는 곧바로 이의를 제기했다. "만약 건강한 사람이 폭군을 섬기고 있고, 그로 인해 죽게 된다고 합시다. 같은 상황에서 병든 사람은 관직에서 물러나 목숨을 구할 수 있을 겁니다. 그렇다면, 현자는 오히려 병에 걸리는 걸 선호하지 않겠습니까?"

이 질문은 선호하는 무심이라 불리는 여러 것들에 적용할 수 있는 주장이다. 부자라서 폭군의 표적이 되는 상황에서도, 정말 부자가 되는 게 나을까? 그런 상황에서는 오히려 건강하거나 부자인 게 불리하지 않을까?

아리스토의 허를 찌르는 비판에 고개를 끄덕이는 젊은 학생들, 그리고 비교적 상식적인 주장임에도 자신의 견해를 지키기 위해 고군분투하는 제논의 모습을 쉽사리 상상할 수 있다. 일반적으로는 건강한 게 바람직한데 과연 이런 주제로 토론할 가치가 있을까 싶지만, 어쨌든 이러한 질문은 사람들의 관심을 끄는 재미있는 토론 주제다. 아리스토는 선과 악 사이의 중간 영역이 있다는 제논의 주장에 반대했지만, 역설적이게도 자기 자신도 그러한 중간 영역을 가지고 있다는 걸 보여줬다. 상황이 사물의 가치를 독특하게 변화시킨다고 주장한 것이다.

아리스토의 입장은 숙련된 항해사가 거센 파도 앞에서 굳이 선박 사용설명서를 살펴보지 않는 것과 같다. 이미 오랜 훈련과 경험에서 얻은 지식을 토대로, 늘 올바른 결정을 내릴 것이기 때문이다. 그런데 정말 그럴까? 그가 이런 주장을 펼쳤던 이유는 자존심 때문인 것 같다. 스토아학파가 지혜롭고 무결한 학파라고 믿고 싶고, 운동선수의 동작 하나하나가 자연스럽게 나오는 것처럼, 덕을 자연스럽게 실천한다고 믿고 싶었기 때문이다.

하지만 실력이 좋은 선수들도 엄격한 경기 규칙을 고수하고 감독의 말에 따른다. 로커 룸 벽에는 영감을 주는 글이나 중요한 조언, 행동 강령 등이 적혀 있다. 또 경기를 할 땐 경기 규칙을 하나하나 숙지하고 완벽히 지킨다. 규칙을 중시하는 태도가 별로 멋져 보이지 않을지 모르나, 그렇게 하는 게 옳기 때문이다. 제논과 클레안테스는 스포츠 감독처럼 아리스토를 훈련시키려 했다.

하지만 전하는 글에 따르면, 아리스토는 갈수록 더 격렬하게 제논과 맞섰다고 한다. 그는 늘 남의 이야기를 듣기보다 자신의 이야기를 훨씬 많이 했다. 더 자주 경청하고 말은 더 적게 하라는 제논의 격언을 무시한 것이다. 디오게네스 라에르티오스에 따르면, 아리스토는 달변가였지만, 품격이 없고 의지도 약했다고 한다. 때때로 제논은 아리스토의 말을 중간에 끊을 수밖에 없었다. 언젠가는 이렇게 소리치기도 했다. "왜 이렇게 수다스러운가? 아버지가 술에 취했을 때, 네가 생겼는지 의심된다."

스토아 철학자다운 반응은 아니었지만, 제자에게 수없이 시달리다 지친 노스승이라면 충분히 뱉을 만한 말이다. 하지만 꾸중을 듣는다고 고집불통인 그가 의견을 굽히겠는가? 아리스토는 계속해서 스승의 주장에 의문을 제기했고 꼬치꼬치 반박했다. 아리스토는 스토아학파의 정통성을 비판하는 글을 쓰기 시작했고, 동료 철학자를 대놓고 공격했다. 심지어 제논의 학설과 클레안테스를 비판하는 논쟁적인 책을 발표하기도 했다.

키케로에 따르면, 크리시포스는 이런 아리스토를 비판하는 책을 써서 그의 공격에 맞불을 놓았다. 아리스토가 주장하는 사상이 위험하다며 직접적으로 대립했다. "건강하든 아프든, 마음이 편하든 고통에 시달리든, 추위나 굶주림을 막아내든 말든 상관이 없다면, 대체 어떻게 살아갈 수 있겠습니까?" 크리시포스는 이렇게 따져 물었다. 정말이지 어떻게 살 수 있겠는가? 인생이 혼돈 그 자체가 될 텐데 말이다. 날카로운 비판에도 아리스토는 꿈쩍하지 않고 자신감 넘치는 태도로 미소를 지으면서 대답했다. "화려하고 멋지게 살겠지. 옳다고 생각하는 방식대로 살아간다면, 슬픔도 욕망도 두려움도 느끼지 않을 테니 말이네."

세이렌의 아름다운 노래처럼 아리스토의 말은 매혹적이다. 공허했지만, 많은 사람을 솔깃하게 만들었다. 물론 확고하고 올바른 원칙만을 따르는 현자는 따로 규칙서가 필요 없을지 모른다. 모든 상황에서 직관적으로 적합한 판단을 할 테니까. 하지만 보통 사람들은 어떨까? 아리스토의 주장처럼, 모든 이가 떠오르는 생각을 단순히 실천하기만 하면 덕이 이루어지는 세상이 존재할까?

위대한 스토아 철학자들이 답답해서 머리를 쥐어뜯는 모습이 상상된다. 욱하고 화도 냈을 것이다. 같은 배를 탄 줄 알았는데, 아리스토는 스토아 철학의 이름을 더럽히는 난제를 계속 던졌다. 그를 스토아학파의 학생이라 할 수 있을까? 아니면 학파의 까다로운 경쟁자라 불러야 할까? 성인일까, 이단자일까? 친구일까, 적일까? 아리스토는 이러한 의문점을 불러일으키며, 두 얼굴을 가진 스토아 철학자로 남아 있다.

최초로 파문된 스토아 철학자

～～～

스토아학파는 결국 아리스토를 쫓아냈다. 하지만 파문된 뒤에도, 그는 여전히 자신이 스토아학파에 속한다고 생각했다. 사회적 관습을 무시한 채 오직 자신의 본성에 따른 삶을 중시한 견유학파와 모든 것을 의심하는 회의학파의 영향을 받아들였으며, 아리스토텔레스의 소요학파와는 대립했다. 아리스토는 스토아학파로부터 독립한 뒤, 스토아 포이킬레에서 멀리 떨어진 아테네 성벽 외곽에 있는 견유학파의 학당인 시노사게스에 자리를 잡았다. 세이렌이라는 별명답게, 사람들은 점점 아리스토 주변으로 모여들었다. 그곳에서 아리스토는 견유학파를 비롯한 다른 급진주의자들과 제자를 양성했다. 아리스토는 명성을 얻었고, 곧 자신만의 학파를 설립했다. 디오게네스 라에르티오스가 전하길, 아리스토학파 철학자들은 설득력 있는 언변과 품위로 이름을 떨쳤다고 한다.

하지만 도전자에게도 언젠가 도전하는 사람이 생기는 법. 아리스토가 차근차근 명성을 쌓아나가자, 사방에서 공격이 들어왔다. 유명해질수록 딴죽을 거는 사람도 늘기 마련이지만, 특히 아리스토의 논법과 태도는 더 큰 적대감을 불러일으켰다. 만약 그가 좀 더 타협적이고 스토아 철학을 존중했다면 어땠을까? 어쩌면 더 많은 성과를 거두었을 것이다. 사사건건 따지고 대항하는 것보다, 스토아 철학이라는 큰 틀 안에서 내부적 변화를 도모하는 편이 사람들의 마음을 바꾸는 데 더욱더 효과적이었을 것이다. 그랬다면, 후대 스토아 철학자에게 자신이 입장이 옳다는 걸 더 잘 증명할 수도 있었을 것이다.

아리스토는 덕과 탁월성을 따르는 법과 무심을 대하는 법을 가르쳤다. 그에게 현자는 머릿속에 떠오르는 생각을 단순하게 행동으로 옮기는 사람이다. 그는 처음으로 인간이란 '운명이 정해준 역할을 흔쾌히 맡는 배우' 같다고 주장했다. 수 세기 후, 에픽테토스는 동일한 주장을 했다. 규칙서만 찾는 학생들에게 평생 대본대로만 살 거냐고 질책했다. 아리스토와 에픽테토스 모두 인생의 대본은 이미 정해져 있으므로, 맡은 역할에 맞게 열심히 인생을 살면 된다고 주장했다. 둘의 차이점이 있다면, 에픽테토스는 그런 주장을 펼치면서 현명한 조언을 하는 일도 멈추지 않았다.

디오게네스 라에르티오스에 따르면, 아리스토는 자신이 현자이고 참된 지식을 가지고 있으므로 잘못된 의견에 결코 현혹되지 않으리라 생각했다. 스토아학파는 이 말을 듣고, 간단한 장난을 쳐서 아리스토의 생각이 틀렸다는 걸 증명한다. 먼저 아리스토에게 사람을 보내 돈을 잠시 보관해달라고 부탁했다. 그리고 그의 쌍둥이 형제를 보내 그 돈을 찾게 했다. 어떤 상황에서도 현명한 결정을 내릴 수 있다고 거만하게 주장했던 아리스토는 어리석게도 돈을 맡긴 사람이 아닌 다른 사람에게 돈을 내주었다. 일일이 신원을 확인하는 규칙이 직감에 의존하는 것보다 더 탁월하다는 걸 보여주는 단순한 예였다. 아리스토는 자신이 엉뚱한 사람에게 돈을 내주었다는 걸 알게 되자, 자신이 속아 넘어갔다는 사실에 깜짝 놀라고 당황했다고 한다.

하지만 과연 스토아학파가 그런 속임수를 썼을까? 단지 그런 사소한 의견 차이로 동료에게 모욕을 줬을까? 사실이든 아니든, 둘 사이에 생각보다 큰 균열이 있었음을 알려주는 일화다.

아리스토의 학당은 제논과 클레안테스처럼 물리학과 논리학을 가르치지는 않았다. 물리학은 현실 세계와 동떨어져 있고, 논리학은 가치가 없다는 입장이었다. 오직 윤리와 덕만이 중요했다. 논쟁의 대가 아리스토는 논리학자의 주장이 '거미줄 같다'고 했다. 마치 거미가 공들여 만든 거미줄이 거미에게만 유용하고 사람에게는 전혀 쓸모가 없듯 논리학자의 주장도 그러하다는 것이다. 그러나 논리학의 강력한 비판자였던 그가 타고난 논쟁가였다는 점은 꽤 아이러니하다.

타협하지 말고 덕을 실천하라

아리스토의 행보는 스토아학파를 따르던 학생들을 이탈시켰고, 사람들에게 스토아학파는 내부 분열이 일어나는 학파라는 부정적 인상을 남겼다.

논쟁이 얼마나 치열하고 격렬했을지 생각해보면 조금은 부끄럽고 초라해 보인다. 하지만 초기 스토아 철학자에게 '선호하는 무심' 문제는 생사를 가르는 문제이자, 학파의 향방을 결정할 권력과 영향력의 문제였으며, 무엇보다 자존심이 달려 있었다. 오직 클레안테스만이 논쟁에 몰두하는 대신 묵묵히 자신의 일과를 지켰으며, 제논과 크리시포스 그리고 아리스토는 논쟁에 온 힘을 쏟았다. '핀 위에서 얼마나 많은 천사가 춤을 출 수 있는가?' 같은 주제를 놓고 무의미한 논쟁을 벌이는 중세 수도승과 별 다를 바 없다(스콜라학파 신학자 토마스 아퀴나스가 『신학 대전』에서 던진 명제로, 시간이 지나면서 지식인들의 무의미한 논쟁을 비판하는 말로 자리 잡았다 - 옮긴이).

그들의 논쟁은 자신이 옳다는 걸 증명하려는 나르시시즘으로 가득 찼지만, 스토아학파의 후계자 자리를 놓고 펼친 대결이기도 했다. 그러니 누가 쉽게 양보할 수 있었을까? 역사에 이름을 남겨도 죽고 나면 별 쓸모가 없다. 그럼에도, 다들 죽기 전에는 세상에 무언가를 남기고 싶어 한다.

아리스토의 주장은 이해하긴 쉬웠지만, 스토아적이지도 철학적이지도 않다. 아리스토가 이론을 좀 더 단단히 다지고, 자기 주장에 동의했던 사람들과 관계를 공고히 했다면, 그의 학파는 훨씬 깊은 인상을 주었을 것이다. 하지만 그는 자신이 할 일을 소홀히 했다. 시간이 흘러가면서 아리스토의 이름은 점점 묻혔다. 우리는 아리스토의 이야기를 교훈 삼아, 해야 할 일에 충실하고 자기계발에 힘써야 한다.

후대의 스토아 철학자들은 아리스토의 흔적을 빠르게 지워나갔다. 하지만 아리스토의 글은 젊은 마르쿠스 아우렐리우스에게 큰 인상을 남겼다. 마르쿠스는 25세 때 아리스토의 글을 읽은 후 큰 충격을 받아 잠을 이루지 못해, 결국 그의 글을 멀리할 정도였다고 한다. 마르쿠스는 아리스토를 이단자가 아닌, 덕을 글로만 배우지 않고 제2의 본성이 될 때까지 수련하고 훈련하게끔 독려하고 촉구하는 인물로 보았다. 그는 수사학 스승인 마르쿠스 코르넬리우스 프론토에게 이런 서신을 쓰기도 했다.

아리스토의 글은 저를 기쁘게 하면서도 괴롭힙니다. 덕에 관한 가르침
은 절 기쁘게 하나, 제 성격이 아리스토의 말처럼 덕의 본보기가 되기
에 부족하다고 느껴져서 슬프고 부끄럽고 자신에게 화도 납니다. 스물
다섯이 될 때까지 선한 의견과 순수한 이성만 좇았는데, 무슨 죄로 이
런 벌을 받는지 화나고 슬프고 질투가 나서 밥도 안 넘어갑니다. 벌을
받는 죄수는 슬픔에 잠겨 다음 날까지 글 쓰는 일을 미루고 있습니다.

아리스토의 주장은 '계율이나 규칙에 세세하게 얽매이지 말고 거
침없이 덕을 실천하라'는 말로 요약될 수 있다. 날카로운 비판 정신
과 타협을 모르는 태도는 분명 오늘날에도 본받을 만한 점이 있다.

마르쿠스는 이러한 아리스토의 가르침과 태도, 그리고 학파의 역
사를 꽤 잘 알고 있었다. 하지만 자기주장만 고집하는 논쟁은 결국
실패로 끝난다는 사실 또한 알고 있었다. 결국 모든 논쟁은 언젠가
끝이 나게 되어 있다. 그 뒤에는 먼지가 되거나, 전설이 되거나, 아무
것도 아니다. 아리스토가 남긴 많은 문장과 말들은 시간이 지나면서
점점 사라져버렸다.

그럼에도 지금까지 내려오는 아리스토의 흔적은 어떻게 인생을
살아가야 하는지, 중요한 순간에 덕을 실천하는 일이 얼마나 중요한
지 다양한 지점에서 교훈을 준다.

4장 최선을 다해 살아라

열정

스토아를 수호한 전사, 크리시포스(Chrysippos, B.C. 279~B.C. 206)

솔로이 출신. 육상 선수로 유명했다. 어린 시절 아테네로 이주해 스토아학파의
가르침을 받았으며, 클레안테스의 후계자가 되었다. 라이벌 학파의 비판을 물
리치고 학파의 이론을 정립해 '두 번째 창시자'로 불렸으며, 논리학과 윤리학 분
야에서 탁월한 재능을 발휘했다.

스토아학파의 세 번째 수장 크리시포스의 인생을 바꾼 것은 바로
어렸을 때 시작한 달리기였다. 지금도 육상은 '올림픽의 꽃'으로 불
리지만, 고대에는 다른 스포츠보다 더욱 특별했다. 레슬링은 체구가
비슷한 두 명이 몸싸움을 하며 힘과 전략을 겨룬다. 투창 던지기는
기술과 조정 솜씨를 겨룬다. 하지만 육상, 특히 오래달리기는 타인과
의 경쟁이라기보다 자신의 정신력과 체력을 시험하는 싸움이다.

철학과 달리기가 얼마나 연관이 있을까? 선뜻 답하기는 어렵지만,

자신의 한계와 기준을 뛰어넘는 인내심과 내면의 강인함을 강조한 스토아 철학이라면 대답이 조금 달라질 수도 있겠다.

적어도 소아시아 남동쪽 해안 지역 킬리키아의 항구도시 솔로이에서 태어나, 돌리코스를 완주한 젊은이에겐 철학과 달리기의 본질이 비슷했던 듯하다. 돌리코스는 약 5킬로미터 거리를 뛰는 고대 올림픽의 장거리 달리기 종목이다. 현대의 크로스컨트리 달리기처럼 5킬로미터의 순환형 코스나 트랙을 달리는 건 아니고, 스타디온(고대 그리스의 경기장을 가리키는 말이자, 달리기 구간의 길이 단위로 1스타디온은 180미터 정도이다-옮긴이)을 약 24회 반복해서 달렸다. 농구장에서 선수가 연습 삼아 뛰는 단거리 달리기와 비슷하다.

크리시포스는 누구보다 열심히 스타디온을 달렸다. 다른 선수를 이기기 위해서뿐만 아니라, 자신과의 싸움에서 이기려 했다. 숨이 차고 뇌에서 그만하라는 명령을 보낼 때까지 계속해서 달렸다. 자신의 한계를 뛰어넘고, 다른 육상 선수를 제치기 위해 열심히 뛰면서, 크리시포스는 자연스럽게 자신의 삶과 스토아학파의 미래를 이끌 윤리 체계를 무의식적으로 터득하고 있었다.

육상 선수라면 당연히 피 터지게 경쟁하고 승리하기 위해 최선을 다해야 하지만, 크리시포스는 어떤 일이 있어도 경쟁자를 넘어뜨리거나 밀어서는 안 된다고 주장했다. 인생도 그렇다. 삶에서 유용한 것을 찾는 건 문제가 안 되지만, 다른 사람의 것을 뺏는 건 정의롭지 못하다. 그렇게 크리시포스는 고향 킬리키아의 연안 평지를 달리면서 인생의 어려움을 맞닥뜨릴 준비를 하고, 지적·신체적 인내심도 키워나갔다. 철학자로서 갖추어야 할 자질을 기른 것이다.

스토아학파의 황금말

혼돈의 시대를 살았던 다른 스토아 철학자들처럼, 크리시포스도 불안한 어린 시절을 보냈다. 킬리키아는 자주 습격을 받았다. 크리시포스의 가족은 이를 피해 솔로이로 이사했지만, 이내 다른 종류의 공격을 받게 된다. 알렉산더 대왕 휘하의 장군이 재산을 불리고자 크리시포스 가족의 재산을 몰수했던 것이다. 난파 사고를 당한 제논처럼 크리시포스는 순식간에 궁핍해졌지만, 궁극적으로는 행운이었다. 철학에 입문하는 계기가 됐기 때문이다.

크리시포스는 클레안테스처럼 더 나은 삶을 찾아 아테네로 떠났다. 솔로이에서는 삶의 선택지가 거의 없었고, 언제 또 전제 정권이 들어설지 알 수 없었기 때문이다. 당시 아테네에는 헬레니즘 문명이 번창해, 세계 곳곳의 가장 훌륭한 인재들은 물론, 고향에서 권리나 재산을 박탈당한 사람, 방황하는 사람들까지 다양한 사람이 몰려들었다. 제논과 클레안테스처럼, 크리시포스 역시 그렇게 아테네로 모인, 명석하지만 손에 쥔 것은 없는 길 잃은 청년이었다.

크리시포스가 정확히 언제 아테네에 도착했는지는 알 수 없다. 아마 제논과 클레안테스가 확고하게 아테네에서 자리를 잡았을 때였을 것이다. 막 열일곱이 된 청년 크리시포스가 아테네에 도착했을 때, 제논과 클레안테스의 명성은 이미 그리스 전역에 퍼져 있었다.

크리시포스는 '황금말'이라는 뜻이다. 이름처럼 그에게서는 젊은 에너지와 강인한 태도가 느껴졌다. 그의 조카이자 스토아 철학자인 아리스토크레온이 스토아 포이킬레 근처에 세운 크리시포스 동상을 보면, 체구는 작지만 온몸에 에너지가 꽉꽉 들어차 있는 듯하다. 디오게네스 라에르티오스는 그의 동상이 워낙 작아서 옆에 있는 말 동상에 완전히 가려질 정도라고 했다. 후대의 철학자는 크리시포스를 말 안에 숨길 수도 있다고 놀리기도 했다. 동상은 그 자리에 꽤 오래 서 있었던 것 같다. 기원후 100년, 플루타르코스도 동상에 관해 글을 쓸 정도였으니까 말이다. 비록 크기는 작았지만, 동상에는 흥미로운 이야기가 같이 전한다. "아리스토크레온이 학계가 마주한 난제를 현명하게 해결한 크리시포스 삼촌에게 이 동상을 바친다." 동상의 비문에 적힌 구절이다. 대체 무슨 난제였을까?

논쟁가의 백전백승 비결은?

많은 시인이나 풍자가가 클레안테스를 비판한 이유는 그를 개인적으로 싫어해서가 아니다. 당시 스토아 철학의 인기가 점점 높아지면서, 자연스레 많은 이의 공격 대상이 되었기 때문이다. 그 시절 아테네에는 에피쿠로스학파, 플라톤학파, 소요학파 등이 열띤 세력 다툼을 벌이고 있었다.

클레안테스는 공격이 들어오면 재치 있게 받아치거나 초연하게 침묵으로 대처했다. 스토아 철학자들이 모두 제논과 클레안테스의 가르침에 머물렀다면, 아마 침묵으로만 대응했을 것이다. 하지만 방어를 해야만 하는 순간이 찾아왔다. 이론을 정립하고 학설을 정의해 더 꼼꼼하게 체계를 갖출 필요가 있었다. 제논이나 클레안테스의 가르침 중 서로 모순되는 내용도 명쾌하게 풀어내야 했다.

또한 아리스토와 그 덕분에 생겨난 무수한 도전도 극복해야만 했다. 스토아 철학자였다가 라이벌 학파로 옮긴 변절자 디오니시우스, 제논의 제자였지만 지식이 덕보다 더 중요하다며 반기를 든 헤릴루스도 있었다. 세력 다툼은 계속해 일어났고, 스토아 철학을 향한 비판도 넘쳐났다.

그렇다면 스토아 철학은 무엇을 추구하는가? 어떤 지침을 주고 어떤 길로 안내하는가? 지도자는 누구인가? 크리시포스는 짧은 시간에 명성을 얻은 스토아학파를 수호하기 위해, 그 시기에 꼭 필요한 역할을 맡았다. 아리스토가 『클레안테스에 반대하며』를 출간했을 때, 크리시포스는 그에 답을 해줘야 한다고 느꼈다. 스승의 주의를 딴 데로 돌리지 말라며, 사소한 트집을 잡을 거면 자신과 먼저 이야기하자고 소리쳤다. 크리시포스는 이길 준비가 된 전사였다.

세상을 바꾸는 아이디어는 저절로 탄생하지 않는다. 계속해서 사람들의 주의를 끌고 설득하거나, 적어도 자신의 아이디어를 강하게 변호하고 반대하는 사람과 맞서 싸워야 한다. 훗날, 키케로는 헤릴루스와 스토아학파의 갈등에 관해 언급한 바 있는데 크리시포스가 '상황 정리'를 한 뒤로 그와 입씨름하는 사람은 아무도 없었다고 한다. 전사 크리시포스는 이처럼 스토아 철학에 도전하는 인물들 여럿을 역사의 뒤안길로 보내버렸다.

세네카는 철학자도 때론 스파이처럼 라이벌 학파의 글과 가르침을 연구해야 한다고 말했다. 실제로 크리시포스는 제논의 곁을 계속 지키는 대신, 플라톤학파의 아르케실라오스와 키레네의 라키데스 옆에도 머물렀다. 갈팡질팡한 게 아니라, 스토아 철학이 살아남으려면 먼저 확실히 자리를 잡은 라이벌 학파의 사상을 배워야 한다는 걸 알고 있었기 때문이다.

우리는 크리시포스의 행보에서 운동선수의 모습을 쉽게 상상할 수 있다. 우승을 위해 다른 선수와 필사적으로 경쟁하는 것처럼, 라이벌 학파의 주장을 연구하고 허점을 파악하기 위해 수업을 듣기도 했다. 스토아 철학의 어떤 면을 개선해야 할지 알아보기 위해 자기주장의 약점도 철저하게 연구했다.

상대방의 공격으로부터 잘 배워야, 자신을 더 강력하게 방어할 수 있는 법이다. 상대 학파의 학설을 환히 꿰는 건 뛰어난 철학자라면 당연히 해야 할 일이기도 하다. 오늘날 우리는 이를 '스틸매닝 steel manning'이라고 부른다. 상대의 주장을 힘없는 허수아비로 가정해 공격하는 게 아니라, 반대로 상대 주장의 가장 강력하고 합리적인 부분을 받아들인 뒤 토론하는 것이다. 우리는 상대의 주장이 최악이라고 자기 자신을 속일 필요가 없다. 진지하게 진심을 담아 토론하고, 상대의 주장을 왜곡하지 않으면서도 실력으로 논쟁에서 이길 수 있다.

전사 크리시포스가 바로 그랬다. 그는 '스틸매닝' 기술을 갈고닦으며 도전을 즐겼다.

크리시포스는 반대 의견을 허무는 자신의 능력에 대해 자신감이 넘쳤다. 학설만 보고도 그 사람이 어떻게 논증하고 반증할지 알 수 있다고, 클레안테스에게 당당하게 말한 적도 있다. 느릿느릿한 자신의 방법론을 고수하고 라이벌을 너그럽게 대한 스승에 비해, 크리시포스는 자신감이 넘쳤고 지성의 결투를 즐겼다. 스타디온에서 연마한 강한 승부욕은 철학으로 무대를 옮겼다. 한 번도 얕은꾀를 쓰지 않았지만, 항상 이길 준비가 되어 있었다. 크리시포스에게 철학은 인생과 마찬가지로 승부였다. 단, 공평하게 싸워야 하는 승부.

교사와 학생, 스승과 제자가 각자 자신의 성격에 맞는 운동을 했다는 사실은 흥미롭다. 상대의 허점을 기다렸다가 쓰러뜨리는 권투선수인 클레안테스는 인내심이 강했고, 혼자 겨루는 종목에 강했던 크리시포스는 폭발적이었다. 공격적 기질에 실력까지 더했으니, 당시 아테네에서 논쟁의 기술을 다룰 때에는 신들조차 크리시포스를 본보기로 삼았을 거라는 말이 있을 정도였다. 폭발적 에너지를 바탕으로 그는 철학이 '이성의 올바름을 함양하는 행위'라 정의하며 스토아 철학을 체계화했다. 운이 좋게도 이처럼 뛰어난 사상가를 둔 스토아학파는, 아리스토로 인해 흔들린 입지를 다시금 단단히 다져나갔다.

스토아학파의 두 번째 창시자

1세대는 새로운 걸 창조하는 용기와 기발함을 가지고 있다. 그 과정에서 필연적으로 생기는 어수선한 모순을 정리하는 건 더 젊고, 실용적인 다음 세대가 맡게 된다.

보통 2세대가 맡은 일은 창조자인 1세대만큼 매력적으로 보이지 않는다. 복음을 전파하는 사도처럼 고생하지만 보람은 적다. 하지만 이들의 역할은 철학뿐만 아니라 기업, 심지어 국가의 역사에서도 매우 중요하다. "크리시포스가 없었다면 스토아학파도 없었다"라는 말에서, 우리는 그가 후대에 남긴 불멸의 유산을 엿볼 수 있다. 크리시포스가 없었다면 스토아학파에 대한 평가는 지금과 달라졌을 것이다. 어쩌면 자신들의 역사를 계속 써 내려가지 못했을 수도 있다.

클레안테스가 세상을 떠나자, 크리시포스는 마흔아홉의 나이로 스토아학파의 수장이 되었다. 이후 첫 번째로 한 일은 선대의 가르침을 명확하게 정리해 대중화하는 것이었다. 제논과 클레안테스가 스토아 포이킬레에서만 철학을 가르쳤다면, 크리시포스는 오늘날의 극장이나 콘서트장에 해당하는 오데온의 대형 무대에 섰다. 아리스토텔레스가 세운 리케움과 소요학파, 견유학파의 학당 안에 있는 숲에서 최초로 야외 강연을 했다. 크리시포스는 문제 해결사이자 전사로서, 적의 진영에 직접 메시지를 전달하는 걸 즐겼다.

진리를 전파하기 위해 시의 힘을 빌리고 비유와 운율을 사용했던 클레안테스와는 달리, 크리시포스는 논리적이고 형식적인 정밀성을 고집했다. 그는 종종 내용의 핵심에서 벗어나기도 했는데 이는 그가 같은 주제에 대해 여러 번 반복해 논쟁하기를 즐겼던 까닭이다. 그러나 모두가 이미 알고 있는 자명한 사실만을 이야기하지는 않았다. 그뿐만 아니라 열정과 예리함으로 명성을 떨쳤고, 논리학에서 혁신을 이뤄냈으며, 굉장히 많은 문학 작품을 남기기도 했다.

그는 705권이 넘는 방대한 분량의 저서를 남겼는데, 그중 300권은 논리학에 관한 책이다. 디오게네스 라에르티오스가 전한 제목과 내용을 살펴보면, 그중 24권의 책이 악명 높은 '거짓말쟁이의 역설'에 관한 것임을 알 수 있다. 우리는 거짓말쟁이가 하는 말을 믿지 않는다. 하지만 자신이 하는 말이 모두 거짓이라고 하는 거짓말쟁이의 말은 참일까, 아니면 거짓일까? 크리시포스의 책 『논리적인 질문』은 심지어 헤르쿨라네움의 한 무덤 속에서 발견되기도 했다. 이 무덤은 에피쿠로스학파 철학자인 필로데무스의 것으로, 에피쿠로스학파의 도서관에도 크리시포스의 책이 있었다는 걸 추측할 수 있다. 고대의 한 작가는 호메로스가 시에 능한 것처럼, 크리시포스는 논리에 강했다고 말하기도 했다.

그는 논리학으로 명성을 떨쳤지만, 문학과 시에 대한 열정도 넘쳤다. 다만 다른 작가의 글을 인용하는 것을 매우 즐겼기에 글에서 되레 크리시포스의 목소리가 묻히는 면이 있었다. 그가 쓴 한 수필에서는 에우리피데스의 비극 『메데이아』의 대사를 너무 많이 인용한 나머지, 사람들이 '크리시포스의 『메데이아』'라고 놀리기도 했다. 어떤 사람들은 이러한 인용을 이질적이라고 비판했지만, 크리시포스는 위대한 사상가와 작가의 글을 발췌하고, 그 생각을 공유하는 걸 진심으로 좋아했다.

논쟁을 좋아한 크리시포스는 제논이나 클레안테스, 그리고 다른 스토아 철학자들과 다른 삶을 살았을까? 아니다. 그도 다른 스토아 철학자처럼 겸손하고 성실했으며 황금 보기를 돌같이 했다. 집을 지키는 하녀도 한 명뿐이었다. 또 크리시포스는 하루에 최소 500줄 이상 꾸준히 글을 썼다. 마치 책상 위에서 '지식의 마라톤'을 하는 것처럼. 일에 집중하기 위해 왕이나 귀족의 초대를 거절했고, 강의를 하는 날을 제외하고는 거의 집에만 있었다.

크리시포스는 낯을 가려 친목 모임에는 잘 나가지 않았고, 모임에 참석했을 때도 조용히 있었다고 한다. 한 하녀는 그가 술을 마시는 자리에서도 '다리만 취했다'고 표현했는데, 아마 흐느적거리는 다리만이 파티를 즐기고 있다는 유일한 신호였던 듯싶다.

한때 크리시포스는 아리스토의 강의에 참석한 무리와 어울리지 않는다고 비난을 받았는데, 그는 무리의 일원이 되는 게 중요했다면 철학을 공부하지 않았을 것이라고 대꾸했다. 그렇다고 크리시포스가 삶의 즐거움을 아예 저버린 건 아니다. 단지 지나친 욕망을 경계했을 뿐이다. 그는 이런 명언을 남겼다. "현자는 자신의 손에 떨어지는 것을 뭐든지 사용할 수 있지만, 아무것도 원하지 않는다. 하지만 어리석은 자는 필요한 게 없어도 모든 걸 원한다." 가지되 원하지 말고, 즐기되 필요로 하지 말라. 이보다 스토아학파를 더 잘 설명하는 구절이 있을까?

욕망을 경계하자 크리시포스에게 자유와 독립이 찾아왔다. 철학의 품격을 떨어뜨리고 싶지 않았던 그는 자신의 작품을 팔거나 조언의 대가로 비용을 청구하지 않았다. 돈을 빌리거나 빌려주지도 않았다. 디오게네스 라에르티오스는 크리시포스가 왕에게 바친 책은 단한 권도 없다고 했다. 일부 사람들은 그가 오만하다고 생각했지만, 이는 자립의 증거였다. 왕의 후원을 받은 제논 등과 달리, 크리시포스는 후원을 받는 데 관심이 없었다. 왕에게 돈을 받으면 그의 기분을 맞춰야 하기 때문이다. 결과적으로 누구도 크리시포스에게 이래라저래라 간섭할 수 없었다.

세상을 떠나는 나쁘지 않은 방법

크리시포스의 사상적 독립성이나 원칙을 향한 기개, 지적 열정은 분명 미덕이다. 하지만 무슨 덕목이든지 과하면 해가 된다. 똑똑할수록 자기 생각에만 빠지기 쉬울뿐더러, 메시지의 질도 하락한다. 약 300년이 지난 후, 에픽테토스는 학생들이 크리시포스의 글을 이해하느라 머리를 쥐어짜는 걸 발견하고서, 이렇게 조언한다. "누군가가 크리시포스의 작품을 이해하고 해석할 수 있다고 뽐내거든, 그의 글에서 모호함을 빼면 자랑할 게 없다고 전하라."

크리시포스의 작품 중 다른 작가가 발췌한 500개의 인용문을 제외하면, 지금까지 전하는 것은 없다. 지금으로서는 그의 문장력이 어느 정도였는지 알기 어렵다. 비록 글솜씨는 없었을지라도, 통찰력만큼은 세상을 떠난 뒤에도 멀리 퍼져나갔다.

크리시포스는 가정에도 충실했다. 여동생의 아들인 아리스토크레온과 필로크라테스를 직접 가르치기도 했다. 특히 아리스토크레온와 가까웠는데, 최소 36권의 책을 그에게 주었다. 훗날 아리스토크레온은 삼촌의 동상을 세우고 무덤에 비문을 바쳤을 뿐만 아니라, 그를 기리는 책까지 써서 은혜를 갚았다.

아버지처럼 인자한 면도 있었지만, 역시 그를 대표하는 건 타고난 승부사적 기질이다. 어느 날, 한 어머니가 자기 아들의 교육을 누구에게 맡겨야 하는지 물었다. 크리시포스는 당연히 자신보다 더 나은 선생은 없다고 대답했다. 만약 더 나은 선생이 존재한다면, 자신이 그의 가르침을 배웠을 테니까.

크리시포스는 윤리만이 중요하다고 믿었던 아리스토와 생각보다 더 많은 접점을 갖고 있었다. 플루타르코스에 따르면, 크리시포스는 삶에서 "선한 것과 악한 것을 구분하는 것 외에 다른 목적은 없다"고 말했다. 그들에게 인생에서 가장 중요한 가치는 덕이 넘치는 삶을 사는 일이었다.

앞서 언급했듯이, 육상 선수였던 크리시포스는 진정한 스포츠맨십에 관한 철학도 발전시켰다. 그는 선수들이 서로 경쟁하면서 필사적으로 다른 이를 이기려 하지만, 성적과 관계없이 경기에 참여하는 모든 선수 사이에는 일종의 형제애가 있다는 걸 알았다. 고전학자인 태드 브레넌 Tad Brennan은 이를 크리시포스의 '밀치지 않기 원칙'이라고 부른다. 크리시포스의 공헌은 이뿐만이 아니다. 그는 우리 모두가 하나의 공동체에서 산다는 제논의 사상을 바탕으로 '심파테이아 symphatheia'라는 개념을 장려했다. 세상의 모든 사람은 연결되어 있고 모두가 우주의 시민이기에, 기쁨과 슬픔, 고통 같은 감정도 공감하고 공유할 수 있다는 세계 시민주의다.

초기 스토아학파와 라이벌 학파들도 서로 밀치지 않고도 경쟁할 수 있다는 걸 알았다면 어땠을까. 그랬다면, 피차 골치 아픈 일도 적었을 테고, 후대에도 더 나은 본보기가 되었을 것이다.

역설적이게도, 크리시포스의 스포츠맨십에 동의한 유일한 사람은 회의주의를 강조한 플라톤학파의 카르네아데스였다. 그는 죽어서도 스토아학파에게 눈엣가시 같은 존재였지만, 크리시포스에게는 최고의 찬사를 보냈다. "크리시포스가 없었으면 스토아학파는 존재하지 못했고, 나도 이 자리에 없었을 것이다." 물론, 가장 진실된 말은 종종 농담처럼 들리는 법이지만 말이다.

크리시포스의 얼굴은 사후 수십 년간 모국의 동전에 새겨졌다고 한다. 하지만 스토아학파를 위해 큰 공을 세우고, 명성을 떨쳤던 그도 영생은 얻을 수 없다는 걸 알고 있었다.

어느 날 밤, 학생들이 함께 술을 마시자며 오데온으로 그를 초대했다. 그는 희석되지 않은 달콤한 포도주를 마신 후 어지럼증을 느꼈고 발작해 쓰러졌다. 그리고 불과 5일 후, 73세의 나이로 사망했다.

이렇게 세상을 떠난 게 사실이라면, 역시 크리시포스는 자기 자신과 자신이 맡은 일에 대해 굉장히 진지했던 사람이란 걸 알 수 있다.

글쓰기와 사유에서 벗어나 아주 오랜만에 머리를 식힌 자리에서도, 술자리에 충실하다가 세상을 떠난 것이다. 크리시포스다운 일화다.

그의 죽음을 둘러싼 다른 이야기도 있다. 흔히 스토아 철학자는 재미가 없다는 고정관념이 있지만, 실제로는 굉장히 유머러스했음을 엿볼 수 있는 일화다. 세상을 떠나던 날 크리시포스는 현관에 앉아 있었다. 그때 방황하던 한 나귀가 그의 정원에 있는 나무의 과일을 뜯어먹기 시작했다. 크리시포스는 그 광경이 너무나 웃겼던 모양이다. "무화과를 소화시켜야 할 테니, 나귀한테 포도주를 좀 주겠네." 크리시포스는 이렇게 나귀 주인에게 외치며 더 크게 웃었다. 그리고 그렇게 웃다가 죽었다. 이게 만약 사실이라면, 스토아 철학을 수호한 전사이자 열정적인 논객은 피 터지게 토론하거나 쉴 새 없이 글을 쓰다가 죽은 게 아니라, 소소한 일상의 기쁨을 즐기다가 세상을 떠났다. 세상을 떠나는 방법치고는 나쁘지 않다.

5장 오직 나만이 할 수 있는 일이 있다

소명

묵묵한 관리자, 타르수스의 제논(Zeno of Tarsus, B.C. ?~B.C. 190-180?)

타르수스 출신으로 후학 양성에 힘썼다. 그가 어떤 철학적 견해를 가졌는지 명확하게 전하지는 않지만, 기존에 스토아학파가 주장한 역사의 순환론은 비판했다고 한다.

기원전 2세기, 스토아 철학은 어느덧 백 주년을 맞았다. 제논의 가르침은 클레안테스와 크리시포스로 이어졌고, 다른 학파의 도발과 공격에서 살아남았다. 그렇다면 그다음 대를 이을 자는 누구일까?

스토아 철학의 핵심 사상 중 하나는 순환론이다. 역사는 똑같은 일이 반복해서 일어나기에 개개인의 삶은 그다지 특별하지 않다. 애초부터 교체 가능한 부품이거나 농구장의 롤 플레이어(특출하지는 않지만 한두 가지 역할은 잘 해내는 선수로, 특정 상황에서 경기에 투입되어 자기

78

역할을 해내는 비주전급 선수 – 옮긴이)일 뿐이다. 스토아학파의 차기 수장도 역사의 순환을 입증한 것일까? 스토아 철학의 새로운 시대를 연철학자의 이름 역시 학파의 창시자와 똑같은 '제논'이다.

학파의 기반을 닦은 크리시포스는 이제 후계자를 결정해야 했다. 그는 타르수스 출신이다. 당시 타르수스는 문화 수준이 아테네나 알렉산드리아에 버금간다고 평가받은 곳으로, 크리시포스는 '역시 타르수스 출신답다'는 칭송을 받았다. 스토아 철학자 중에도 타르수스 출신이 많았는데, 그중 한 명이 바로 디오스코리데스였다. 크리시포스가 자신이 쓴 21권의 책 중 적어도 6권 이상을 상속인인 디오스코리데스에게 주었다는 사실 외에 알려진 정보는 없다. 아마 너무 나이가 많았거나, 일찍 세상을 떠났을 것이다.

디오스코리데스는 아들을 한 명 두었다. 바로 타르수스의 제논이다. 에우세비우스에 따르면 타르수스의 제논은 순환론이나 환생을 믿지 않았다고 한다. 스토아 철학자는 일반적으로 물체가 불로 변해 씨앗이 되고, 다시 이전의 모습으로 돌아감으로써 일종의 순환 구조를 이룬다고 믿었다. 세계 역시 일정 주기에 따라 대화재가 발생해, 질서가 재구축된다고 믿었다. 스토아학파의 제논, 클레안테스, 그리고 크리시포스가 받아들인 학설이다.

하지만 크리시포스의 제자이자 후계자인 타르수스의 제논은 순환론을 의심했다. 어쩌면 근거가 부족하다고 생각했을 것이다. 하지만 스승의 주장에 의심을 품고 동의하지 않았다고 해서, 그가 제2의 아리스토였을 거라고 쉽게 단정 지어서는 안 된다. 제논은 혁명가나 분

열을 조장하는 사람이 아니고, 자기주장을 열심히 설파하는 인물도
아니었다.

다만 그는 당시 스토아학파에 꼭 필요한 인물이었다. 당시 스토아
학파에는 묵묵한 관리자로서, 학파를 향해 제기되는 비판을 가라앉
히고 토대를 굳건히 만들 사람이 필요했다. 우리 인생도 그렇다. 전
사처럼 싸워야 할 시기도 필요하지만, 때로는 묵묵히 견뎌내는 시간
도 필요하다. 스타가 필요한 순간도 있지만, 겸손하고 공명정대하고
차분한 사람이 필요한 시기도 있다.

그냥 스스로 할 일을 하라

싸우는 용기만이 용기가 아니다. 인내심을 갖고 묵묵히 내면을 성
찰하는 힘도 용기다. 스토아 철학자들은 모든 사람이 그런 인내심과
용기를 가지고 있기에, 이를 발휘해 상황에 맞는 올바른 덕을 실천하
는 게 가장 중요하다고 믿었다. 무엇이 되었든, 우리는 의무를 다할
필요가 있다.

두 번째 제논도 묵묵히 자기 역할을 하는 인물이었다. 학설을 정
리하면서, 어떤 부분에서는 클레안테스 편을 들고 다른 부분에서는
크리시포스 편을 들었다. 그는 자존심이 세거나 갈등을 즐기는 유형
이 아니어서, 산적한 문제를 빠르게 해결할 수 있었다. 세상의 관심
을 좇지 않았고, 수백 권의 책을 쓰거나 대규모 강연을 하지도 않았

다. 그는 그저 눈앞에 벌어진 갈등을 매끄럽게 처리하고, 스토아 철학을 전수하는 데만 시간을 쏟았다.

키티온의 제논이 새로운 땅을 개척하고, 크리시포스가 주먹을 휘두르며 적의 공격을 막아냈다. 하지만 타르수스의 제논은 그럴 필요가 없었다. 스토아 철학은 이미 잘 정립되어 백여 년간 지속됐기 때문이다. 그리스 전역에서 수천 명의 사람이 스토아 철학을 따르기 시작했으므로, 학당은 굳이 노를 젓지 않아도 순풍을 타고 앞으로 나아가는 배와 같았다. 제논은 학파의 안정과 지속에 온 힘을 쏟았다.

하지만 모든 일에는 때가 있는 법. 그리스는 점점 쇠퇴했고, 로마가 부상하기 시작했다. 스토아 철학은 민주주의의 요람이었던 그리스를 떠나 신흥 강국인 로마로 뻗어나갈 준비가 되어 있었다. 타르수스의 제논이 언제 죽었는지는 알 수 없다. 분명한 건, 크리시포스의 제자인 바빌론의 디오게네스가 제논을 계승했다는 점이다. 그 시기는 로마 제국이 발흥하는 과도기와 맞물려 떨어진다. 로마의 공화정과 철학의 만남은 스토아 철학을 황금기로 이끌었다. 그리고 로마는 다시 제국으로 성장한다.

역사 속에서 타르수스의 제논의 이름은 거의 잊혔다. 많은 이에게 과도기적 인물로만 기억된 탓일까? 물론 스토아 철학자는 자기 이름이 역사에 남든 잊히든 별로 중요하게 여기지 않을 것이다. 정말 중요한 것은 자신에게 주어진 일, 해야 할 일을 했다는 사실뿐이니까.

힘겨운 현실을 극복하는 법

6장

냉철함

조국을 지켜낸 외교관, 디오게네스(Diogenes of Babylon, B.C. 230~B.C. 142)

바빌론 출신. 그리스와 스토아 철학을 대표해 로마에 파견되어 큰 명성을 얻었다. 많은 작품을 남겼지만, 일부 문장을 제외한 대부분의 책이 소실되었다. 음악의 중요성을 강조한 것으로 유명한데, 그는 음악이 영혼을 조화롭고 안정적인 상태로 만들어 건강을 지켜준다고 믿었다.

기원전 155년, 스토아학파의 다섯 번째 수장인 바빌론의 디오게네스가 로마로 파견된다. 그곳에서 그리스의 위대한 철학 학파 수장들과 함께 공개 철학 강연을 열기로 한 것이다. 조금 뜬금없는 행사처럼 들리지만, 여러 학파가 총출동한 이 강연은 은밀한 외교 목적을 띠고 있었다. 그리고 이후 로마뿐만 아니라 전 세계의 운명을 바꿔놓는 강연이 된다.

사실 외교 활동으로 철학자 무리를 파견하는 건 말이 안 되는 것처럼 보인다. 그것도 철학을 적대하기로 악명 높은 로마로 말이다. 불과 몇 년 전, 로마 원로원은 철학자를 금지하는 법령을 공포했다. 그런데 아테네에서 달갑지 않은 손님을 보낸 것이다. 큰 선물을 보내는 것도 아니고, 명망 높은 장군이나 전문 외교관, 변호사도 아닌 철학자들을 보냈다. 왜 그랬을까?

절박한 시기에는 절박한 대책이 필요한 법이다. 알렉산더 대왕 사후 그리스와 이탈리아에는 전쟁이 끊이지 않았다. 수많은 왕과 공국들이 부흥하고 몰락했다. 무려 150년간, 마케도니아 왕들은 유럽의 패권을 다시 장악하기 위해 아테네를 호시탐탐 노리고 있었다. 로마는 바로 그 틈을 타서 서서히 힘을 키웠다. 그리고 마침내 테베레강 연안의 작은 도시에서 국제적 패권을 가진 국가로 성장했다.

이러한 상황에서 아테네는 이웃 국가와 분쟁을 치르게 된다. 이때 로마의 통제를 받은 치안판사가 이웃 국가의 손을 들어주었고, 아테네에 50만 달란트의 벌금형을 내렸다. 그 돈을 낼 능력이 없던 아테네에서는 결국 그들이 가진 가장 훌륭한 무기인 철학자를 내세워서라도 싸워야 했다.

당시 철학자들은 가장 뛰어난 지식인이자 달변가였다. 그들을 파견한 건 단지 철학 강연만을 위해서가 아니라, 판결에 항소하기 위해서였다. 로마는 아테네의 의중을 알아채지 못했지만, 어찌되었든 이 사건은 로마를 향한 일종의 문화적 기습 공격이었다. 어떤 문화가 더 우월한지를 두고 벌인, 지난 몇 세기 동안의 팽팽한 줄다리기에 종지부를 찍은 순간이자, 스토아 철학이 교실에서 벗어나 '권력의 강당'

으로 입성하는 첫 걸음이기도 했다.

고국의 운명을 짊어진 철학자들

디오게네스는 클레안테스가 사망한 해에 바빌론에서 태어났다. 오늘날 이라크 바그다드에 해당하는 셀레우키아 출신으로, 아테네로 가서 크리시포스의 제자가 되었다. 타르수스의 제논이 수장 자리를 물려받았을 때, 디오게네스는 젊었다. 자신과 같은 이름을 가진 시노페의 디오게네스와는 달리, 바빌론의 디오게네스는 반사회적이거나 반항적인 인물이 아니었다. 오히려 지나치게 실용적이었다. 약 2세기 전에 이름을 떨친 시노페의 디오게네스는 견유학파(키니코스학파) 철학자로, 그야말로 '개 같은 생활'로 유명했다. 대형 통이나 공공장소에서 잠을 자거나, 어떤 소원이든 들어주겠다는 알렉산더 대왕의 말에 "햇빛 좀 가리지 말고 비켜주시오"라고 쏘아붙였다는 일화가 유명하다.

그러나 우리가 살펴볼 바빌론의 디오게네스는 때와 장소에 걸맞은 옷을 입고 정중히 토론하고 의견을 교환하는 인물이었다. 아리스토 같은 도전자도 아니었고, 크리시포스 같은 전사도 아니었다. 디오게네스는 특별히 유쾌한 성격을 지녔거나 영리하지는 않았지만, 아테네의 일반 시민으로서 자기 생각을 신빙성 있게 전달할 수 있는 뛰어난 사상가였다. 그는 당시 철학계에서 떠오르는 스타였고, 언어학, 음악, 심리학, 수사학, 윤리학, 정치철학 등 다양한 분야에서 크게 활약했다.

디오게네스를 스토아 철학으로 이끈 것은 무엇일까? 플루타르코스에 따르면, 그는 스토아 철학의 창시자 제논에게 영감을 받았다고 한다. 제논이 생전에 많은 글을 남기지 않았는데도 말이다. 세월이 흘러도 후대에 큰 영향을 주는 건 말이나 글, 건축물이라기보다 타인에게 보인 태도와 살아가는 동안 고수한 삶의 원칙들이다. 세상에 발자취를 남기고 싶은 사람들이 상기해야 할 대목이다.

언제부터 디오게네스가 스토아학파를 이끌기 시작했는지는 알 수 없다. 어쨌든 그는 학당에 많은 학생을 끌어들인 능력 있는 선생이었다. 그들 중 한 명은 스토아 철학의 거친 반항아인 카르네아데스로, 훗날 회의학파를 이끌게 된다. 카르네아데스는 크리시포스의 작품을 연구하다가 디오게네스에게 이끌려 스토아 철학에 입문했다. 하지만 결국 회의학파로 방향을 틀었고, 앞서 언급한 로마로 파견된 사절단에서 디오게네스와 어깨를 나란히 하게 된다.

당시 절체절명의 위기에 놓여 있던 아테네가 철학자에게 중요한 외교 임무를 맡긴 건 철학의 힘을 보여주는 사례다. 고대 철학자는 오늘날의 대학 교수와는 다른 차원의 지위였다. 그들의 외교 임무는 일련의 공개 강연으로 시작되어 로마 원로원을 향한 연설로 이어졌다. 아테네의 빛나는 문화와 저명한 철학자들의 통찰을 보여줌으로써, 로마인들에게 아테네에 대한 친밀감을 쌓게 하고 벌금 문제도 해결할 의도였다.

초반에 외교 사절단은 삐걱거렸다. 가장 먼저 나선 카르네아데스는 정의에 관한 강연으로 많은 군중을 매료시켰다. 하지만 이튿날, 어제보다 많은 군중 앞에서 목에 핏대를 세우던 그는 어제 자신이 강연한 내용에 반대하는 논리를 펼치기 시작했다. 당시 로마에서 가장 냉철하고 정치적 영향력이 있었던 대 카토는 이 강연을 보고 충격에 빠졌다. "이 무슨 말도 안 되는 짓인가? 어제 자신이 펼친 주장을 다음 날 자신이 반박하는 건 도대체 어느 나라 논리인가?" 그는 로마의 젊은이들을 망치기 전에 저 오만한 카르네아데스를 아테네로 돌려보내라고 요구했다.

험악해진 분위기 속에서 디오게네스가 무슨 내용의 강연을 했는지는 정확히 알 수 없다. 분명히 원로원을 진정시키고, 아테네가 로마의 적이 아니라 동맹국이라는 이야기를 펼쳤을 것이다. 아테네가 정의로운 판결을 받을 자격이 있다는 걸 말하기 위해, 각 연사가 정의에 관해 강연하게 되었다고 말했을 것이다. 다행히도 디오게네스와 그 뒤를 이은 소요학파의 크리톨라우스의 강연은 충분히 세련되고 설득력 있었다. 전략적인 사상가였던 디오게네스는 아테네에 자비를 베푸는 게 가혹한 처벌을 내리는 것보다 로마에 도움이 된다고 주장했을 것이다. 로마인들은 디오게네스에게 경외심을 느꼈고, 그의 모습은 카르네아데스 옆에서 더욱 빛나 보였을 것이다.

디오게네스는 자제력과 냉철함이라는 뛰어난 재능을 갖췄고, 실천적인 철학자였다. 반면 카르네아데스는 연설 도중 로마를 "어리석은 자들의 도시"라고 비난할 만큼 오만하고 어리석었다. 관대한 처분을 부탁하기 위해, 자국보다 훨씬 힘 센 나라에 파견된 외교관이 할 말은 아니다. 더욱이 그는 자신의 모욕적인 발언 때문에 로마인이 불쾌해하자, 자신의 잘못을 깨우치기는커녕 되레 중재자인 디오게네스를 비난했다. 카르네아데스는 오직 제논만이 스토아학파의 규칙을 따른 현자라고 생각했기에 디오게네스를 인정하지 않았다. 디오게네스는 거칠게 반응하는 대신, 말 한마디 한마디를 신중하게 선택하며 타인을 도발하거나 갈등을 심화시키지 않았다.

로마의 젊은이들이 침을 뱉고 야유를 퍼부을 때도, 로마 관중이 조롱하고 비판할 때도, 디오게네스는 침착했다. 그는 반짝이는 눈빛으로 이렇게 반응했다. "전 화가 나지 않았습니다. 이게 화를 내야 하는 일인지 잘 모르겠군요."

그는 자신이 맡은 임무 외에, 그것을 방해하는 다른 모든 일은 무시했다. 그 임무에 너무나 많은 것이 달려 있었기 때문이다.

외교 사절단을 둘러싼 소동과 카르네아데스가 일으킨 격한 언쟁에도 불구하고, 대체로 아테네 철학자들의 가르침과 호소력은 빛을 발한 듯하다. 역사적으로 굉장히 중요했던 정치적·사상적 임무를 성공적으로 완수한 것이다. 로마는 벌금을 500달란트에서 100달란트로 내렸고 디오게네스는 로마인 사이에서 큰 명성을 얻었다. 비록 대 카토는 카르네아데스의 강연을 듣고 아테네 문화를 배격하는 데 앞장섰지만, 그 자리에 있던 사람들은 대부분 그리스 철학자가 나누어준 지혜의 산증인이 되었다. 훗날 대 카토의 증손자인 소 카토는 이러한 흐름 속에 스토아 철학을 받아들여 큰 영광을 누리게 된다.

감고 있던 두 눈을 번쩍 뜨이게 하다

외교 사절단을 통해 가장 큰 이익을 얻은 건 그리스인과 스토아학파 철학자였다. 수 세기 동안 철학 수업은 주로 교실 안에서 이루어졌다. 철학이란 지혜, 선한 삶과 진실, 그리고 의미를 추구하는 것으로, 학생들은 이러한 가치를 최우선으로 좇아야 했다. 물론 견유학파, 플라톤학파, 소요학파, 에피쿠로스학파, 마지막으로 스토아학파까지 거의 모든 철학 학파는 현실을 외면하지 않고, 사회적이고 정치적인 일상 세계를 철학과 조율하려 했다. 하지만 학파 간에 가장 뜨거운 논쟁거리는 역시 '덕'이었다. 덕이란 대체 무엇인가? 철학자들에게 그것보다 더 중요한 토론 주제는 없다. 아테네는 민주주의의 요람이었지만, 동시에 작은 마을 같았다. 다들 배타적이고 편협했으며 자신에게 도취해 있었다.

제논은 불가피한 경우를 제외하고, 모든 스토아 철학자들이 공직 생활을 해야 한다고 주장했다. 몇몇은 제논의 말을 따랐지만, 그때까지만 해도 대부분은 공직에 진출하지 않았다. 따라서 로마가 강성해지고 부흥하던 시기, 그리스에서 디오게네스 같은 인재가 공직에 오른 건 획기적인 사건이었다. 파피루스 학자이자 그리스 문학 연구자 더크 오빙크Dirk Obbink는 『바빌론의 디오게네스』에서 이렇게 밝힌다. "정치철학에 대한 방대한 지식을 갖춘 키케로에 따르면, 디오게네스 이전에는 어떠한 스토아 철학자도 실질적이고 정치적인 논점의 글을 쓰지 않았다고 한다."

장군으로 복무하다가 전투에서 전사한 철학자도 있었고, 왕이 조언을 구하고 정무를 상의한 철학자도 있었지만, 대부분의 스토아 철학자들은 추상적으로만 정치를 다루면서 현실의 난투를 피해갔다.

초기 스토아 철학은 플라톤의 『국가』와 『법률』에 담겨 있는 정치 사상에 대체로 반대했다. 이는 꽤 급진적인 사상을 담고 있는 제논의 『국가』와 이를 이은 『플라톤의 정의에 반하여』, 『권고』 같은 작품에서 구조화되었다. 하지만 본질적으로는 또 다른 유형의 형이상학적 유토피아 논쟁에 지나지 않았다. 바빌론의 디오게네스가 등장하기 전까지, 스토아 철학의 정치사상을 가장 잘 표현한 인물은 크리시포스였다. 아마 "정치적 리더십이 무엇인지 유일하게 꿰뚫고 있던 현자" 제논의 사상을 물려받았을 것이다(앞선 표현은 로마인을 모욕하기 위해 카르네아데스가 한 말이다).

초기 스토아 철학의 정치사상은 꽤 호소력 있었지만, 실질적으로 구현되지는 못했다. 제국을 통치하는 건 말할 것도 없고, 원로원을 채울 만한 현자들을 찾는 것도 거의 불가능했다. 카르네아데스를 생각해보라. 아테네는 로마에 보낼 사절단을 적절한 인물로 꾸리는 데도 어려움을 겪지 않았는가! 디오게네스는 살면서 권력의 변화를 자주 겪었고, 그리스라는 작은 세계는 로마라는 막 솟아오르는 돌기둥의 거대한 그림자에 가려졌다. 권력의 변화를 자주 목격했던 디오게네스가 로마에서 돌아온 뒤 갑자기 실용적인 정치철학을 우선시한 것도 이해가 된다.

로마에 보낸 외교 사절단은 벌금을 깎는 데 성공했지만, 사실 아테네는 그마저도 내지 않았다. 그렇다고 로마가 돈을 받으려고 전쟁을 일으킬까? 고작 그 정도 벌금 때문에? 아테네 철학자들이 로마인의 마음을 현혹한 그 시점에? 실용적인 로마인이 그럴 리 없다. 아테네는 자연스레 허세를 부리고 눙치며 슬며시 책임에서 빠져나간 것이다.

디오게네스는 이 사건을 통해 어떻게 정치를 해야 하는지 확실하게 깨달았다. 몇 세기 후, 마르쿠스 아우렐리우스가 "현실 세계는 플라톤의 『국가』처럼 흘러가지 않는다"고 말한 것처럼, 디오게네스는 제논의 『국가』 역시 현실성이 없다고 보았다. 디오게네스는 세상이 혼란스럽고 결함 있는 사람들로 가득 차 있다고 믿었다. 그는 현실 정치의 세계에 들어서면서 이런 진실을 처음으로 목격했고, 스토아 철학자 중 처음으로 깨달음을 얻었을 것이다. 지금까지 자신들이 두 눈을 감고 있었다는 것을. 그래서 그는 그 눈을 뜨게 하고, 철학이 꼭 갖추어야 할 실용적 감각을 스토아 철학에 심어주었다.

아리스토는 철학을 현자를 위한 것이자, 개인의 자아실현을 이루는 수단으로 보았다. 그의 철학은 교실 안에서는 일리가 있고 흥미로운 토론을 이끌었지만, 세상에서는 큰 쓸모가 없었다. 디오게네스는 다른 관점으로 스토아 철학을 바라보았다. 그에게 스토아 철학은 개인이 지켜야 할 일련의 도덕 규칙을 넘어, 공동선과 국가를 위해 봉사하는 실천적 사고방식이었다.

작은 도시를 현명한 사람들로 채운다고 해도 사회와 세계의 질서를 최상의 상태로 유지하기는 어렵다. 알렉산더 대왕을 앞에 두고도 당당했던 견유학파의 디오게네스 같은 사람이 많다고 세계 평화가 이뤄질까? 아무래도 불가능하다. 이성과 덕, 논리학과 윤리학 등 여러 무기를 갖춘 철학자들의 기량이 이제 스토아 포이킬레 밖, 심지어 아고라 밖에서도 간절해졌다. 현실의 문제를 해결하고, 체제를 구축하고 법을 제정하며, 정무관(투표로 선출되어 행정부를 구성하는 로마 원로원과 인민의 대표자들-옮긴이)을 이끌어 타협을 꾀하고, 군중을 설득해 격정을 진정시키고, 도시와 국가 간 분쟁을 해결하기 위해서 말이다.

스토아 철학을 세계로 수출하다

스토아 철학자 디오게네스는 확실히 술수에 뛰어났고 정치가에 걸맞은 냉철함과 용기, 유연한 사고방식을 지녔다. 키케로는 토지 한 필을 팔거나 곡물을 수송할 때 지켜야 할 윤리를 설명하면서, 디오게네스와 제자 안티파트로스의 토론을 인용했다. 안티파트로스는 판매자가 모든 정보를 공개할 의무가 있다고 생각했다. 다른 곡물이 수송되어 가격이 하락하거나, 토지의 가격이 시가보다 높아질 수도 있기에, 완전히 정보를 공개해야만 공정하게 거래할 수 있다는 것이다.

하지만 디오게네스는 판매자가 모든 정보를 밝히면 결국 아무것도 팔리지 않을 것이라 여겼다. 서로 이익을 추구하지 않으면, 시장이 어떻게 제대로 작동할 수 있겠는가? 게다가 판매자에겐 매수자로부터 최상의 이익을 얻거나 자기 가족을 부양하는 것 같은 여러 의무가 있다. 키케로는 이렇게 말한다. "관습법에 규정되어 있는 경우, 판매자는 물품에 결함이 있음을 알려야 한다. 하지만 그 외의 경우 허위진술을 하지 않았다는 전제 아래 판매자는 물품을 판매해 최대한의 수익을 달성할 수 있다." 구매한 물건의 하자 유무를 매수자가 확인해야 한다는 '매수자 부담 원칙'을 주장한 것도 바로 그였다.

"내가 굳이 모든 것을 말하지 않더라도, 신이 내린 본성이나 최고의 선은 숨길 수 없다. 밀 값이 오르고 내려갔다는 사실보다 본성이나 선에 대해 아는 게 더 유익하지 않겠는가." 디오게네스는 이렇게 역설했다. 외교관 디오게네스의 실용주의 철학을 이보다 더 잘 나타내는 말이 있을까? 명연설로 로마인의 눈을 멀게 한 다음, 벌금을 슬그머니 면제시킨 능구렁이답다. 그는 로마에게 아테네처럼 행동하지 말라는 교훈으로 값을 치렀다고 합리화했을지도 모른다.

어쨌든 당시 아테네는 이해관계의 충돌로 위태로운 상황에 놓여 있었다. 그리고 디오게네스는 그 위기를 극복하고 자신이 파견된 목적을 달성했다. 상충하는 이해관계 속에서 절충안을 모색하고, 두 국가에 동시에 의리를 지키는 법을 교묘하게 찾아냈다. 능숙한 외교관이나 정치 자문가가 응당 해내는 것처럼 말이다.

그는 스토아학파 내부에서 일어난 아주 복잡한 논쟁들도 조정했다. 일찍이 아리스토는 우리가 진리 외의 다른 모든 일에 무심해야 한다고 주장했다. 하지만 디오게네스는 아리스토의 주장이 비현실적이라는 걸 알고 있었다. 그는 현실주의자였다. 재물에 대해서도 관대했다. 우리에게 더 큰 쾌락을 가져다주고 건강을 증진하는 데 도움을 준다고 보았다. 사실 건강을 위해서는 재물이 필수적이라고까지 말했다. 덕보다 더 중요하지는 않지만, 얻을 수 있다면 얻어야 했다.

키케로에 따르면, 디오게네스는 덕을 실천하기 위해 '평생에 걸친 꾸준함, 목적의 확고함, 그리고 일관성'이 있어야 한다고 설파했다. 돈은 인생을 편하게 살 수 있도록 돕는 보조적 도구지만, 덕은 평생 연마해야 하는 절대적인 가치다.

안타깝게도 지금까지 전해 내려오는 디오게네스의 글은 없다. 베수비오산의 폭발로 파묻혔던 한 마을에서 발견된 자료에 의하면, 디오게네스는 고대 세계에서 가장 많이 인용된 작가로, 플라톤과 아리스토텔레스보다도 인용 횟수가 높았다고 한다.

하지만 그의 작품이 어느 틈엔가 사라졌듯, 디오게네스도 세상에서 사라졌다. 어떻게 죽었는지, 언제 죽었는지도 정확히 알 수 없다. 키케로에 따르면, 로마에 사절단으로 파견된 지 몇 년이 지나지 않은 기원전 150년경에 세상을 떠났다고 한다. 로마 시대의 그리스 문학 작가 루키아노스에 따르면, 디오게네스는 여든 살까지 살았다고 하지만 다른 출처에 따르면 아흔 살까지 살았다고도 하고, 안티파트로스에게 수장 자리를 물려줬을 때까지 살아 있었다고도 한다.

외교관으로서 고국을 위기에서 구해내고, 철학을 현실에 접목하려 했던 '철학의 왕자' 디오게네스. 비록 영생을 누리지는 못했지만, 그가 세상에 남긴 유산, 즉 현실 정치와 개인의 일상에서 힘을 발휘하는 스토아 철학의 가르침은 세계 곳곳으로 빠르게 퍼져나갔다.

2부

나에게
질문하는
시간

윤리 · 삶 · 신념 · 덕 · 증오
탐욕 · 원칙 · 용기

7장 왜 진실되게 살아야 하는가

윤리

일상의 문제를 고민한 윤리학자, 안티파트로스(Antipatros, B.C. ?~B.C. 129)

타르수스 출신으로 제논, 클레안테스, 크리시포스와 함께 대표적인 스토아 철학자로 꼽히며, 키케로에게도 높은 평가를 받았다. 특히 윤리학 분야에서 큰 성과를 거두어, 스토아 철학이 일상의 철학으로 자리매김하는 데 기여했다.

디오게네스가 실용주의 정치가라면, 그의 제자이자 후계자로서 스토아학파를 이끈 안티파트로스는 현실적인 윤리학자였다. 실용적이고 명확한 원칙을 세우는 데 전념했고, 행동은 그런 원칙에서 시작되어야 한다고 주장했다.

타르수스의 안티파트로스가 언제 태어났는지, 유년기의 삶이 어떠했는지는 구체적으로 알려진 바가 없다. 기원전 142년 무렵, 디오게네스가 사망한 후 스토아학파의 수장이 되었다는 사실만 분명하다. 안티파트로스의 세계관은 스승 디오게네스와 디오게네스의 옛 제자인 궤변론자 카르네아데스에게 큰 영향을 받았다.

카르네아데스가 로마에서 그런 것처럼 아테네에서도 모순된 내용을 번갈아 주장하며 관중을 호도하고 헛된 명성을 즐길 때, 안티파트로스는 끈질기고 정직하게 진실을 추구했다. 디오게네스가 철학을 현실 정치의 영역으로 가져왔다면, 안티파트로스는 개개인의 일상적인 삶 구석구석에서 철학을 실천하고자 했다. 그는 타인에게 주목받기 위해 아등바등하지 않았다. 대신, 진정한 철학자가 그러하듯 항상 자기 일에 집중했다.

그는 이해하기 쉽고 평범한 표현으로 자기주장을 펼쳤다. 앞선 세대의 스토아 철학자들은 장황하게 말을 늘어놓는 경향이 있었지만, 안티파트로스는 간결함을 선호했다. 주로 저녁 식사에 친구들을 초대해 오랫동안 철학을 주제로 토론하곤 했다. 그리스의 수사학자 아테나이오스는 『배운 연회자들』에서, 안티파트로스는 훌륭한 이야기꾼으로, 모임 때마다 인상 깊은 일화를 소개하면서 그 요점을 잘 설명했다고 전한다. 안티파트로스를 따르는 사람들은 카르네아데스에게 맞서라고 그를 설득하곤 했다. 실제로 카르네아데스는 공개 토론장에 안티파트로스를 불러내려 애를 썼지만, 안티파트로스는 그를 상대하는 대신 만찬 테이블에서 친구들과 이야기를 나누거나 홀로 글을 쓰는 데 자신의 에너지를 썼다. 그는 당장 오만한 라이벌 한 사람을 이기는 것보다, 시대를 초월하는 일상적인 시련을 극복하는 데 관심이 있었다.

로마인의 삶을 변화시키다

〰〰〰

안티파트로스는 말보다 글을 선호했다. 자신의 주장을 차분하고 구체적으로 표현할 수 있을뿐더러, 개인과 진심으로 교감하는 데 더 효과적이었기 때문이다. 연단 아래 군중의 얼굴에서는 읽기 어려운, 사람들의 욕구와 일상에서의 투쟁을 가까이 지켜보고 이야기를 나누기에는 글이 더 용이했다. 안티파트로스가 오늘날 태어났으면, 아마 훌륭한 칼럼니스트가 됐을 것이다. 아니면, 시민의 삶을 개선하는 데 굉장히 관심 있는 훌륭한 정치가였을 수도 있다.

안티파트로스는 초기 스토아 철학자들이 이상하리만큼 도외시했던 결혼과 가족생활을 강조했다. 제논은 자식이 없었다. 클레안테스는 너무 검소한 나머지 아내를 둘 여유가 없었다. 크리시포스는 조카의 아버지 역할을 하려고 노력했지만, 결국 일에 인생을 바쳤다. 하지만 안티파트로스는 좋은 배우자를 선택하고 아이를 잘 키우는 일의 중요성을 거듭 강조함으로써 철학의 새로운 지평선을 열었다. 불친절하고 욱하는 성격으로 명성이 자자했던 소크라테스의 아내 이야기를 들려주면서, 배우자를 지혜롭게 고르지 않으면 삶이 시험대에 오를 거라 경고했다.

안티파트로스는 가족을 중심으로 세워진 도시와 국가만이 번영할 수 있다고 주장했다. 또 학생들에게 "사람이 할 수 있는 온당한 행동 중 가장 중요하고 꼭 해야 하는 것이 결혼"이라고도 말했다. 그렇다면 안티파트로스는 결혼했을까? 소크라테스보다 더 나은 남편이

자 아버지였을까? 기록은 거의 남아 있지 않지만, "결혼하여 아내와 자녀를 둔 적이 없는 사람은 가장 진실하고 진정한 선의를 경험하지 못한 자다"라고까지 말한 것을 보면 가정을 꾸린 것 같다.

철학자가 사랑하고 사랑을 받을 수 있을까? 물론이다. 그럴 수 있는 정도가 아니라, 반드시 사랑하고 사랑을 주어야 한다. 안티파트로스처럼 말이다. 20세기 프랑스의 철학자 미셸 푸코는 안티파트로스 덕분에 결혼에 대한 새로운 개념이 등장했다고 말했다. 안티파트로스는 법적 또는 경제적 거래와는 달리, 결혼이란 두 개인의 영혼이 조화를 이루고 함께 더 나은 사람이 되어가는 과정이라고 말했다. 스토아 철학에서는 인간의 공적 영역인 '폴리스 polis'에 대비되는 사적 영역으로서 '오이코스 oikos'를 강조하는데, 이는 결혼으로 완성된다. 부부가 한 팀이 되어 운명의 시련을 견뎌낼 때, 진정으로 행복한 삶을 살 수 있다는 것이다.

일상생활의 세세한 부분에는 무심했던 스토아 철학이 한층 더 일상과 가까워지는 중요한 전환점이었다. 디오게네스 라에르티오스에 따르면, 안티파트로스 이후 스토아 철학은 "신 다음으로 부모와 형제를 공경하라", "자녀를 향한 부모의 애정은 본래 선한 것이다"라는 주장을 받아들이게 된다. 이런 주장은 스토아 철학과 로마인의 삶을 변화시켰을 뿐만 아니라, 이후 기독교 교리와 오늘날 세계에 영향을 미치고 있다. 이것이야말로 사소한 논쟁에서 이기는 것보다 훨씬 더 중요한 사명이자 윤리학자의 위대한 소임이었다.

오직 현실의 문제를 고민해야 한다

초기 스토아 철학자들은 큰 죄나 작은 잘못이나 성격이 같다고 주장했다. 집에서 1킬로미터 떨어져 있든 100킬로미터 떨어져 있든, 멀리 떨어져 있으면 어쨌든 집에서는 '부재'하는 셈이라는 것이다. 억지스러운 주장이다. 잠시 외출한 것과 아예 부재하는 것은 엄연히 다르다. 살인과 거짓말이 둘 다 비윤리적일지라도, 같은 선상에 둘 순 없다. 비슷한 논리로, 관련 정보나 사실을 빠뜨리는 '부작위에 의한 거짓말'과 평화를 위한 외교관의 눈속임은, 수많은 이의 목숨을 앗아가는 전쟁광이나 폭군의 죄와 같지 않다.

안티파트로스는 스토아 철학을 상식적인 방향으로 이끈 인물이다. 세상을 선과 악으로 완벽하게 구분할 수 있다는 절대주의적 관점을 완화했다. 또한 어떤 배우자를 선택하고, 어떤 옷을 입고, 어떤 음식을 먹어야 하는지 등 일상의 '무심한 일들'을 경시하는 흐름을 멈추고, 철학이 보다 생산적인 삶을 실천하는 도구가 될 수 있도록 했다. 철학의 최우선 목표로 삼은 것은 윤리였는데, 이 또한 윤리가 인간 삶의 길잡이이자 운영 체제라고 보았기 때문이었다. 제논이 처음으로 위대한 현자의 길을 보여주었다면, 안티파트로스는 저녁 만찬과 일상 속의 윤리적 본보기를 보여준 셈이다.

물론 안티파트로스가 실천적 윤리를 최초로 중시한 철학자는 아니다. 크리시포스는 자신의 운동선수 경험을 토대로, 남을 이기기 위해서 속임수를 쓰거나 반칙을 하면 안 된다는 '밀치지 않기 원칙'을 제안한 바 있다. 안티파트로스는 이를 더 발전시켜, 윤리적 행동은 그 자체로 진정한 노력과 땀이 필요한 일종의 삶의 공예라고 주장했다. 또한, 행동하는 인간을 사수에 빗대었다. 사수는 고된 훈련과 연습을 통해 자기 능력의 최대치를 발휘하길 빌며 활을 당긴다. 하지만 그 노력과 별개로, 풍향이라든지 당일 컨디션이라든지 통제할 수 없는 요소들이 결과에 영향을 미치고, 때로는 목표물에 닿기도 전에 화살을 떨어뜨려버린다.

현실에서 덕을 추구하는 일도 마찬가지다. 배움에 정진하고 덕이 제2의 천성이 될 때까지 훈련하다가 그것을 발휘해야 하는 순간이 오면 최선의 행동을 취한다. 하지만 그 이후에 일어나는 결과까지 완벽하게 통제할 수는 없다. 그래서 화살이 과녁에 명중했는지 여부만으로, 우리의 진정한 가치를 가늠할 수 없는 것이다.

현실에서는 과녁을 빗나가는 화살이 더 많다. 때로는 엉뚱한 곳에 떨어지기도 한다. 하지만 계속해서 시도하고 더 노력할수록, 평균적으로 좀 더 좋은 결과를 얻을 수 있다. 화살을 많이 쏠수록 과녁을 명중시킬 확률도 높아진다.

안티파트로스의 윤리 모델은 스토아 철학사에 큰 획을 그었다. 디오게네스가 공적인 삶으로 철학의 무대를 넓혔다면, 안티파트로스는 사적인 삶도 철학의 무대로 열어두었다. 안티파트로스는 인간이 직면한 현실적인 문제를 해결하기 위해 노력했다. 어떤 사람과 결혼해야 할까? 일과 가족 중 무엇이 더 중요할까? 법률에 명시되어 있지 않을 때, 두 사람 사이의 거래에는 어떤 규칙이 적용되어야 할까?

손해를 보더라도 솔직하게 말해야 할까? 나보다 넉넉하지 않은 사람을 어떻게 대해야 할까? 가난하거나 불행한 사람에게 사회는 어떻게 대처해야 할까?

중세의 성직자들은 '핀 위에서 얼마나 많은 천사가 춤을 출 수 있는가'에 관해 헛된 논쟁을 벌였다. 오늘날의 철학자는 우리가 컴퓨터 시뮬레이션의 세계에 살고 있는 건 아닌지, 아니면 열차 문제(열차가 철길 위 다섯 사람을 향해 빠른 속도로 돌진한다. 선로 변환기 앞에 서 있는 사람이 열차의 방향을 오른쪽으로 바꾸면 그들의 목숨을 구할 수 있지만, 대신 오른쪽 철로 위의 한 사람이 반드시 죽게 된다. 이때 도덕적 관점에서 열차의 방향을 돌리는 게 옳은지 고민하는 문제-옮긴이)의 답은 무엇인지를 주제로 토론한다. 하지만 현실에서는 한 사람 또는 다섯 사람을 칠 수 있는 전차를 멈추기 위해 선로 변환기를 당기는 일은 거의 일어나지 않는다. 우리 삶이 진짜인지 아니면 컴퓨터 시뮬레이션인지 알 길이 없지만, 확실한 건 그보다 훨씬 진지하고 현실적인 걱정거리와 매일 결정해야 하는 일들이 있다는 것이다.

작은 도시 국가polis에서 결정을 내리는 삶의 기술들은, 이제 더 큰 세계 시민의 도시cosmopolis에도 영향을 미치게 됐다. 내 생각과 관심사가 자연스럽게 다른 이들의 생각과 관심사로 이어진다는 스토아 철학의 '오이케이오시스oikeiosis' 개념은 오늘날 그 중요성이 더욱 강조되고 있다. 예를 들어, 오늘날의 스토아 철학은 이런 문제를 고민한다. 우리는 소득 일부를 자선단체에 기부해야 할까? 일부의 사람이 대다수 사람보다 훨씬 더 많은 부와 자원을 가지고 있는 것은 과연 공정한가? 모두가 행복하고 존엄하게 살 권리가 있지 않을까?

왜 옳은 일을 하는 것이 중요한가

잠시 디오게네스와 안티파트로스 사이의 논쟁으로 다시 돌아가 보자. 상거래를 할 때 완전한 투명성을 요구하는 건 비현실적이라는 디오게네스의 주장은 옳다. 하지만 정의로운 행동과 타인에게 손해를 입히는 행동, 그리고 도덕주의 사이에서 균형을 찾아야 한다는 안티파트로스의 주장도 사소해 보이지만 실제로는 매우 중요하다. 자신의 이익과 타인의 이익은 대립할 수 있다. 하지만 우리는 동료 시민으로서 한 팀이 아니던가? 음식점의 위생 상태가 엉망이라는 걸 손님에게 말하지 않은 채 재산을 불릴 수는 있다. 하지만 그걸 그대로 두면, 다른 가족의 건강과 안녕을 직접적으로 해치는 대가를 치른다. 그걸 공정하다고 말할 수 있을까? 모두 그렇게 행동한다면, 결국 공동체의 몰락으로 이어질 것이다.

훗날 마르쿠스 아우렐리우스는 이렇게 말했다. "벌집에 좋지 않은 건 벌에도 좋지 않고, 벌에 좋지 않은 건 벌집에도 좋지 않다." 안티파트로스에게 얻은 통찰이다. 안티파트로스는 공익을 수호하는 게 개인의 가장 중요한 의무라고 믿었다. 키케로 역시 안티파트로스에게 동의했다. "동료 시민의 이익을 고려하고 사회에 봉사하는 건 여러분의 의무입니다. 개인은 한 사람으로서 의무를 다한다는 전제 아래 세상으로 나왔으므로, 이 천부적인 원리를 따라야 할 의무가 있습니다. 여러분의 이익은 지역 사회의 이익이 되고, 반대로 지역 사회의 이익은 여러분의 이익이 됩니다."

로마의 돈을 떼먹는 데 가책을 느끼지 않았던 디오게네스는 개인의 선이 가장 중요하고, 자기 자신의 도덕적 경지를 잘 아는 것이 중요하다고 보았다. 그것이 타인에게 별 것 아닌 정보를 알려주는 일보다 더 의미 있다는 것이다. 물론, 아예 속이는 것이 아니라 법의 테두리 안에서 다른 사람이 알려주는 만큼만 정보를 주면 된다고 덧붙였지만. 그리스 · 로마 철학에 정통한 케임브리지대학교 명예교수 맬컴 스코필드 Malcolm Schofield는 안티파트로스의 견해를 한 줄로 요약했다. "우리가 서로에게 폭력을 휘두르면 안 되는 것처럼, 서로에게 불의한 일을 행해서는 안 된다. 타인의 이익은 나의 이익과 동떨어져 있지 않다."

안티파트로스의 주장은 어느 영역까지 뻗어나갔을까? 그리고 현실 정치에 얼마나 급진적인 영향을 미쳤을까? 그의 제자이자 로마의 저명한 교사였던 가이우스 블로시우스가 '그라쿠스 사건'에 연루되었던 일화는 이런 점에서 주목할 만하다. 로마의 귀족들이 차지한 땅을 가장 가난한 시민들에게 재분배하려고 했던 혁명적인 생각 때문에, 티베리우스 그라쿠스는 귀족들에 의해 암살된다. 그리고 원로원은 그의 스승이자 멘토였던 블로시우스까지 의심한다. 블로시우스는 부인과 간신히 로마에서 도망쳤다.

그라쿠스 사건이 발생했을 때, 안티파트로스는 이미 노인이었다.

하지만 가난한 이들을 위해 목숨까지 내던진 제자를 생각하며 남몰래 미소 지었을 수도 있다. 아마 그 역시 당시 로마에 만연했던 막대한 불평등 문제는 정계에 몸담은 스토아 철학자라면 반드시 짚고 넘어가야 할 문제라고 여겼을 것이다. 블로시우스가 집정관들의 추격에서 벗어났다는 이야기를 듣고, 안티파트로스 역시 만찬 파티에서 조용히 건배했을지도 모른다.

흥미로운 점은 안티파트로스는 이런 윤리적인 문제가 대체로 복잡하지 않다고 생각했다는 것이다. 안티파트로스가 세운 덕의 공식은 "자연과 일치하는 것을 계속 선택하고, 자연에 반하는 걸 거부한다"라는 것이었다. 쉽게 말하면, 타고난 '내면의 나침반'보다 자신의 이익을 우선시하지 않게 주의하자는 것이다.

어떤 사람이든, 무슨 일을 하든, 우리는 옳은 일을 해야 한다. 다음 장에서 소개할 세계를 누비는 파나이티오스든, 자신의 자리에서 묵묵히 살아가는 평범한 소시민이든, 옳은 일을 해야 한다는 건 변함이 없다.

인생은 축복이다

안티파트로스는 기원전 129년에 세상을 떠났다. 키케로가 말하길, 비윤리적인 세상을 윤리적으로 살았던 철학자이자 고집스러운 독단론자인 그는, 자신이 노년에 냉소적으로 변할까 봐 두려워했다고 한다. 평생 윤리적 기개를 지키며 사는 건 어려운 일이다. 인생을 오래 살다 보면 실수하는 날도 있기 마련이고, 한 번의 실수가 계속된 실수로 이어질 수 있기 때문이다.

하지만 안티파트로스는 그렇지 않았다. 플루타르코스의 기록에 따르면, 안티파트로스가 죽기 전에 한 말은 감사의 인사였다고 한다. "타르수스의 안티파트로스는 죽음이 가까워지자, 인생에서 받은 축복을 열거했다. 삶에 자비로운 행운이 깃들 때마다 진심으로 감사했고, 특히 고향 킬리키아에서 아테네까지 성공적으로 항해했음을 잊지 않고 감사했다. 기억이 '인간이 축복을 보관할 수 있는 가장 안전한 창고'라고 생각했던 것처럼, 자기 삶에서 감사했던 순간들을 기억 속에 새겨두었다."

안티파트로스는 세상에 머무르는 짧은 시간 동안 자신의 할 일을 마치고 흙으로 돌아갔다. 이후의 철학자들은 그의 뜻을 이어 덕을 계속 쌓아나가기 위해 더욱 열심히 정진하고 노력하게 된다.

8장 균형 있는 삶이란 무엇인가

삶

그리스와 로마를 이은 연결자, 파나이티오스(Panaetius, B.C. 185~B.C. 109)

로도스섬 출신으로 로마에서 크게 활약했다. 가이우스 라일리우스, 스키피오 아이밀리아누스 등 로마 정계의 리더들과 가까이 지내며 영향을 주었고, 스토아 철학이 로마의 철학으로 확고히 자리 잡는 데 크게 기여했다.

스토아 철학은 아테네에서 탄생했다. 하지만 꽃을 피우고 철학계를 주무르기 시작한 것은 로마 시대에 접어들면서다. 이는 스토아 철학계의 외교관이라 할 만한 파나이티오스의 위대한 업적이기도 하다. 지난 장에서 우리는 기원전 155년 디오게네스와 외교 사절단이 로마에 스토아 철학을 성공적으로 전한 이야기를 살펴보았다. 그 후 로마는 점점 스토아 철학을 흡수해 제국의 유전자에 각인한다. 하지만 엄밀하게 말하면, 로마에 스토아 철학이 처음으로 소개된 건 그보다 앞선 13년 전, 소아시아 페르가몬 출신의 스토아 철학자 말루스의 크라테스가 로마로 보내졌을 때다.

그는 조국의 이익을 수호하기 위해 마케도니아 전쟁에 파견됐는데, 낙상으로 다리가 부러진 상태에서도 로마인들에게 철학을 가르쳤다. 다리 부상을 회복할 무렵, 파나이티오스의 아버지는 로마에서 다른 외교 임무를 수행하고 있었다. 파나이티오스의 아버지가 크라테스의 강의를 들었을까? 아니면 시중에 돌던, 크라테스의 강연 내용이 담긴 책을 집으로 가져왔을까? 아니면 집에 돌아가 아들을 로마로 데려온 후, 다시 크라테스에게 보낸 걸까?

어찌되었든, 얼마 지나지 않아 파나이티오스는 페르가몬으로 떠나 크라테스의 제자가 된다. 철학으로 그리스와 로마를 이을 '연결자'는 이런 인연으로 철학에 입문하게 됐다.

섬 출신 촌뜨기, 스키피오 서클의 주역이 되다

파나이티오스의 학설은 초기 스토아 철학의 영향을 받은 것으로 추정되는데, 구체적인 내용은 알려지지 않았다. 분명 디오게네스와 안티파트로스가 닦은 길과 아버지의 발자취를 따라 공익을 위해 봉사했을 것이다. 기원전 155년, 파나이티오스는 그리스 로도스섬 동부에 있는 린도스의 포세이돈 히피오스 신전의 사제로 임명되었다. 이 공직을 시작으로 파나이티오스는 평생 활발하게 활동하게 된다.

사제직을 맡으면서 여러 가지를 배웠을 테지만, 파나이티오스는 정규 교육의 필요성을 느껴 아테네로 떠났다. 거기서 사절단으로 로마에 파견된 뒤, 세계적 명성을 얻은 디오게네스와 그의 제자 안티파트로스 밑에서 공부했다. 그리고 다시 아테네로 돌아와 5년간 철학 공부에 매진했다. 오늘날로 치면, 아테네에서 철학 박사 학위를 취득한 것이다. 공부를 마친 파나이티오스는 공부한 내용을 현실 세계에 적용했다.

끊임없이 이론을 배우고, 현실에 쉴 새 없이 적용하는 게 바로 스토아학파의 방식이다. 아테네의 디오게네스 밑에서 공부하던 시절, 파나이티오스는 가이우스 라일리우스를 만나 함께 공부했다. 해군 파견대에서 복무했던 시절에는 라일리우스의 친구이자 로마의 위대한 장군 스키피오 아이밀리아누스와 함께였다. 그는 로마에서 가장 강력한 가문의 양아들이자 그리스 문화 애호가였다.

로마로 돌아가서도 파나이티오스는 라일리우스, 스키피오와 함께 어울렸다. 스키피오의 저택에 모여 스토아 철학에 대해 토론하고 논쟁하는 모임을 만들었다. 스키피오가 비용을 부담했고, 파나이티오스는 지적 자양분을 제공했다. 그들 외에도 많은 사람이 토론에 참여했다. 제1차 세계대전 이후, 프랑스가 헤밍웨이, 거트루드 스타인, 스콧 피츠제럴드 등 미국 작가들의 무대가 된 것처럼, 혹은 페이팔이 피터 틸, 리드 호프먼, 일론 머스크를 키운 요람이 된 것처럼, 로마의 '스키피오 서클'은 영향력 있는 스토아 철학자와 한 세대의 리더들이 성장하는 공간이었다. 다음 장에서 만나게 될, 로마의 부정부패에 맞섰던 푸블리우스 루틸리우스 루푸스도, 역사가 폴리비오스도 이 모임에 종종 참석했다.

모임은 파나이티오스의 아버지나 그의 스승 크라테스, 디오게네스도 상상하지 못한 강력한 영향력을 갖췄다. 시간이 지나 로마가 점점 성장하면서, 스키피오는 그리스에서 가장 강력한 인물로 떠올랐다. 파나이티오스는 로마의 강력한 지도자 스키피오의 통역관이자 고문이자 절친한 친구로 그의 곁을 지켰다.

스키피오 서클이 얼마나 자주 만났고 서로 얼마나 큰 영향력을 미쳤는지에 관해서는 오늘날까지 열띤 토론이 이어지고 있다. 하지만 고대 세계에서 스키피오 서클이 중요한 역할을 했음은 조금도 의심할 여지가 없다. 로마 역사가 마르쿠스 벨레이우스 파테르쿨루스는 『로마의 역사』에서 스키피오가 언제나 빛나는 천재 두 명, 폴리비우스 그리고 파나이티오스와 동행했다고 전한다. 스키피오는 전쟁과 평화라는 키워드에 깊게 빠져 있었는데, 끊임없이 전쟁을 연구하고 스스로 위험에 노출시켜 육체를 훈련하거나 철학 공부를 통해 마음을 단련했다고 한다.

파나이티오스의 일화에 매료된 키케로는 스키피오 서클의 일화를 대화체 구성으로 풀어냈다. 그 후 플루타르코스도 파나이티오스가 어떻게 은밀히 정치적 영향력을 행사했는지 보여준다. 『모랄리아』의 국정 운영 기술 지침 편에서 그는 이렇게 썼다. "폴리비오스와 파나이티오스는 스키피오와의 친분을 활용해 국익에 보탬이 됐다. 이처럼, 위대한 인물과의 우정을 공동체의 안녕에 바치는 것도 덕이 아니겠는가."

로마 정계에 진출한 그리스 철학자

수백만 명에게 영향을 주는 정책을 직접 마련하고 결정을 내리는 것, 그게 바로 파나이티오스가 학문을 갈고닦은 이유였다.

스토아 철학의 역사 속에서, 파나이티오스의 역할은 양손을 움직이며 베를 짜는 사람이었다. 그는 스토아학파의 가르침과 로마의 기존 윤리적 관점을 통합해 로마 엘리트들에게 소개하는 한편, 자국의 이익을 보호하고 국가에 도움이 되는 방향으로 교묘하게 움직였다. 강대국 로마에는 스토아 철학을 엘리트와 대중에게 전파할 최고의 외교관들이 적재적소에 배치되어 있었다. 기가 막힌 타이밍이었다.

초기 스토아학파의 활동 범위는 지역적 수준에 머물렀다. 제논은 고향의 건물을 복원하는 데 기부금을 내면서, 건물 옆에 자신의 이름을 새기는 데 만족했다. 검소한 생활을 했던 클레안테스는 먼 곳을 여행하거나 국제 문제를 걱정할 여유가 없었다. 디오게네스마저도 로마 여행을 마치면 아테네로 재빨리 돌아왔다. 이런 사고방식은 세계적으로 뻗어나가려는 로마 제국의 흐름과는 잘 맞지 않았다. 파나이티오스는 이들과 달리 세계적 감각을 타고났다. 그리스의 로도스 섬에서 태어났지만, 페르가몬과 로마에서 유학하면서 활동 무대를 넓혔다. 대부분의 지중해 국가를 여행했을 뿐 아니라 동방 문화에 매료된 로마인과도 잘 어울렸다. 그는 다양하고 때론 상충하기도 하는 요소들을 놀라울 정도로 적절히 다루고 통합할 수 있었다. 훗날, 로마의 철인 황제 마르쿠스 아우렐리우스는 『명상록』에서 자신을 세계 시민이라 칭했는데, 그가 걸었던 철학의 길을 처음으로 닦아둔 이가 바로 파나이티오스였다.

그러나 국제적인 마인드를 가진 파나이티오스도 늘 마음으로는 고향을 그리워한 듯하다. 그의 공헌에 감동한 아테네가 시민권을 제안했을 때, 파나이티오스가 정중하게 거절하며 실용적인 사람에게 시민권은 하나면 충분하다고 답한 것을 보면 말이다.

열정 넘치는 실용주의자 스키피오가 지나치게 야망만 좇지 않고 균형을 맞출 수 있도록 도운 그였지만, 파나이티오스도 야망을 부정적으로 보지는 않았던 것 같다. 야망이 없었다면 다양한 배경을 가진 사람들을 끌어모아 모임을 만들고 활발하게 활동하지 않았을 것이다. 파나이티오스에게 큰 도움을 받은 스키피오는 기원전 140년 봄, 외교 사절단으로 떠나게 된 동방 여행에 함께해달라고 부탁한다. 다행히도 이 사절단에 대한 기록은 많이 남아 있다. 그들은 이집트, 키프로스, 시리아, 로도스섬 등 그리스와 소아시아의 여러 지역을 방문했다. 플루타르코스는 스키피오가 파나이티오스에게 동행을 부탁했다고 하지만, 다른 기록에 따르면 원로원이 스키피오와 파나이티오스를 동지중해로 파견했다고 한다. 그 지역의 폭력성과 문란한 질서를 보고 오라고 한 것인데, 오늘날로 치면 일종의 진상 조사 차원에서 출장을 보낸 셈이다. 미국 상원은 지금도 비슷한 목적으로 의원들을 파견한다.

제논이 무역상 아버지를 따라 무역업에 종사한 것처럼, 외교관의 아들로 외교에 능숙했던 파나이티오스는 위대한 두 스승의 가르침을 스토아 포이킬레에서 권력의 정중앙으로, 지역주의를 표상하는 아테네 아고라에서 로마라는 세계로 스토아학파의 무대를 옮겼다. 또 파나이티오스는 자유로운 사상가였다. 신이 사람의 일을 중재하고, 제물과 제사가 신의 노여움을 누그러뜨린다고 믿던 시대에, 예언가와 점성술사의 비과학적인 이론을 거부했다. 아마 파나이티오스의 조언을 받은 스키피오가 연대 내에서 미신과 점성술을 금지했을 가능성이 크다.

플루타르코스는 『모랄리아』의 로마 이야기 편에서 흥미진진한 이야기를 하나 들려준다. 스키피오는 파나이티오스와 다섯 하인을 포함한 외교단과 함께 알렉산드리아에 도착했다. 그곳 사람들은 스키피오에게 토가(완전한 로마 시민권 보유자만 입을 수 있던 의복으로, 반달 모양으로 재단한 흰색 천을 튜닉 위에 입은 뒤 두른 것-옮긴이)를 벗으라고 소리 지르며 광분했다. 그가 토가를 벗자 군중은 박수를 쳤다. 당시 '이집트의 뚱보'라고 불리던 프톨레마이오스 3세는 활동량이 적은 생활 방식과 몸을 지나치게 사리는 태도 탓에 스키피오와 파나이티오스가 걷는 속도를 따라가지 못했다. 스키피오는 파나이티오스에 이렇게 속삭였다고 한다. "그래도 우리가 와서 알렉산드리아 사람들이 득을 본 게 있군. 자기네 왕이 걷는 걸 봤으니 우리에게 빚을 진 걸세." 살찌고 게으른 국가의 수장은 역사 속에서 끊임없이 등장하는 캐릭터이기도 하다.

기원전 138년, 파나이티오스와 스키피오는 로마로 돌아온다. 파나이티오스는 47세였고, 그동안 다양한 삶의 경험을 축적했다. 오래전 페르가몬과 아테네에서 공부를 마친 후 로도스섬에서 잠시 관직 생활을 하다가 해군에서도 복무했던 그는, 이제 로마 정계의 권력자이자 내부자로서 확고히 자리를 잡았다. 이후 그는 그 나이대의 많은 지식인처럼 글쓰기에 관심을 갖기 시작했다. 글쓰기는 시대와 관계없이 늘 선구적인 활동이었다.

파나이티오스의 저서 중 가장 중요한 작품은 『적절한 행동이란 무엇인가』다. 공직자의 윤리적 태도의 중요성을 깊게 되새기는 이 책은 이론 그 이상을 담고 있다. 파나이티오스가 책을 마무리하는 동안, 그의 조언과 지도에 기댔던 스키피오는 로마 정치인의 부패 사건을 기소하기 시작했다. 그중 한 명은 강탈 행위로 악명 높았던 루키우스 코타였고, 다른 한 명은 그라쿠스 사건의 주인공이자 자신의 처형이었던 티베리우스 그라쿠스였다.

토지를 가난한 사람에게 나눠주자는 안티파트로스의 윤리적 가르침은 귀족들 사이에 큰 논란이었고 '혁명'을 부추긴 원인 중 하나였다. 제자 블로시우스 역시 반란의 주축이 아니냐는 의심을 받았다. 하지만 파나이티오스는 그들 반대편에 섰다. 기존의 사회 질서를 수호하고 유지하는 것이 지배층의 역할이라고 생각했기 때문이다. 스키피오가 그라쿠스 사건에 연루된 이들을 공격적으로 기소했다는 사실은, 스토아학파를 이끄는 두 철학자가 맞붙었다는 점에서 흥미롭다. 블로시우스는 혁명을 일으킴으로써, 파나이티오스는 그보다 신중한 태도를 보임으로써 각자의 방식으로 국가에 대한 의무를 다했다.

스토아 철학자가 정계로 진출한 건 역사의 우연이 아니라 자연스러운 결과물이다. 파나이티오스는 자신이 아는 사람들 모두가 얽인, 이 치열한 갈등의 한가운데에 있었다. 인맥이 넓으면 이런 일을 피해 갈 수 없는 법이다.

권투 선수처럼 살아라

키케로는 파나이티오스의 『적절한 행동이란 무엇인가』가 우리의 도덕적 의무에 관해 가장 빈틈없는 논의를 제공하는 책이라고 높게 평가했다. 키케로가 블로시우스와 파나이티오스의 시대로부터 백 년이 지난 로마에서, '제국 체제'라는 정치적 승부수를 던진 카이사르의 시대를 살아가고 있었음을 상기할 때 이 책이 키케로에게 몹시 중요했으리라는 건 말할 것도 없다. 전대의 스토아 철학자들은 때때로 사회적 관습을 따르지 않았지만, 그럼에도 파나이티오스는 윤리적으로 살고 관습에 맞는 적절한 행동을 해야 한다고 주장했다. 그리고 개개인이 독특한 프로소폰 prosopon을 가지고 있으며, 이를 명예와 용기, 헌신으로 채우되 겸손하고 감명을 주어야 한다고 여겼다. 프로포손은 그리스어로 성격 또는 역할을 뜻한다.

파나이티오스는 프로소폰을 갖춘 사람은 다음 네 가지 역할과 의무 사이에서 균형을 맞추는 방법을 터득할 수 있다고 주장했다.

첫째, 인간 모두가 공통으로 지닌 역할과 의무
둘째, 다이몬, 즉 개인적 재능과 소명에 맞는 고유한 역할과 의무
셋째, 가족과 직업 등 사회적 지위로 우연히 부여된 역할과 의무
넷째, 결정과 약속한 바에 따라 생기는 역할과 의무

각각의 역할과 의무를 지키는 일은 현실 세계를 잘 살아가는 데 필수적이다. 군인은 인간으로서, 전사로서, 가족 구성원으로서, 이민자 또는 부유한 상속자로서, 친구, 가족, 공동 사업자와 약속하고 의무를 진 사람으로서 각각의 의무를 다해야 한다. 국가의 수장이냐, 평범한 소시민이냐에 따라 역할과 의무의 무게는 다르지만, 역할 사이에서 균형을 맞추는 일은 그 누구에게나 어려운 일이다.

파나이티오스를 '연결자'라고 일컫는 이유는 단지 그가 네트워킹의 대가처럼 사람들을 연결해서가 아니다. 책만 탐구하는 것만으로는 이해하기 어려운 가르침을 현실로 연결해 누구나 실생활에서 적용할 수 있게 했기 때문이다. "나는 누구인가? 인생을 어떻게 살아가야 하는가? 어떻게 하면 인생을 가치 있게 살아갈 수 있을까?"라는 질문을 우리만 하는 건 아니다. 고대인도 이런 질문을 하며 머리를 싸맸다. 파나이티오스의 접근법이 고대인의 질문에 답변을 제시한 것처럼, 우리에게도 답이 될 수 있다.

파나이티오스는 모든 사람이 리더십에 대한 욕구를 가지고 태어나며, 각자의 잠재력을 고유한 방식으로 꽃피울 의무가 있다고 믿었다. 모두가 제3차 포에니 전쟁에서 활약한 전쟁 영웅 스키피오나 엘리트 교육을 받은 외교관 파나이티오스가 될 수는 없겠지만, 우리는 각자의 방식으로 그들만큼 용감하게 공익을 위해 봉사할 수 있다. 이게 바로 스키피오 서클이 추구한 핵심 가치였다. 다양한 재능, 사회적 출신과 관심사를 가진 다채로운 이들이 모여 세상에 기여하고 공동의 번영을 이루는 것이다.

누구나 삶의 의미와 목적을 가질 수 있고, 누구나 선한 스토아 철학자처럼 살 수 있다. 아마 친구들은 파나이티오스를 찾아와 어떻게 사는 게 가장 좋을지 조언을 구했을 것이다. 파나이티오스는 '타고난 자산'이라는 뜻의 '아포르마이 aphormai'를 답으로 내놓았다. 스토아학파는 이 개념을 계속해서 발전시켰고, 마르쿠스 아우렐리우스는 이에 관한 글도 썼다. 인간은 본능적으로 덕을 지향한다. 따라서 주어진 자원을 최대한 활용하면서 자신의 본성과 의무에 걸맞게 사는 법을 배운다면, 누구나 번영하고 고귀하게 살 수 있다. 파나이티오스는 특권을 가지고 태어났지만 편안한 삶에 안주하지 않았다. 대신, 훨씬 더 큰 무대에서 의무와 책임을 다했다. 가지고 있던 자원을 활용해 최상의 모습을 지향하고, 시대의 큰 과제를 해결하기 위해 최선을 다했다. 파나이티오스처럼 우리도 주어진 자원을 활용해 본성과 의무에 걸맞게 살며, 사회에 이바지할 의무가 있다.

'모 아니면 도'를 외칠 법한 육상 선수 크리시포스가 승리하기 위해 다른 사람을 밀치지 않으려 노력했다면, 파나이티오스는 어떻게 하면 사회적 의무를 충실히 다할지 고민하면서 다른 운동을 본보기로 택했다. 바로 그리스식 권투이자 맨손 투기인 판크라티온이었다. 그는 권투 선수야말로 덕성스러운 삶을 사는 최고의 모델이라 주장했다. 스토아학파뿐만 아니라 많은 철학 학파도 강력하고도 분명한 메시지를 전달하기 위해 판크라티온 선수를 자주 예시로 들었다. 고대 로마의 수필가 아울루스 겔리우스 역시 이렇게 말한다.

파나이티오스의 두 번째 책 『의무에 관하여』에서, 그는 어떠한 상황에서도 부상을 막기 위해 경계하고 대비할 것을 촉구했다. 여러 사건에 둘러싸인 사람, 자신과 타인에게 도움이 되기를 원하는 사람은 대부분 일상적으로 갑작스러운 위험에 노출된다. 이런 위험을 피해가기 위해선 판크라티온 선수처럼 항상 준비된 자세로 경계를 늦추지 않아야 한다. 경기에서 선수는 두 팔을 들어 앞으로 뻗어 공격하고, 손으로 머리와 얼굴을 가려 방어하고, 전투 전에는 공격을 피하고 대비할 준비가 되어 있다. 이와 마찬가지로 현자도 마음과 정신을 기울여 폭력과 이유 없는 부상을 피하려 노력해야 한다. 잘 살피고 경계를 늦추지 않고, 예상치 못한 상황에 대비하고, 공격으로부터 강력하게 방어해야 한다. 주목받으려고 애쓰지 말고 늘 긴장한 상태로 정반대의 판단도 고려하면서 전체적인 상황을 살펴야 한다. 팔과 손으로 적의 공격을 막아내듯, 부의 공격과 악의 유혹을 뿌리치고, 준비되지 않고 방어하지 못하는 상태에서 적대적이고 갑작스러운 공격을 당하지 않도록 주의해야 한다.

비록 출처를 밝히지 않았으나, 훗날 마르쿠스 아우렐리우스와 에픽테토스 역시 파나이티오스의 비유를 가져다 쓴다. 현실을 궁수에 빗댄 안티파트로스나, 투창 던지기 선수를 비유로 든 아리스토와 달리, 파나이티오스는 인생에 적용할 수 있는 딱 하나의 이론은 없다고 여겼다. 인생은 생각보다 훨씬 더 폭력적이고 강압적이기에, 또한 단순히 자기 자신과만 대결하는 게 아닌, 무수한 상대와 싸워야 하기에 불가피한 타격에 대비해야 한다고 주장한 것이다.

위인처럼 보이는 최초의 철학자

어떤 이유인지는 알 수 없지만, 파나이티오스는 결국 책을 완성하지 못했다. 하지만 자기 생각을 글에 녹여낸 것만으로 당대 사람들의 인정을 받았다. 파나이티오스의 제자이자, 기원전 134년 누만티아 전쟁 중 스키피오의 부대에서 복무했고, 군사 훈련 · 세금 · 파산 개혁에 관여하며 가장 활발하게 정치 활동을 했던 철학자 루틸리우스는 비록 미완성작일지라도 스승의 글은 당시의 철학과 정치 수준을 뛰어넘는다고 평가했다. "아펠레스가 세상을 떠나 차마 완성하지 못한 코스의 비너스를 다른 화가가 마무리하지 않고 미완성으로 둔 것처럼, 파나이티오스의 글은 이미 뛰어나게 우수하므로 다른 문장을 덧붙이려는 사람은 없을 것이다."

파나이티오스의 주장은 향후 300년간 로마의 정계뿐 아니라 오늘날까지 무려 2천 년간 사법 체계에 큰 영향을 미쳤다. 키케로는 파나이티오스의 말을 빌려 선한 변호사도 고객이 극도로 타락하거나 악한 범죄자가 아니라면 충분히 그를 변호할 수 있다고 주장했다. 개인이 각자 삶에서 맡은 의무와 역할이 있다는 파나이티오스의 주장을 비추어볼 때, 이 주장은 일리가 있다. 맡기 싫은 고객이라고 해서 아무도 변호하지 않는다면, 어떻게 정의가 이루어질 수 있겠는가?

파나이티오스는 단순하고 직설적인 문장을 통해 철학의 난해한 용어와 호소력 없는 문체를 없애는 데 이바지했다. 젊은 시절 가르침을 주었던 스토아학파 스승들이 파나이티오스에게 미친 영향일 것이다. 키케로에 따르면 파나이티오스는 학설의 엄격함과 논리의 난해함을 질책하면서, 스토아 철학이 투박하고 더디게 발전하지 않도록 노력했다고 한다. 그에 의해 스토아 철학의 학설은 부드러워졌고 문체는 더 명료해졌다. 철학을 실용적으로 변화시켜 대중이 쉽게 접근하도록 한 점은 우리가 가장 주목해야 할 업적이다.

파나이티오스는 철학자라기보다는 위인처럼 보이는 최초의 스토아 철학자다. 제논과 여러 스토아 철학자는 행복하기 위해서는 오직 덕만 있으면 된다고 했다. 간단하고 옳은 말이지만 근거가 빈약하다. 디오게네스 라에르티오스에 따르면, 파나이티오스는 덕만으로는 충분하지 않다고 생각했다. 덕 외에 힘, 건강 그리고 물질적 자원도 필요하다고 주장했다. 파나이티오스는 철학적 가치가 개별적으로 존재하는 게 아니라, 다른 중요한 것들과 연결되어 있다는 걸 알고 있었다. 서로 팽팽하게 경쟁하는 의무와 이익, 재능을 통합하고 적절하게 균형을 맞춘다면 누구나 잘 살아갈 수 있다.

기원전 129년 스키피오는 세상을 떠나, 로마 시민과 친구들에게 슬픔을 안겼다. 파나이티오스는 친구의 죽음에 무척 슬퍼했지만, 자신이 가르쳤던 내용을 실천하면서 마음을 달래야 했다. "네 아들이 죽는다고 생각해보라. 아들이 태어났을 때, 너는 아들이 언젠가 죽을 거라는 걸 알고 있었다. 친구도 마찬가지다." 그는 이렇게 자기 자신에게 되뇌었다. 유한한 삶처럼 화려한 경력도 언젠가는 지는 날이 온다. 모든 일에는 끝이 있는 법이다. 이런 사실을 일깨워주기 위해, 또 반드시 삶에 닥칠 고난을 대비하기 위해 철학이 존재하는 것이다.

스키피오가 세상을 떠난 후, 파나이티오스는 인생의 가장 화려했던 장이 끝났다는 걸 알았다. 남은 일은 아마도 마지막이 될 다음 장을 쓰는 것뿐이었다. 그해 안티파트로스가 세상을 떠나자, 파나이티오스는 스토아학파를 이끌기 위해 아테네로 돌아와 그 후 20년 동안 철학을 가르치고 글을 썼다. 오늘날 은퇴한 정치인처럼, 어쩌면 때때로 로마에 가서 강의하거나 정무관과 상의를 하거나 자신의 책을 홍보하기도 했을 것이다.

기원전 109년, 파나이티오스는 세상을 떠났다.

9장

모든 것을 걸고서
지킬 가치가 있는가

**신
념**

정직의 아이콘, 루틸리우스(Publius Rutilius Rufus, B.C. 158~B.C. 78)

로마 출신의 정치가, 군인, 스토아 철학자. 집정관을 역임하면서 여러 개혁 정책을 펼쳤는데, 특히 퍼블리카니라는 조직이 세금 징수를 명목으로 소아시아 주민을 수탈하는 것을 막았다. 이러한 정치적 행보는 반대파의 미움을 샀고, 되레 자신이 보호하려고 했던 소아시아 지방의 수탈 혐의를 받아 로마에서 추방되었다.

정치는 진흙탕 싸움이다. 지금도 그렇고 그때도 그랬다. 현대 사회처럼, 로마에서도 자존심이 강하고 권력욕이 있는 사람이 정치에 이끌린다. 정치판은 대체로 부패했고, 정치인은 누구도 책임지려 하지 않는다. 거짓말쟁이와 겁쟁이로 가득 차 있고, 속임수와 선동이 난무한다. 그러므로 마크 트웨인의 명언, "정직한 정치인은 다른 정직한 사람보다 더 빛난다"는 말은 일리가 있다. 그만큼 정치판에서는 정직한 사람과 정직하지 못한 사람의 대비가 뚜렷하다.

그리고 여기서 우리가 살펴볼 사람은 전자의 표상이다. 차분하고 올곧고 정직하게, 부패와의 대결에서 단 한 발도 물러서지 않았던 푸블리우스 루틸리우스 루푸스는 정치에 몸담았던 스토아 철학자 중 단연 빛난다. 로마 전 시대를 통틀어서도 루틸리우스처럼 정직한 정치인은 드물다.

루틸리우스는 화려하게 등장했다. 파나이티오스 밑에서 철학을 공부했는데, 기원전 138년 파나이티오스가 로마로 돌아왔을 때 루틸리우스는 스무 살쯤이었다. 스키피오 서클의 총애를 받았던 루틸리우스는 누만티아 전쟁에 참전해 스키피오 아이밀리아누스의 군단 사령관으로 복무했다. 빠르게 성장하는 로마에서도 그는 전도유망한 청년이었다. 조국은 루틸리우스처럼 미래가 밝은 젊은이들이 무한히 발전할 수 있도록 힘을 실어주었다.

그보다 성격이 더 좋은 사람, 더 좋은 가문 출신, 더 큰 야망을 품은 사람도 있었을 것이다. 초반에 루틸리우스는 눈에 띄지 않고 수수했으나, 차차 그의 강한 신념과 어우러져 점점 존재감을 발했다. 그는 다독가였고 좋은 교육을 받았다. 연설은 예리하고 체계적이었다고 한다. 비록 키케로는 루틸리우스가 말발이 센 사람은 아니었다고 평했지만, 말발과는 별개로 그의 철학과 삶은 논쟁의 여지가 없다. 키케로 역시 그가 스토아 철학의 가르침을 가장 확고하고 일관되게 실천한 모범적 인물이라는 데 동의했다.

남과 다른 길을 걷다

루틸리우스가 남과 다른 길을 걷기 시작한 건, 기원전 115년의 집정관 선거부터였다. 마르쿠스 아이밀리우스 스카우루스는 뇌물로 매수해 집정관직에 선출되었는데, 사실 전임자와 다를 바 없는 행위였다. 루틸리우스도 사람들에게 뇌물을 쥐어주었다면, 선거에서 쉽게 이겨 공직에 올랐을 것이다. 하지만 그는 선거에서 패배할지라도 편법을 쓰는 걸 거부했다. 루틸리우스는 스카우루스에게 부정 선거 혐의를 제기했지만, 방귀 뀐 놈이 성낸다는 말처럼 스카우루스 또한 루틸리우스에게 같은 죄를 물었다. 둘 다 서로를 기소하는 것은 실패했으나 이는 향후 벌어질 긴 싸움의 전조였다.

기원전 109년 유구르타 전쟁 당시, 루틸리우스는 로마를 장악하려는 야심에 찬 파렴치범들의 싸움에 휘말리게 된다. 그중 한 명은 원초적 힘과 잔혹한 성정을 이용해 권력을 잡은 보수적인 강성 지도자 루키우스 코르넬리우스 술라 펠릭스였고, 다른 한 명은 가이우스 마리우스였다. 마리우스는 기사 계급 출신으로 루틸리우스와 함께 스키피오 아이밀리아누스의 군대에서 복무한 적이 있었다. 갓 지배계층에 오른 신인이자, 군에서 크게 활약해 일곱 번이나 집정관으로 선출되는 쾌거를 이룬 이였다. 소년 시절의 그가 독수리 둥지에서 일곱 마리의 독수리 새끼를 발견했다는 일화가 있는데, 한 점쟁이가 이 이야기를 듣고서 그가 일곱 번 권력을 얻을 것을 예고한 적도 있다고 한다.

한때 루틸리우스와 마리우스는 손을 잡았다. 군대를 확장하고 개편하면서, 루틸리우스는 로마군을 훈련시키고 새로 모집한 병력의 배치 전략을 세웠다. 마리우스는 루틸리우스가 훈련한 병력만으로 싸우는 걸 선호했는데 그의 훈련을 거치면 병사들의 기강이 바로 서고 용맹해져서 전투력이 최고조에 달했기 때문이다.

군대에서 복무할 수 있는 재산 요건을 완화하고, 그렇게 모집된 자기 휘하의 군인과 함께 먹고 자고 생활한 마리우스는 엄청난 인기를 끌었지만 잔인하고 무자비한 면모도 있었다. 집정관에 네 번째로 선출된 후, 기원전 101년에 게르만 부족인 킴브리족을 상대로 치열하게 싸웠던 마리우스는 12만 명의 군사를 전멸시키며 극적인 승리를 거둔다. 이때부터 위기에서 로마를 구해낸 마리우스는 '제3의 건국자'로 불리게 되었고, 로마의 엘리트들은 그의 힘과 비전을 의심하고 두려워했다.

스토아학파는 올곧음과 정직함 측면에서 일등이었으나 범죄와 부패를 눈감아주는 데는 영 소질이 없었고, 따라서 루틸리우스와 마리우스의 갈등은 필연적이었다. 첫 번째 갈등은 비교적 사소했다. 루틸리우스는 마리우스가 채무자들의 빚을 탕감해주고 돈으로 매수해 선거에서 이겼다고 믿었다. 로마의 평화를 지킨 일은 존경할 만했지만 올바르지 못한 길을 가고, 자기 자신을 속이는 부정행위를 저질렀다면 그 죄를 가볍게 받아들일 수 없었다. 부정 선거를 용납한다면, 애초에 선거라는 형식이 무슨 소용이 있단 말인가? 수상한 근거를 발견할 때마다 한마디씩 충고하는 루틸리우스에게는 점점 적이 생겼고, 마리우스는 그가 배신했다고 여겼다.

그래도 그때까지 루틸리우스의 신변에는 문제가 없었다. 시민들 사이에서 마리우스의 권위가 흔들리기 시작했기 때문이다. 점점 거세지는 귀족들의 의심과 분노를 당시의 마리우스가 통제하기에는 역부족이었다. 귀족들은 마리우스 협력자가 있던 감방 지붕을 뜯어내 그를 살해했다. 마리우스는 그를 보호하려고 했지만, 아무런 소용이 없었다. 사방에 긴장감이 흘렀고, 원로원조차 마리우스를 신뢰하지 않았기에, 마리우스는 잠시 로마를 떠나야 했다.

마리우스가 로마에서 추방되자 폰투스와 소아르메니아의 왕이었던 미트리다테스 6세가 로마와 전쟁할 마음을 품었다는 소문이 돌았다. 이에 마리우스는 곧 공직으로 복귀되어 로마 '제3의 건국자'이자 전쟁 영웅인 자신의 존재가 원로원의 두려움을 덜어주게 되리라고 확신했다.

지배층의 공공의 적이자, 덕과 지혜의 모범

혁명과 불안의 시대가 언제나 그러하듯, 당시 로마에는 정치적 폭력과 음모, 노골적인 부패가 난무했다. 판세는 반동적인 인물에서, 보수적인 인물에게 유리하도록 다시 빠르게 변하고 있었다. 철저하게 정도를 걸으며 스토아 철학의 의무를 따랐던 루틸리우스가 갑작스레 표적이 되었다. 마리우스와 얽히지 않았더라면 위기를 피할 수 있었을까? 아마 그렇지 않았을 것이다. 당시 지배층에게 루틸리우스는 공공의 적이었는데, 그가 파산법을 개혁했기 때문이다. 또한 그는 세금 징수를 대리했던 조직 퍼블리카니가 소아시아의 그리스인에게 세금을 함부로 갈취하지 못하도록 했다.

여기서 포퓰리즘의 아이러니가 나타난다. 강성 지도자는 불가능한 약속으로 대중을 매혹해 권력을 잡는다. 정말 사람들을 돕기 위해서일까? 당연히 아니다. 포퓰리스트는 실질적으로 공정한 체제를 만드려는 개혁을 적극적으로 막는다. 그는 오직 대중의 지지를 받아 권력을 꽉 움켜쥐는 일에만 관심이 있기에.

루틸리우스는 그런 포퓰리스트와 달리 그저 묵묵히 제 일을 했다. 이익을 도모할 때도 타인과의 이해관계를 고려했다. 기원전 105년, 집정관이라는 최고위 관직에 올랐을 때에도 그는 공익을 우선시하는 스토아 철학의 오이케이오시스를 실천했다. 그의 개혁은 로마의 부자들에게 불리했고, 부와 권력을 쥔 지배층의 신경을 거스른다. 하지만 그는 물러나지 않았다. 그저 진정으로 노력한 데에 의의를 두고 말기엔, 로마 사회의 불평등이 무척 심각했기 때문이다. 비록 그로 인해 심각한 정치적 갈등에 급격히 휘말리게 되었어도 말이다.

정치인들이 자주 쓰는 오래된 속임수가 있다. 스카우루스도 사용했던 속임수로, 정직한 사람에게 자신의 죄를 뒤집어씌우고 그를 추궁하는 것이다. 그러고는 상황을 복잡하게 만든 후, 여러 사람과 입을 맞춰 하지도 않은 일을 했다고 중상모략한다. 그리고 부패의 뿌리를 뽑아버려야 한다며 고국에서 쫓아낸다.

루틸리우스는 그렇게 속임수의 표적이 되어 각종 부패를 부추기고 주도했다는 가짜 혐의를 받게 되었다. 실제로 부패를 저지른 사람들이 부패와 가장 거리가 먼 루틸리우스를 기소한 것이다. 그가 정치인의 도둑질을 비판하는 내용의 글을 썼다는 사실은 도움이 되지 않았다. 그는 정적들의 강한 반감과 자신을 내쫓겠다는 의지를 보고 할 말을 잃었다. 마리우스는 루틸리우스가 기소되도록 은밀하게 손을 썼고 그가 매수한 배심원이 줄줄이 법정 안으로 들어왔다. 로마 제국의 역사가 디오 카시우스에 따르면, 루틸리우스의 탁월한 능력과 높은 명성 때문에 마리우스의 심기가 상한 것이 기소 이유였다고 한다. 심기를 거스르다니? 타락하고 이기적인 정치인이자 비난받아 마땅한 사람은 오히려 마리우스였다.

루틸리우스는 변호를 거부했다. 정치적 동료들의 지원을 구하거나 자신을 변호하기 위한 말은 한마디도 하지 않았다. 평판이 자신을 구할 것이라 생각했을까? 스스로 구명 행위를 하는 것이 체면이나 존엄성을 상하게 한다고 여겼을까? 키케로는 『웅변가론』에서 루틸리우스가 침묵하고 측근 중 누구도 그 재판에 반대하지 않았기에, 마치 그가 죄를 저지른 것처럼 보였다고 했다. 또 키케로는 루틸리우스가 열띠게 반론하고 측근들을 활용해 무죄를 촉구하는 분위기를 조성하면, 스토아학파의 비판을 받게 될까 봐 두려웠던 게 틀림없다고 비꼬았다.

무반응으로 일관하여 되레 그 혐의가 잘못되고 사소한 것처럼 보이게 하는 건 소크라테스가 쓴 전략이었다. 마틴 루터 킹 목사가 곤경에 처했을 때, 묵묵히 "주님, 제가 여기 있습니다. 저를 도와주십시오" 하고 신에게 도움을 청한 일과도 비슷하다. 숭고한 자세지만, 적은 그런 소극성을 이용해서 정적을 신속하게 처리할 수 있다. 결국 루틸리우스는 가장 부패한 관료도 받은 적 없는 엄청나게 가혹한 판결을 받았다. 모든 재산이 압류되었고, 로마 밖으로 추방당했다. 깐깐하게 묻고 따지는 이가 마리우스의 앞길을 막지 않도록, 도덕적인 사람이 범죄를 저지르며 부를 축적하는 신흥 계급의 걸림돌이 되지 않도록 하기 위해서였다.

루틸리우스는 분명 스승 파나이티오스로부터 판크라티온 선수처럼 인생의 역풍에 대비해야 한다고 배웠을 것이다. 역풍을 막지 못할 거라면, 적어도 불평하지 않고 현실을 받아들이고 또 견뎌내야 한다.

적은 대의를 위해 국가에 봉사한 정직한 공무원이자 전쟁 영웅 루틸리우스가 최소한의 존엄성을 지키도록 해주었다. 부패한 자신들을 위한 제물이 된 희생자에게 추방 장소를 선택할 기회를 준 것이다. 그는 오늘날 터키의 이즈미르에 해당하는 스미르나를 유배지로 선택했다. 고발자들이 그가 돈을 갈취했다고 주장한 바로 그 도시였다. 루틸리우스는 추방 장소를 스미르나로 선택함으로써, 자신의 무고함을 역사에 증명한 것이다. 양심적이고 정직한 통치자 덕분에 수탈에서 벗어난 스미르나는 두 팔을 벌려 루틸리우스를 맞이했고, 심지어 시민권까지 줬다.

로마의 역사가 수에토니우스에 따르면, 루틸리우스는 '에피쿠로스학파의 자유인' 오필리우스 아우렐리우스와 함께 스미르나에 정착했다고 한다. 오필리우스 아우렐리우스는 처음에는 철학, 그 이후에는 수사학과 문법을 가르치며, 노년이 될 때까지 루틸리우스와 함께 살았다. 기원전 78년, 키케로도 스미르나를 찾아 루틸리우스와 함께 시간을 보내며 그를 "과거의 명예를 지키는 덕과 지혜의 모범"이라고 평했다.

좋은 사람이 나쁜 결말을 맞이하더라도

루틸리우스는 자기 운명에 씁쓸해했을까? 그런 것 같지 않다. 그저 계속해서 자기 자신의 삶을 살아갔다. 권력의 중심에서 내쳐졌음에도 재산은 늘어갔다. 팬들의 선물이 쏟아졌기 때문이다. 한 친구는 로마에 내전이 일어나고 시간이 어느 정도 지나면 다시 고향으로 돌아갈 수 있을 거라고 그를 위로했다. 그러자 루틸리우스는 이렇게 답했다. "도대체 내가 무슨 죄를 저질렀기에 추방보다 더 불행한 귀국을 바라겠는가? 귀국해서 조국을 보며 눈물 흘리기보다, 그저 나를 추방한 걸 부끄러워했으면 좋겠네!"

때로는 한 장소에서 너무 오래 머무르며 좋지 못한 면을 보는 것보다, 오히려 그곳을 떠나 다른 사람이 나를 그리워하는 편이 나을 때가 있다.

스토아 철학자들은 국가가 가망이 없을 정도로 타락했을 때는 현자가 몸을 피해야 한다고 주장했다. 아시아의 위대한 철학자이자 정치가인 공자가 한 말과 비슷하다. 루틸리우스는 스미르나에 머물면서, 그리스어로『로마의 역사』를 썼다. 자신의 명예를 더럽힌 일로도 무너지지 않았고, 계속해서 제 할 일을 했다. 이후 술라가 마리우스를 물리치고 로마를 장악해 루틸리우스를 다시 로마로 불렀지만, 그는 귀향을 통한 명예 회복을 정중하게 거절했다.

동료 스토아 철학자들은 로마가 루틸리우스를 대하는 태도에 격노했지만, 한편으로는 중요한 교훈을 얻었다. 올바른 일을 하면 모든 것을 잃을 수도 있다는 사실이었다. 플라톤의『국가』와 달리, 현실에서 철학에 정통한 사람은 대부분 왕위에 오르는 걸 원하지 않았다. 철학자는 국가를 이용해 부를 축적하려는 사람의 적이었기 때문이다. 이 시기, 정치인들에게 불명예는 일상이었고, 주요 인사들은 연이어 부정 선거나 재정 비리 혐의로 기소되었다. 그리고 그들 대부분은 루틸리우스와는 정반대로 죄를 지었다.

선한 자는 벌을 받고 악한 자는 자유를 얻다니, 무슨 말도 안 되는 끔찍한 현실인가? 하지만 안타깝게도, 그때도 지금도 세상은 이렇게 돌아간다. 세네카는 이렇게 전한다. "좋은 사람은 나쁜 결말을 맞이한다. 소크라테스는 감옥에서 죽음을 맞았고, 루틸리우스는 로마에서 추방당했다. 폼페이우스와 키케로는 의뢰인에게 목숨을 잃었고, 살아 있는 덕의 표본인 소 카토는 자결함으로써 자신의 인생과 국가가 종말에 다다랐다는 걸 보여주었다. 세상이 이토록 불공평하니, 슬픔을 금할 길이 없다."

당신은 어떤 길을 택하겠는가? 도둑질과 부정직함에는 대가가 따르는 법이다. 그렇게 해서 사회의 높은 자리를 꿰차더라도 말이다. 루틸리우스처럼 고개를 꼿꼿이 세울 것인가, 아니면 부인할 수 없는 수치를 부정하면서 살겠는가?

루틸리우스가 살았던 시대, 스토아 철학자들은 아직 부정부패가 미래에 어떤 결과를 가져올지 잘 알지 못했다. 자신이 목격하는 현실이 얼마나 악한지 몰랐을 것이다. 역사 전문 팟캐스트를 진행하는 작가 마이크 덩컨Mike Duncan은 당시 상황을 "폭풍 전의 폭풍"이라고 묘사한다. 로마의 뼈대를 이루었던 제도와 윤리는 위태로웠고, 남은 건 위대하고 명예로운 사람들의 저항뿐이었다. 그들이 얼마나 더 부패의 시류를 막을 수 있었을까? 로마 공화정을 얼마나 더 보전할 수 있을까?

시대는 새로운 변화를 원하고 있었다. 훗날, 루틸리우스가 로마를 떠날 무렵에는 여덟 살에 불과했던 율리우스 카이사르로 인해 로마의 공화정 제도는 사실상 막을 내리고 만다. 하지만 그 과정에서, 적어도 루틸리우스라는 이름은 부패한 세상에 맞선 선의의 상징이 되었다. 그는 비록 선을 추구하다가 모진 시련을 겪었지만, 자신의 선택이 그럴 만한 가치가 있었는지는 절대로 의심하지 않은 것 같다. 운명을 원망하지 않았고, 다른 사람들이 뭐라고 하든 옳은 일을 했다고 확신했다. 루틸리우스는 자신의 기개를 꺾지 않고 자신의 일을 하는 것이, 자기 자신을 통제할 수 있는 유일한 길임을 알고 있었다. 제논이 "당신이 폭력을 휘두르더라도, 내 마음은 철학에 충실할 것이다"라고 말한 것처럼, 마르쿠스 아우렐리우스가 자신에게 반복해서 상기한 것처럼 말이다. 제논은 신변의 위협을 받은 적이 없어 그런 말을 쉽게 뱉을 수 있었고 마르쿠스도 부당한 판결을 받거나 추방당한 적이 없다. 하지만 루틸리우스는 실제로 위협을 겪으면서도 그렇게 믿고 말하고 실천했다. 날조된 혐의로 평판이 더럽혀지고, 재산이 몰수되고, 사랑하는 조국 밖으로 추방당했지만, 부당한 압력과 시련에도 무너지지 않았다. 끝끝내 타협하거나 무릎을 꿇지 않았다. 법이라는 '채찍'을 기꺼이 맞았으며, 그들이 건네는 '당근'은 거부했다. 가만히 있으면 부와 명성을 지킬 수 있다는 유혹에도 그는 굴복하지 않았다.

로마에서 가장 정직했던 루틸리우스. 그의 삶은 당대의 용감한 스토아 철학자들을 비롯해, 후대의 철학자, 그리고 오늘날에 이르기까지 모두의 모범이 되고 있다.

10장 나는 무엇을 통제할 수 있는가

덕

진실을 좇은 천재, 포시도니우스(Posidonius, B.C. 135~B.C. 51)

시리아 아파메아 출신. 아테네의 파나이티오스에게 스토아 철학을 배운 뒤, 스페인, 아프리카, 이탈리아, 갈리아 등을 여행하며 연구했다. 로도스섬에 정착해 스토아 철학을 강의했는데, 그 명성이 로마의 폼페이우스와 키케로에게도 널리 알려졌다. 지리학자이자 천문학자로, 태양의 거리와 크기를 재고 지구의 둘레를 계산하기도 했다.

포시도니우스는 불안하지만 풍요로운 시대에 명망 있는 집안에서 태어났다. 기원전 135년, 현재의 시리아에 해당하는 아파메아 지역에서는 오랜 정치적 혼란의 씨앗이 싹트고 있었다. 운명의 불확실성이 제논과 클레안테스를 이끌었듯이, 불안한 시대적 배경은 포시도니우스를 스토아 철학자로 키워냈다. 능력 있는 지도자의 부재, 강력한 외세의 먹잇감이 되어가는 고국, 무절제와 탐욕의 위험이 곳곳에 도사리는 사회 분위기는 스토아 철학자가 탄생하기엔 그리 나쁘지 않은 환경일지도 모른다. 예측할 수 없는 세상에서 유일하게 통제하고 정복할 수 있는 영역은 바로 나 자신뿐이니까.

청년 포시도니우스는 시리아의 풍요를 충분히 누리며 자랐지만, 풍요가 "인생에 필수적으로 존재하는 모든 성가신 일들에서 해방시켜, 계속해서 잔치를 열고 체육관을 목욕탕으로 변모시켰다"는 식의 주장은 못마땅하게 여겼다. 그가 보기에, 시리아의 몰락은 풍요 때문이 아니라, 풍요에 취한 폭군의 '취중 야망' 때문이었다. 환경이 좋다고 해서 훌륭한 사람과 훌륭한 정부가 저절로 탄생하지는 않는다.

스무 살이 되었을 무렵, 결국 포시도니우스는 고향을 떠나 아테네로 향한다.

아리스토텔레스 이후 최고의 천재

포시도니우스가 아테네에 도착했을 때, 스토아학파를 이끌던 인물은 파나이티오스였다. 나이가 지긋한 노 철학자는, 당시 스토아 학파뿐만 아니라 그리스 전역과 멀리 로마에서도 위대한 인물로 추앙받고 있었다. 로마에서 명성을 쌓으며 루틸리우스를 가르쳤던 그가 아테네로 돌아가자, 로마의 거부와 권력층들은 앞다투어 자녀를 스토아 포이킬레로 보냈다.

수많은 로마인 제자 가운데서도 젊은 포시도니우스의 영롱한 재능은 단연 파나이티오스의 눈에 띄었을 것이다. 훗날 포시도니우스는 자연사, 천문학, 기상학, 해양학, 지리학, 지질학, 지진학, 민족학, 수학, 기하학, 논리학, 역사학, 윤리학 등 다양한 분야에서 족적을 남긴다. 그가 이토록 박학다식할 수 있었던 것은 개인적 관심과 재능 덕도 있지만, 스승 파나이티오스가 세계 각지를 여행했던 경험이 있어서 제자들에게 다양한 곳을 여행하고 공부하라고 격려했기 때문일 수도 있다. 포시도니우스는 아테네에서 공부를 마친 후, 이탈리아와 시칠리아, 그리스 달마티아, 북아프리카와 서아시아에 이르기까지, 오랫동안 타지에서 공부했다.

스토아 철학자들은 논리적 증명이나 토론에만 관심이 있었던 다른 철학자와는 달랐다. 포시도니우스는 우리를 둘러싼 아름답고 복잡한 세계 전체를 호기심 있게 바라보고 매력적으로 묘사한 철학자였다. 모든 것에서 지혜를 얻을 수 있고 또 얻어야 하므로, 우리는 모든 사물에 관심을 두는 능력을 키워야 한다는 것이다. 더 많이 경험하고 더 많이 배울수록, 역설적으로 더 겸손해지게 된다.

포시도니우스는 아리스토텔레스 이후 최고의 천재라는 명성을 얻었다. 스페인에서 조수를 측정하고, 갈리아의 켈트족에 관한 민족지학적 연구를 수행했다. 사물을 예리하게 관찰했고, 그렇게 얻은 지식을 빠짐없이, 성실하게 기록했다. 그는 지구의 둘레와 태양과 달의 크기, 그리고 지구와의 거리를 측정해 태양계 모형을 만들었다. 놀라운 총명함을 가로막는 유일한 걸림돌은 불완전한 측정 도구였다. 측정 도구의 기술적 한계 탓에 계산에 다소 오류가 있었지만, 지식을 향한 멈추지 않는 그의 호기심 덕에 인류는 우주를 더 깊게 이해할 수 있었다.

그는 연구를 위해서라면 육지든 바다든 장소를 가리지 않았고, 궂은일도 마다하지 않았다. 모든 사물에 관심을 가졌던 제논처럼, 포시도니우스에게 하늘과 별, 북적거리는 시장은 학습의 장이었다. 아이가 들판에 자라는 풀을 신기하게 바라보는 것처럼, 포시도니우스는 모든 것에 호기심이 넘쳤다. 세네카는 그에 대해 이런 말을 남겼다. "포시도니우스는 세상을 신들의 신전으로 보았다." 신전에 여러 신이 공존하듯, 세상은 다양성이 공존하며 조화를 이루는 장소였다.

어떤 천재는 온전히 자기 생각에만 갇혀 산다. 그리고 스스로 천재라고 생각하는 철학자는 그렇게 살라고 교묘하게 조장하기도 한다. 예를 들어, 포시도니우스 시대에 부활한 에피쿠로스학파의 쾌락주의는 정치나 일상에서 일어나는 모든 '잡음'을 무시하도록 사람들을 부추겼다. 현실의 문제와 거리를 두고 개인적이고 정신적인 쾌락만을 목표로 삼게 한 것이다. 디오게네스와 파나이티오스의 영향 덕분에, 포시도니우스는 에피쿠로스학파의 유혹에 빠지는 대신 스토아 철학자로서 자신의 지성을 정치와 현실에 녹여낼 수 있었다.

포시도니우스는 각지를 여행하면서 가이우스 마리우스의 로마 군단과 파나이티오스의 제자 루틸리우스와 끊임없이 접촉했다. 포시도니우스가 남긴 글을 보면, 그가 부대의 이동과 전쟁의 역사, 지역 사람들의 관습, 그리고 외세에 관한 여러 정보를 수집해 군에 제공했다는 걸 알 수 있다. 그는 『손자병법』 같은 전술에 관한 책을 쓰기도 했는데, 그 내용은 군을 통솔하는 장군을 제외한 일반인은 이해하기 어려울 만큼 자세했다. 그는 군을 운용하는 방법뿐 아니라, 통치를 위한 민족지학에도 조예가 깊었고, 당연히 폼페이우스 등 여러 장군은 틈틈이 포시도니우스에게 조언을 구했다.

포시도니우스를 어떻게 한마디로 정의할 수 있을까? 그는 탐험가, 전략가, 과학자, 정치인이자 진정한 철학자였다.

인간과 세계의 법칙을 관찰하다

모든 여행자에게는 언젠가 돌아갈 집이 필요한 법. 포시도니우스는 로도스섬에 거처를 마련했다. 그 섬에서 포시도니우스는 그동안 갈고닦은 정치 이론을 실천에 옮겼다. 프리타니 prytany(그리스 민회를 구성하는 기구 중 하나인 불레 boule의 운영 위원회-옮긴이)에서 가장 높은 지위를 차지했고, 로도스섬의 정책 위원회를 주재하면서 철학 학당도 세웠다.

기원전 86년, 그는 정치적 임무를 부여받고 로마의 대사관으로 파견된다. 로마 역사상 최악의 강성 지도자 마리우스의 죽음과 그에 얽힌 인간 군상을 연구하기 위한 목적도 있었을 것이다. 기원전 87년 말, 마리우스는 일곱 번째로 집정관에 선출되었고, 정치적 권력이 마침내 자신을 불멸의 존재로 만들었다고 여긴 듯싶다. 당시만 하더라도 그가 죽기 전에 마지막으로 본 사람이 포시도니우스가 될 거라고는 누구도 상상하지 못했다.

평생 권력을 좇으며 끝없는 야망과 섬뜩한 공포로 가득 찬 삶을 살았던 마리우스는, 문득 그 모든 것에서 한 발짝 떨어져 예리하게 통찰하던 포시도니우스를 부른다. 그리고 그를 만난 지 며칠 후 마리우스는 세상을 떠난다. 숨이 멎기 직전까지, 마리우스는 다시 한 번 자신이 전투에서 군대를 이끌고 조국 로마의 영토를 확장하리라 장담했다. 하지만 죽음과 동시에 그의 정파는 실각했고, 마리우스의 시신은 테베레강에 버려졌으며 조각상도 파괴되고 만다. 삶의 마지막 여정에서 자신이 누린 무수한 축복을 헤아렸던 안티파트로스의 평화로운 죽음과는 상반된 권력자의 죽음을 지켜보며, 포시도니우스는 큰 깨달음을 얻었을 것이다.

일평생 성공과 권력을 좇는 삶을 살고 싶은가? 그 실상을 속속들이 깨치고, 그것을 움켜쥔 사람이 어떤 영향을 받는지 알게 되었을 때에도? 시대를 초월하며 계속될 질문이다.

마리우스가 사망한 뒤, 포시도니우스는 인간의 끝없는 야망을 직접 관찰했던 내용을 모아 글을 써 내려갔다. 그는 독재자를 꿈꾼 아테니온이라는 아테네 철학자의 이야기를 전한다. 그는 자신의 천재성과 고결함을 버리고 권력을 잡기 위해 군중에 의지했다. 인간이 얼마나 쉽게 타락하고 덕을 내버릴 수 있는지, 그의 경우를 보고 충격을 받은 게 틀림없다. 또한 시칠리아에서 일어난 반란으로 목숨을 잃은 다모필루스의 이야기도 전한다. 그는 사치와 부정행위의 노예였고, 결국 노예들의 손에 폭력적이고 고통스러운 종말을 맞았다. 포시도니우스는 덕을 좇지 않으면 이런 결말을 맞게 된다고 이야기하며 내심 흡족해했을 것이다. 동시에 친구인 루틸리우스에게 거짓 혐의를 씌운 탐욕스러운 이들도 모조리 벌을 받아야 한다고 생각했을 것이다.

포시도니우스는 이 모든 사건이 성품이 바르지 못해 생긴 일이라고 생각했다. 훗날 마르쿠스 아우렐리우스 역시 이렇게 말했다. "강도, 변태, 살인자, 폭군을 모아 그들이 즐거움이라고 부르는 게 무엇인지 자세히 살펴보라!" 포시도니우스는 실제로 마리우스와 마주 앉아 대화를 나누면서, 마치 조수와 행성을 관찰하는 것처럼 폭군이 될 만한 사람들을 자세히 살폈다.

그리고 이들을 관찰하면서 얻은 깨달음을 세간에 널리 알렸다. 야망을 조심하고, 군중을 피하라. 권력과 부패를 떼어놓고 생각할 수 없듯, 사치와 부패도 종이 한 장 차이다. 세네카에 따르면, 포시도니우스는 마리우스를 이렇게 평가했다고 한다. "마리우스는 자신이 군대를 지휘한다고 믿었지만, 실제로 그의 야망이 그를 지휘하고 말았다." 세네카는 다른 말로 바꾸어 표현했다. "내면이 혼란스러운 통치자는 세상을 혼란스럽게 한다."

기원전 109년, 파나이티오스가 죽자 포시도니우스도 아테네를 완전히 떠난다. 그는 아테네 시민이 '이성 잃은 군중'이 됐다고 확신했지만, 로마인 역시 오십보백보였을 것이다.

로도스섬은 고립된 곳이었지만, 각지의 상품과 아이디어가 흘러들어오는 지중해의 중심이기도 했다. 자유로운 사고의 소유자에겐 완벽한 환경이다. 그 당시 포시도니우스는 인간 품성의 역사와 이론을 연구했는데, 인간에 대한 그의 평가는 남들보다 더 현실적이고 가혹했다.

그렇게 인간 품성에 관한 이론을 완성할 때쯤, 밝은 빛이 포시도니우스를 비추었다. 기원전 79년, 포시도니우스처럼 한 시대에 나올까 말까 한 인재인 27세의 청년 키케로가 로도스섬으로 온 것이다. 파나이티오스가 포시도니우스를 제자로 둔 것처럼, 포시도니우스도 명석한 제자를 두게 됐다. 키케로는 종종 "우리 포시도니우스 스승님" 하고 언급할 정도로 스승에게 애정이 있었다.

포시도니우스는 글을 쓰고 철학을 논하며 제자 양성에 온 힘을 다했다. 여행과 정계 활동 경험을 살려 교사로서도 두각을 드러냈다. 그는 스승 파나이티오스와 마찬가지로 귀족적인 견해, 오늘날로 치면 엘리트 의식도 가지고 있었다. 하지만 실정에 어둡고 고만고만한 이들에 둘러싸인 오늘날의 엘리트와 달리, 포시도니우스는 자신의 경험을 바탕으로 인간과 포퓰리즘에 관해 계속해 질문했다.

그는 세계를 누볐고 숱한 전쟁을 목도했다. 경험과 자연과학, 역사, 심리학을 바탕으로 자신만의 철학을 창조했고, 당대 사람들은 그의 철학을 따랐다. 갓 권력을 잡은 폼페이우스 같은 이들도 포시도니우스의 강연을 들으러 로도스섬에 들르곤 했다. 그의 철학에는 경험과 통찰이 강하게 녹아 있었기 때문이다.

살 수 있는 최고의 삶을 살아라

기원전 66년, 킬리키아 해적을 소탕하기에 앞서 폼페이우스는 포시도니우스를 독대하면서 자신에게 해줄 조언이 있느냐고 물었다. 포시도니우스는 호메로스를 인용하며 최고가 되라고, 항상 다른 사람보다 뛰어나야 한다고 말했다. 교묘한 도덕적 충고였지만, 폼페이우스는 전혀 귀 기울이지 않았다. 훗날 포시도니우스는 그를 두고 "거짓 영광을 향한 광적인 사랑을 가진 자"라 불렀다.

스토아 철학에서 말하는 '최고'란 승부에서 이기는 것을 뜻하지 않는다. 또한 '다른 사람보다 뛰어난 것'은 가장 많은 영예를 누리라는 말이 아니다. 최고와 탁월함이란, 다름 아닌 덕을 말한다. 탁월함이란 외부적인 성취가 아니라, 자신이 통제할 수 있는 분야에서 탁월함을 보이는 것이다. 운이 좋아 외부적인 성취도 이루면 좋겠지만, 사실 덕은 결과가 아니라 생각과 행동, 선택과 책임에서 나온다.

헛된 영광을 좇던 폼페이우스는 노 철학자의 충고에 귀 기울이지는 않았지만, 정중한 학생으로 남았다. 제3차 미트리다테스 전쟁으로 지중해 동쪽에서 큰 승리를 거둔 폼페이우스는 기원전 62년 포시도니우스를 다시 찾는다. 그리고 자신의 군대와 함께 문 앞에서 고개를 숙이고 몸을 낮췄다. 어쩌면 폼페이우스는 자신만의 방식으로 포시도니우스가 말한 '최고'의 뜻을 파악했을지도 모른다.

폼페이우스가 방문하자, 포시도니우스는 심각한 관절염과 통풍을 앓고 있었지만 침대에서 그를 위해 강연을 했다. 왜 명예로운 자만이 선한 자가 될 수 있는지에 관한 강연이었다. 노년의 그는 엄청난 고통에 시달렸지만, 고통이 악한 것이라고 말하지 않았다. 오히려 그 고통에 맞서 승리하는 것, 즉 자신과의 싸움에서 승리하는 것이야말로 바로 포시도니우스가 생각한 '최고'의 삶이었다. 고통을 기꺼이 감내하는 모습보다 더 인상적인 건, 실제로 그가 평생 자신과의 싸움에서 이기기 위해 부단히 노력했다는 점이다.

포시도니우스는 인간의 마음이 지혜와 진정한 선을 추구하는 반면, 영혼의 가장 저급한 부분은 권력, 승리의 영광, 신체적 쾌락 따위를 추구한다고 여겼다. 마음속에 정립된 선한 습관과 생활 방식은 영혼의 비이성적인 부분을 점검한다. 이렇듯 영혼이 이성적인 면과 비이성적인 면으로 구분되어 있다는 발상은, 오랫동안 자기 자신을 완벽하게 이성적 존재라고 여겨온 스토아학파에게는 상당히 급진적인 것이었다.

마틴 루터 킹 목사가 남북전쟁에 비유한 이성과 비이성 사이의 전투는, 자기 자신에 대한 통찰력이 있는 사람에겐 상당히 와닿는 개념일 것이다. 인간은 늘 내면의 여러 가치로 갈등을 겪는다. 그리고 그 중에서 무엇을 선택하는지에 따라 우리 삶이 결정된다. 포시도니우스는 이렇게 조언한다. "진실이 무엇인지, 우주의 진리가 무엇인지 생각하라. 진실과 진리가 넘치는 삶을 살기 위해서는 결코 영혼의 비이성적인 부분에 이끌리면 안 된다." 이러한 깨달음은 간계와 강력한 군사력으로 무소불위의 권력을 얻은 마리우스, 술라, 폼페이우스 같은 이들도 이루지 못한 위업이다.

천재든 정복자든, 비이성적인 부분에 전혀 휘둘리지 않는 경지에 오르는 건 정말 어렵다. 그래서 스토아학파는 그러한 경지에 이를 수 있다면, 훌륭한 글을 쓰고 화려한 승리를 얻는 것보다 더 인상적인 무언가를 창조할 수 있을 거라고 믿었다.

이전까지의 스토아학파는 철학을 농장이나 과수원에 비유해, 밭(물리), 과일(윤리), 울타리(논리) 세 부분으로 나누려고 했다. 섹스투스 엠피리쿠스에 따르면 포시도니우스는 다른 관점을 가지고 있었다고 한다. "철학을 구성하는 부분은 서로 분리되지 않는다. 식물과 과일은 서로 다르고 담장 역시 식물 간의 경계를 구분하기에, 철학을 농장에 비유하는 건 적절하지 못하다. 철학은 오히려 인간의 몸과 비슷하다. 물리학은 피와 살이고, 논리학은 뼈와 힘줄이며, 윤리학은 영혼이다." 이 비유는 철학이란 곧 인간으로서 제대로 살아가는 법을 가르쳐주는 것이라 주장한 스토아 철학과 완벽히 들어맞는다.

우리는 모두 한 팀이다

포시도니우스는 제논과 크리시포스가 창조한 사상을 한층 더 발전시켜 우주에는 지각 능력이 있고, 만물은 서로 연결되어 있다고 보았다. 과학은 때때로 무신론으로 이어지기도 하지만, 포시도니우스는 조수 실험과 별 관찰을 통해 오히려 창조자의 강력한 존재를 느꼈고 우주를 지배하는 섭리가 있다고 믿었다. 크리시포스의 '밀치지 않기 원칙'을 한 단계 뛰어넘어, 인간 모두가 그야말로 한 팀이라고 생각했다. 우리는 모두 우주적 공감에 묶여 있으므로, 어느 누구도 완전히 홀로 존재하거나 살아갈 수 없다. 커다란 몸에서 각자의 역할을 맡고 있다. 한 명은 손가락, 다른 한 명은 피부 세포, 다른 한 명은 간…. 이렇게 인간은 서로 협력하며, 긴장 속에서 존재한다. 포시도니우스는 생명체에 생기를 불어넣은 존재가 신이라고 생각했다.

그 후 수년간, 그는 위대한 역사서를 완성하는 데 남은 인생을 바쳤다. 모두 52권으로, 자신이 쓴 책의 3분의 1에 달하는 분량의 이 역사서는, 기원전 146년 카르타고의 스키피오 아이밀리아누스에서 시작해 기원전 86년 술라가 아테네를 공격했을 때까지를 다룬다. 그리스의 지리학자이자 철학자 스트라본에 따르면, 포시도니우스는 폼페이우스에게 바치는 작품도 별도로 쓰고 있었다고 한다. 그는 운명, 윤리, 감정, 그리고 스토아 철학의 적인 분노까지 광범위한 주제를 다루었다. 슬픔과 의무에 관한 글도 썼고, 해양과 날씨에 관한 초기 탐구와 세계 일주에 관한 과학책도 다수 남겼다.

오늘날 위대한 작품 중 일부만이 전해지고 있지만, 그는 오랫동안 지성사에 혁혁한 공을 세운 걸출한 인물로 평가됐다. 그의 시대에서 수 세기가 지난 후, 성 아우렐리우스 아우구스티누스는 『신국론』에서 그를 스토아 철학자 중 가장 과학에 능통한 인물로 꼽았다. 사실 점성술을 비판하기 위해 언급되는 데 그쳤지만, 죽은 지 500년 후에도 자신의 이름이 언급되고 글이 인용되는데 기쁘지 않은 작가는 없을 것이다. 게다가 성인의 반열에 오른 이가 자신의 이름을 언급한다면 더더욱 기쁠 것이다.

포시도니우스는 시리아, 아테네, 로마, 로도스섬 등 여러 곳에서 활동했고, 그 당시 알려져 있던 거의 모든 나라를 여행했다. 여러 권의 책을 썼고, 많은 권력자에게 조언을 건넸다. 가히 천재라 불릴 만한, 역사상 매우 똑똑한 인물 중 한 명이었다. 그는 스스로 우주의 작은 부분에 불과하다고 했지만, 사실 포시도니우스는 그야말로 우주에 크게 이바지했다.

하지만 아무리 뛰어난 천재조차도 결국 죽음에 이르고 존재는 잊힌다. 이런 자연의 섭리에 이의를 제기하거나 불만을 갖는 스토아 철학자는 없을 것이다. 적어도 포시도니우스는 그럴 사람이 아니다.

기원전 51년, 포시도니우스는 여든네 살의 나이로 평화롭게 세상을 떠났다. 어떻게 죽었는지에 관해서는 기록이 없다. 하지만 적어도 한 번 들으면 누구도 잊을 수 없는 마리우스의 불명예스러운 죽음보다는 더 행복하고 감사하는 모습으로 세상을 떠났을 것이다.

11장 화가 날 때는 어떻게 해야 하는가

증오

복수에 눈먼 문제아, 디오티무스(Diotimus, B.C. ?~B.C. 100?)

출신지와 생몰년 모두 전하지 않는다. 다만 에피쿠로스학파에 대해 악질적인 중상모략을 저질러, 스토아학파의 역사에 오점을 남긴 일화만 전한다.

윌리엄 셰익스피어는 스토아 철학을 날카롭게 관찰한 인물이었다. 그는 이 철학의 메시지를 가장 잘 드러내는 대사를 남겼다. "선행은 쉽게 잊히지만, 악행은 계속해서 흔적을 남긴다."

한 번 저지른 악행의 발자취는 지울 수 없다는 교훈을 가장 잘 보여주는 스토아 철학자는 디오티무스다. 그의 삶은 거의 대부분 수수께끼로 남아 있어서, 언제 태어났고 어떻게 죽었는지도 확실치 않다. 다만 그의 생애로 우리는 인생의 주요한 목적은 무탈하고 편안하게 사는 것이고, 결과가 아닌 덕을 추구하는 방법이 그 덕의 성질을 결정한다는 교훈을 얻을 수 있다.

누구 밑에서 공부했는지도 알려진 바 없다. 어느 책에 따르면, 포시도니우스를 알고 있었다고 하지만, 그게 전부다. 어떻게 철학에 입문했을까? 어떤 부모와 제자를 두었을까? 어떤 삶을 살았을까? 어떻게 명예를 실추한 선택을 하게 된 걸까? 다시 한 번 말하지만, 디오티무스의 삶은 미궁에 갇혀 있다. 수수께끼 같은 인물이다.

확실한 건, 단 한 번의 명백한 악행으로 수많은 철학자와 스토아학파를 긴 혼란에 빠뜨렸다는 것이다. 사실 그 악행은 너무나 무의미하고 사소할뿐더러, 꾸며낸 것처럼 보이는 디오티무스의 철학 사상과도 상충한다.

기원전 1세기 무렵 로마가 광채를 휘날리며 세계 무대의 주인공으로 떠오를 무렵, 아테네에서는 에피쿠로스학파가 부활하고 있었다. 스토아 철학자였던 디오티무스는 그 명성을 훼손하기 위해 무려 50통이 넘는 서신을 위조하고, 에피쿠로스학파를 비열한 미치광이로 묘사했다. 에피쿠로스학파는 그때 먹칠된 명성을 회복하기 위해 오늘날까지 고군분투하고 있다.

눈에는 눈, 이에는 이로 대처하다

당시 에피쿠로스학파를 이끈 인물은 400권 이상의 책을 쓴 다작

가이자 '정원의 폭군'(에피쿠로스학파는 정원에 학당을 열어, 편안한 분위기 속에서 함께 우정과 기쁨을 나누고 철학을 이야기했다. 그래서 그들을 '정원학파'라고도 부른다-옮긴이)이라는 별명을 얻은 아폴로도로스였다. 디오게네스 라에르티오스에 따르면, 아폴로도로스는 크리시포스의 책이 표절로 가득 찼다는 소문을 퍼뜨렸고, 스토아학파는 위대한 전사 크리시포스를 향한 중상모략에 대처해야 했다.

그러나 디오티무스가 선택한 방법은 스토아 철학자답지 않았다. '눈에는 눈, 이에는 이'라고, 그는 모략에 모략으로 대응했다. 동시에 아폴로도로스보다 더 악한 범죄로 복수를 결심했다.

오직 덕을 추구하고, 논리와 진실을 소중히 여긴 스토아학파는 디오티무스의 행동을 용납할 수 없었다. 아무리 에피쿠로스학파가 스토아학파에게 큰 위협을 제기했다 하더라도, 중상모략에 이어 문헌까지 날조하는 일은 철학자가 할 만한 일로 정당화되기 어렵다. 마르쿠스 아우렐리우스는 『명상록』에서 "옳지 않은 일이라면 행하지 말고, 진실이 아니면 말하지 말라"라고 썼다. 스토아학파의 진정한 일원이라면, 원한과 복수, 사소한 경쟁이나 논쟁에서 승리하고 싶은 욕망에서는 초탈해야 했다. 불의한 일에 앙심을 품고 똑같은 행위로 맞서느니, 그냥 거짓말을 하도록 내버려두어야 했다. 어디서부터 잘못됐는지는 모르겠지만, 디오티무스는 자신이 지키려는 철학의 가르침에서 완전히 벗어나기 시작했다. 도대체 무슨 생각이었을까? 사람들을 선한 삶으로 이끌기 위해 노력했던 스토아학파의 평판을 일부러 떨어뜨리려고 한 걸까?

반면교사의 주인공이 된 일화를 빼고, 디오티무스가 스토아 철학에 공헌한 바는 없다. 그는 스토아 철학자라고 해서 완벽하지는 않다는 걸 증명했다. 아무리 오랫동안 철학을 공부하고 많은 책을 읽었더라도, 한순간의 성급한 결정과 잘못된 행동이 모든 걸 망칠 수 있다는 걸 보여주었다. 디오티무스가 행한 일을 루틸리우스가 알았다면 과연 어떤 생각을 했을까?

하지만 삶이 그러하듯, 역사 또한 복잡하고 모순적이며, 종종 실망스럽다. 아테나이오스는 데메트리오스의 글을 인용해, 아폴로도로스의 뒤를 이어 에피쿠로스학파의 수장이 된 시돈의 제논이 디오티무스에게 소송을 제기했다는 사실을 전한다. 법원은 시돈의 제논 손을 들어주었고, 디오티무스에게는 사형이 선고됐다. 다소 극단적인 방법으로라도 정의를 실현하자는 취지였는데, 그 어떤 이도 반대하지 않았다.

중상모략 정도의 범죄로 실제 사형이 집행됐을 가능성은 희박하지만, 분명 많은 벌금을 내고 아테네에서 추방되었을 것이다. 아마 형벌보다, 자신이 저지른 일에 대한 수치심으로 더 괴로웠으리라.

순간의 선택이 삶을 결정한다

우리도 이런 실수를 종종 저지른다. 악한 일에 맞불 작전을 놓다가는, 결국 우리도 불에 타버리기 쉽다. 그런 상황에서는 누가 먼저 시작했는지가 중요하지 않다. 간신히 화재 현장에서 살아남는다고 해도 상처는 평생 남는다. 그래서 정말 화가 났을 때는 차라리 상황을 관조하면서 아무런 행동도 하지 않는 게 낫다. 가능하면 적들이 자멸하도록 내버려두어야 한다.

디오티무스의 악명은 스토아 철학에 먹칠했고, 동료 철학자들은 이를 처리하느라 골머리를 앓았다. 이 사건 때문에 포시도니우스는 시돈의 제논과 에피쿠로스 철학을 비판하는 책을 서둘러 써야 했다. 그와 같이 명예로운 사람이 디오티무스를 감싸주지는 않았을 것이다. 포시도니우스는 에피쿠로스학파의 가르침에 대한 명확한 반론을 통해 스토아학파가 처한 불명예스러운 일로부터 사람들의 주의를 돌려야 했다. 포시도니우스는 스토아학파를 대표해 디오티무스의 행위에 대해 사과했을까? 아니면 디오티무스의 비열한 책략을 부인했을까? 아폴로도로스가 저지른 크리시포스에 대한 중상모략은 바로잡았을까? 지금으로서는 어떤 것도 알 길이 없다.

한 가지 흥미로운 건, 스토아학파가 그 당시뿐만 아니라 후대에도 디오티무스의 범죄를 구태여 부인한 적이 없다는 점이다. 세네카는 여러 철학자의 삶과 사상에 관한 글을 썼고, 에피쿠로스학파에 관해서도 8권이 넘는 저서를 남겼지만, 이 사건에 대해서는 단 한 번도 언급하지 않았다. 어쩌면 서로 너절하게 치고받는 모습을 보며, 남의 일 같지 않아 양심에 찔렸을지도 모른다.

철학자들이 굳이 왜 그런 씁쓸한 논쟁을 벌이는지, 보통 사람들은 이해하기 어렵다. 영국의 시인이자 평론가 새뮤얼 존슨은 이렇게 말했다. "사소한 일이 사람을 거만하게 만들고, 작은 사건에서 허영심이 피어난다. 거만한 이는 자기 의견의 모순을 더 이상 감쌀 수 없게 되어도 분노한다. 의도적으로 상대의 명예를 실추시키는 이들에게 분통을 터뜨리는 논객보다도 더 격렬하게 분노하며 욕설과 멸시를 퍼붓는다."

디오티무스는 정말로 인생의 목적과 완벽한 도덕적 삶에 관해 말한 적이 있을까? 그렇다면 왜 자신이 한 말과는 반대로 살았을까? 알 수 없다. 분명한 건, 그의 이름이 라이벌 학파 설립자의 명성을 더럽힌, 악의적이고 어리석은 행위로 기억된다는 것이다.

12장 욕망을 다스릴 수 있는가

**탐
욕**

> **위대한 지적 방랑자, 키케로**(Marcus Tullius Cicero, B.C. 106~B.C. 43)
>
> 로마의 정치가, 법률가, 학자. 아르피눔(지금의 아르피노) 출신. 제정 로마로 넘어
> 가는 길목에 놓인 공화정을 수호하려 애썼으며, 카이사르와 안토니우스에 맞서
> 싸우다 피살되었다. 사후 천 년이 지나서도 르네상스와 계몽주의 사상가들에
> 게 큰 영향을 주었다.

　　마르쿠스 툴리우스 키케로를 대표적인 스토아 철학자로 생각하기
쉽지만, 사실 그렇게 부르기에는 무리가 있다. 오히려 그는 자기 자
신을 스토아 철학자라고 정의하지 않았을 것이다. 그가 스토아 철학
을 열심히 공부한 것은 사실이다. 포시도니우스에게 가르침을 받았
고, 철학자 디오도토스와 수년간 함께 살았다. 특히 디오도토스는 키
케로의 집에 머물다가 세상을 떴는데, 자신의 오래된 제자에게 전 재
산을 남겼다. 키케로는 『투스쿨룸 대화』에서 진정한 스토아 철학자

는 포시도니우스와 디오도토스뿐이라고 말하기도 했다.

사실 고대 스토아 철학이 오늘날까지 전할 수 있던 데에는 키케로의 공헌이 크다. 그는 열심히 스토아 철학을 공부했고, 그 가르침에 관한 많은 글을 남겨 후대에 전하려는 노력을 기울였다. 그러나 그자신이 스토아 철학을 따르는 삶을 살지는 않았다. 그런 이유로 키케로를 스토아 철학자라기보다는 어느 학파에도 속하지 않은 '지적 방랑자'로 보는 편이 더 적절할 것이다. 키케로는 평생 성공과 야망을 좇았지만, 결정적으로 그 시대가 요구하는 용기와 기개는 다소 부족했다. 어쩌면 그래서 더더욱 스토아 철학의 가르침을 통해 대리 만족을 얻고자 했을지 모른다.

시골 졸부 소년, 로마의 엘리트가 되다

물론 키케로는 당대의 훌륭한 인재였다. 기원전 1세기는 기존의 사회 시스템이 무너지기 시작한 시기였다. 정치적 갈등이 고조되었고, 포퓰리즘 반란이 일어났다. 자극적인 말로 대중을 선동하는 데마고그demagogue가 큰 힘을 얻었다. 사법제도는 더 이상 공정하지 않았고, 로마 공화정은 아슬아슬한 위기 속에서 점차 내리막길을 걷고 있었다. 키케로는 그런 시대에서 살아남았다.

키케로는 기원전 106년, 로마에서 남동쪽으로 약 112킬로미터 떨어진 지방 소도시 아르피눔에서 태어났다. 가문은 승마업에 종사했고, 로마 시민권을 취득한 지 얼마 되지 않은 때였다. 국가에 공헌한다는 의무감으로 정치에 뛰어들거나 공인의 삶을 살았던 기존의 스토아 철학자와 달리, 키케로는 신분 상승을 꿈꿨다.

그런 그가 어떻게 스토아 철학에 빠지게 됐을까? 키케로는 스승 포시도니우스와 디오게네스에게서 정치학을, 안티파트로스에게서 윤리학을, 파나이티오스에게서 배후의 영향력을 행사하는 법을 배웠다. 하지만 그에게 가장 큰 영감을 준 자는 혜성같이 등장한 권력자 가이우스 마리우스였다. 그는 로마 엘리트 출신이 아니었지만, 야망을 좇아 엄청난 권력과 명성을 얻은 인물이다. 마리우스도 키케로처럼 아르피눔 출신이었고, 고향에서 급부상한 시골 졸부 중 한 명이었다.

한때, 친구들이 키케로에게 성을 바꾸어 출신을 숨기는 게 어떠냐고 제안한 적이 있다. 그의 성은 병아리콩을 뜻하는 라틴어 키케르cicer에서 유래되었는데, 앞서 제논의 콩 수프 사건에서 알 수 있듯, 이 시대에 콩은 계급적인 의미를 담고 있었다. 키케로는 그 제안을 받아들이지 않았다. 대신 자신이 훌륭한 명성을 얻어, 누구도 그런 말을 할 수 없게 하겠다고 다짐했다. 그 다짐은 얼마 지나지 않아 이루어진다. 훗날 전통 귀족 가문 출신이 아닌 마리우스와 키케로가 평민 중 처음으로 원로회의 일원이 되었기 때문이다. 이들은 '새로운 사람들'이라는 뜻의 '노비 호미네스Novi Homines'라고 불리게 된다.

기원전 90년, 키케로가 16세가 되던 해에 그의 아버지는 그를 로마로 보내 대중 연설과 법률을 공부하게 했다. 아버지의 사업 인맥

덕분에 수월하게 로마에 정착할 수 있었던 키케로는 곧바로 엘리트의 삶에 빠져든다. 전기 작가 앤서니 에버릿 Anthony Everitt은 바로 이 시기에 키케로가 유명한 변호사가 되겠다는 야망을 꿈꿨다고 한다. 그는 로마의 공공 광장인 포룸 forum에서 벌어지는 흥미진진한 재판을 보며 변호사라는 직업에 매료됐다. 그의 눈에 변호사는 영화의 주연 배우처럼 보였을 것이다.

다른 젊은이들이 부모의 눈을 피해 향락을 즐기고 펑펑 돈을 써대는 동안, 키케로는 보란 듯이 공부에 매진했다. 철학자들에게 경의를 표하면서, 밤마다 500줄씩 글을 썼다. 크리시포스처럼, 키케로는 선대의 글을 읽고 쓰며 논평을 남겼다. 그가 정말로 철학과 문학을 사랑했을까? 물론이다. 하지만 그것들은 키케로에게 출세의 수단이기도 했다. 마치 운동에 타고난 재능이 있는 사람이 경기에서 이기려고 매일 열심히 훈련하듯이, 키케로에게 철학 공부는 자신의 잠재력과 야망을 실현할 수단이었다. 물론 인맥을 쌓는 일도 소홀하지 않았다. 다른 젊은이들과 어울렸고, 그중 한 명이 바로 키케로보다 여섯 살어린 가이우스 율리우스 카이사르였다.

키케로의 청·장년기는 마치 영화의 극적인 순간을 짜깁기해놓은 것 같다. 열여덟 살의 키케로는 아테네에서 로마로 온 플라톤아카데미의 학장, 라리사의 필론과 딱 붙어 다녔다. 술라의 격렬한 개혁 과정에서 일어난 첫 법률 사건을 맡았고, 권력에 맞서 여러 차례 인상적인 승리를 거두었다. 스무 살에는 수사학에 관한 첫 책을 출간해 인기 작가로 등극했다. 그 후 키케로는 좀 더 깊은 학문적 가르침을 얻고자 아테네로 떠난다. 천재는 천재를 알아보는 법. 마침내 로도스 섬에서 포시도니우스를 만나 스토아 철학을 공부하기 시작한 것이 이때로 그의 나이 스물일곱이었다.

출세 가도를 달리다

키케로는 2년 뒤 로마로 돌아왔다. 오랜 노력 끝에 깨달음을 얻은 키케로는 가히 새로운 사람이라 할 만했다. "2년 후에 집으로 돌아왔다. 많은 경험을 쌓았고, 새로운 사람으로 다시 태어났다. 목소리는 떨리지 않고 진중했으며, 숨소리는 깊었고, 체격도 좋아졌다."

내적 변화나 신념이 아닌 겉모습만을 묘사하고 있다는 점에 주목하자. 키케로의 모든 행위에 대해 우리는 이렇게 질문할 수밖에 없다. 동기는 진실했는가, 아니면 야망을 이루기 위한 계획의 일부였는가? 진정으로 자신을 단련하기 위한 것이었는가, 아니면 이력을 쌓기 위함이었나? 재능과 야망을 갖춘 사람들 모두가 스스로 던져볼 법한 질문이다.

한 신탁은 일찍이 키케로에게 이렇게 경고했다고 한다. 군중의 의견에 따르지 말고 자신의 양심에 따라 살아가라고. 하지만 키케로처럼 의욕과 야망이 넘치는 사람은 그런 경고를 귓등으로 들었을 것이다. 훗날 세네카는 누군가를 본받으려면 "소 카토가 되라"라고 말했다. 카토처럼 절개를 지키며 살고, 그 인생을 나침반처럼 삼아 자신을 돌아보라는 뜻일 것이다. 키케로는 진정한 스토아 철학자 카토와 동시대를 살았지만, 자신을 돌아보기보다는 다른 사람에게로 눈을 돌렸다. 앞서 언급한 것처럼, 마리우스를 롤 모델로 선택했다. 그는 전혀 도덕적인 인물이 아니었다. 쉽게 말하면, 도널드 트럼프나 블라디미르 푸틴 같은 사람이었다. 이 결정은 키케로가 어떤 사람인지 단적으로 보여주는 예시다.

성공을 위한 발판을 단단히 다진 키케로는, 이제 본격적으로 출세 가도를 달리기 시작했다. 정치인으로서의 오랜 꿈이 이루어지고 있었다. 서른 살에 키케로는 로마의 재무관으로 선출되었다. 법안을 만들고 청원에 답변하는 게 주요 업무였다. 낮은 관직이었지만 원로원 의원이 되려면 반드시 거쳐야 했고, 결국 키케로도 원로원 의원이 된다. 그는 자기 가문의 재산과 인맥을 어떻게 활용해야 하는지 잘 알았기에, 첫 번째 집정관 선거에서도 손쉽게 승리할 수 있었다.

물론 키케로는 좋은 일꾼이기도 했다. 플루타르코스에 따르면, 키케로는 정치인을 장인에 비유했다고 한다. 장인은 장비와 도구가 어디에 있는지, 어떻게 쓰는지 잘 안다. 그런데 정치인은 정작 동료 시민들에 대해 잘 모르고 무관심해서 안타까워했다는 것이다. 키케로는 시민들의 이름을 기억했을 뿐만 아니라, 그들이 어디에 땅을 갖고 있고 어떤 사업을 하는지, 요구사항은 무엇인지 속속들이 파악하려 애썼다.

여기서 시민의 요구사항이란 스토아 철학에서 말하는 도시와 국가의 발전, 즉 공익을 위한 요구사항이 아니다. 정치적으로 이용할 수 있는 모든 요구사항을 뜻한다. 시민은 무엇을 원했을까? 키케로는 시민을 위해 무엇을 할 수 있었을까? 키케로가 어떤 보상을 받았기에 시민의 요구사항에 적극적으로 귀를 기울였을까? 키케로가 능력 있는 정치인이었다는 것은 의심할 여지가 없다. 사실 당대 최고의 정치인이었다. 하지만 키케로 내면의 나침판은 디오게네스나 안티파트로스, 포시도니우스의 것과 다른 방향을 가리키고 있었다.

기원전 75년까지 키케로는 공직자로 일한다. 시칠리아에서 세무 징수를 하고 행정을 관리하는 재무관직을 맡게 되었을 때에도, 당대의 여느 포퓰리스트와는 달랐다. 능률적으로 도시의 행정을 이끌면서도 고급문화와 철학을 사랑했다. 시칠리아에서 머무는 동안, 키케로는 고대의 철학자이자 수학자, 발명가였던 아르키메데스의 무덤을 사방으로 찾아다녔다. 그리고 마침내 시칠리아의 도시 시라쿠사의 무성한 관목 사이에서 한 세기 반 전에 버려진 아르키메데스의 무덤을 발견한다. 그는 그다운 건방진 문체로, 아르키메데스의 무덤을 발견한 공로를 뽐냈다. "아르피눔의 한 남자가 아니었다면, 한때 학문으로 가장 유명했던 그리스의 도시가 버린 천재의 무덤을 결코 발견하지 못했을 것이다."

명예로운 경로를 걸어가다

시칠리아는 키케로의 중간 기착지일 뿐이었다. 후대의 전기 작가들은 이 시기에 명성과 명예를 사랑하는 키케로의 본모습이 잘 드러났다고 평가한다. 정확히 신탁이 경고한 행위였다. 원로원 의원이 될 수 있는 직책을 맡았지만, 더 높은 곳으로 도약하려는 계획을 짰다. 기원전 71년, 시칠리아 시민들은 탐관오리 베레스를 고발해줄 것을 키케로에게 요구했고, 키케로는 이 사건이 재무관, 조영관, 법무관, 집정관, 감찰관 순으로 올라가는 '쿠르수스 호노룸cursus honorum', 즉 '명예로운 경로'를 따라 조영관으로 승진할 발판이 되기를 바라면서 시민들의 요구를 승낙했다. 조영관이 되면 공공질서를 규제하고 집행할 수 있을 터였다. 이듬해인 기원전 70년, 키케로는 50일간 밤낮으로 수사한 끝에 베레스의 범죄 혐의를 증명하는 방대한 증거를 들고 로마로 향했다.

극적인 사건이었다. 베레스는 시칠리아 총독을 맡은 3년 동안 무려 4천만 세스테르티우스를 빼돌렸다. 당시 평민의 연 평균 소득이 800세르테르티우스였던 걸 감안하면 그야말로 천문학적인 액수였다. 키케로에게는 증거가 있었다. 공판의 모두진술(검사가 판사에게 공소장을 읽어주면서 피고인의 범죄 혐의를 말하는 행위 – 옮긴이)에서 키케로는 이렇게 말했다. "범죄를 저지른 부자에게 원로원 의원들로 구성된 법정에서 유죄 선고를 내리는 게 가능한지를 보여주는 사건입니다. 피고인은 막대한 죄를 저지르고 엄청난 부를 축적한 것 외에는 별 볼 일 없는 사람입니다. 그런 피고인이 무죄를 선고받는다면, 어떤 말로도 변명하기 어려운, 참으로 부끄러운 일이 될 것입니다. 피고인을 좋아하는 시민은 없습니다. 시민과의 유대감도, 선행을 했다는 기록이나 악행을 덜 저지르기 위한 노력도 전혀 없었기에, 피고인이 저지른 악행을 감해줄 방도가 없습니다."

키케로는 배심원들이 뇌물을 받았다는 걸 알고 있었지만, 어찌어찌 그들을 설득하는 데 성공한다. 스토아 철학이 강조한 덕목, 정의와 공정성, 그리고 진리가 구현된 위대한 날이었다. 하지만 과연 이런 덕목을 추구하기 위해 키케로가 베레스를 고발했을까? 그에게 이유는 중요하지 않다. 아무튼 이 사건으로 키케로는 조영관으로 승진한다. 일거양득인 셈이다.

키케로는 계속해 출세하고자 했고 신분 상승을 꿈꿨다. 양민을 수탈하던 베레스를 법정에서 물리친 사건을 비롯해 그의 모든 행동 이면에는 다른 동기가 숨어 있었다. 키케로는 종종 옳은 일을 했지만, 그 일을 통해 어떻게 출세할 수 있을까 하는 문제에만 머리를 굴렸다. 스토아적인 태도는 전혀 아니었지만, 어쨌든 키케로는 신분 상승에 성공한다.

스토아학파의 창시자인 제논과 제논의 후계자 클레안테스 이후, 스토아학파는 부와 지위에 무관심했다. 키케로는 스토아학파를 존경했지만, 그런 삶을 살 수는 없었다. 호사스러운 삶을 누리는 걸 마다하지 않았고 부를 좇았다. 성공한 변호사이자 정치인이 된 키케로는 안티파트로스의 조언에 따라 멋지고 부유한 여성 테렌티아와 결혼해 가정을 꾸렸다. 약삭빠른 키케로는 클레안테스와 마르쿠스 아우렐리우스가 제논의 가르침에 따라 재산 상속을 거절한 것과 달리 부모에게 상속받은 재산과 처가의 재산으로 엄청난 부자가 된다. 키케로는 라치오주 포르미아 바닷가에 있는 리조트를 포함해, 무려 아홉 개의 빌라와 다른 부동산들을 소유했다. 그중 가장 비싼 것은 고급 별장들이 즐비한 도시 투스쿨룸에 있던 빌라로, 한때 술라의 것이기도 했다.

상속받은 부만으로는 성에 차지 않았던 걸까? 키케로는 부를 축적하기 위해, 부모뿐만 아니라 다른 사람들의 재산도 교묘히 넘봤다. 기록에 남아 있는 키케로의 소득원은 볼수록 놀랍다. "계좌 장부를 보면 사실 2천만 세스테르티우스가 넘는 유산을 상속받았다. (…) 친구만이 상속인이 될 수 있었기에, 돈이 쌓일 때마다 슬픔도 함께 쌓여갔다." 키케로에게 스토아 철학을 가르쳤던 스승 디오도토스도 세상을 떠났을 때 전 재산을 키케로에게 남겼다. 그 많은 유산을 아무런 거부감 없이 덥석 받은 것도 조금 놀랍다. 그러고는 자신이 크리시포스나 디오도토스가 된 양 친구에게는 이런 편지를 썼다. "정원과 도서관이 있다면 필요한 모든 걸 가진 겁니다." 키케로의 입에서 나온 말이라고는 도저히 믿을 수 없다.

키케로는 단순하고 사색적인 삶에 만족할 수 없었고, 부와 명성을 좇았다. 하지만 그것들을 갈망하는 많은 사람이 그렇듯, 키케로 역시 부와 명성을 쟁취하기 위해 얼마나 많은 피를 흘려야 하는지 몰랐다. 그걸 깨달았을 때는 이미 너무 늦은 뒤였다.

로마의 역사가 나에게 빚지고 있다

키케로는 야망이 컸고 취향도 고급스러웠지만, 부패와는 선을 그었다. 많은 로마 정치인처럼 뇌물을 받지 않았다. 존경받고 정직한 공무원이었던 그는 변호사 수임료도 거부했다. 물론, 이미 천문학적 액수를 상속받았기에 더 쉽게 청렴한 공무원으로 살아갈 수 있었을 것이다.

재무관과 조영관을 거쳐, 키케로는 기원전 67년 서른아홉 살의 나이로 법무관직에 오른다. 법률상으로는 마흔이 되어야 오를 수 있었지만, 권력자 폼페이우스의 지원으로 한 살 어린 나이에도 관직에 오를 수 있었다. 이를 발판 삼아 수 년 뒤에는 가장 높은 공직인 집정관으로 선출된다. 매우 빠른 속도로 최고 관직에 오른 것이다. 그 당시에는 로마의 엘리트 가문 출신만이 상원 위원장이나 로마 군대의 지휘관 또는 집정관이 될 수 있었다. 역사학자 제라드 레이버리 Gerard Lavery에 따르면, 로마 공화국의 마지막 150년 동안 단 열 명만이 '노비 호미네스' 출신의 집정관이 되었다. 그리고 격변기인 기원전 93년에서 43년 사이, 평민 출신으로 집정관이 된 인물은 키케로가 유일하다.

키케로가 정상에 올랐다는 건 논쟁의 여지가 없는 사실이다. 그는 집정관 자리를 두고 루키우스 세르기우스 카틸리나, 마르쿠스 안토니우스와 경쟁했다. 키케로는 자신의 장점을 살렸다. '잔인하고 부패한' 카틸리나가 공화국을 탈취하려는 음모를 꾸미고 있다며 원로원과 시민에게 경고했고, 그 결과 키케로가 당선되었다. 하지만 그는 어떤 대가를 톡톡히 치러야 하는지 몰랐던 것 같다. 카틸리나가 음모를 꾸민 것이 사실이든 아니든, 분명한 건 그가 복수를 위해 물불을 가리지 않을 것이란 점이었다.

키케로가 집정관에 취임한 기원전 63년에 로마는 심각한 경제 위기를 겪었다. 로마의 적국들은 동부 무역로를 폐쇄했고, 엎친 데 덮친 격으로 실업률도 높아졌다. 불황으로 각계각층이 신음했고 사회적 긴장이 고조되었다. 키케로는 귀족과 평민의 정치적 이해를 수렴하는 계급의 화합을 약속했다. 물론 속뜻은 시민 다수의 불만이 폭발하는 걸 막겠다는 거였다. 오래전, 포시도니우스와 디오도토스로부터 공정의 미덕을 배웠지만, 사실 공정 문제는 그의 최고 관심사가 아니었다.

키케로는 선거 뇌물죄에 대한 처벌을 확실히 하기 위해 뇌물을 받은 사람을 로마에서 10년간 추방하는 법안을 통과시켰다. 좋은 법안이었지만, 과연 오로지 시민만을 위한 법안이었을까? 자신의 정적을 제거하려는 목적은 아니었을까? 어쨌든, 카틸리나는 키케로가 자신을 겨냥해 이 법을 통과시켰다고 믿고, 키케로 일파를 원로원에서 암살하려는 계획을 세웠다. 이를 눈치 챈 키케로는 카틸리나가 음모를 꾸민다며 사람들에게 편지를 보내 호소하는 한편, 원로원을 소집해 역사에 길이 남을 연설을 한다. "카틸리나여! 언제까지 시험할 작정인가, 우리의 인내를. 언제까지 모르는 척 시치미뗄 작정인가, 그대의 무모한 행위를. 그대의 끝없는 야망을 실현하기 위해 다음에는 어떤 법에 호소할 작정인가? 시대와 원칙에 부끄러운 줄 알라!"

키케로는 카틸리나의 처형을 요구했다. 청중석에 앉아 있던 카틸리나는 엘리트 출신이 아니라 자수성가한 자를 믿을 수 없다며 냉소적으로 받아쳤지만, 키케로처럼 뛰어난 연설가가 아니었던 탓인지 원로원을 설득하기에는 역부족이었다.

카틸리나는 자신을 기다리고 있던 군대로 도망쳤고, 키케로는 결과적으로 자신이 옳다는 걸 증명했다. 카틸리나는 반역자가 됐지만, 실제로 그가 얼마나 위협적이었는지는 논란이 있다. 오늘날 역사학자들은 권력을 탐했던 키케로가 정적을 제거하려는 개인적 의도로, 국가가 처한 위험을 상당히 과장했으리라 의심한다.

어찌되었든 키케로를 신뢰한 원로원은 그에게 모든 힘을 실어주어 공화정을 위협하는 인물을 끌어내렸다. 공화정도 키케로 자신도, 로마가 실존적 위협에 직면했다고 믿었다. 카토도 키케로에게 정의 구현을 요청하면서, 범죄자들이 법의 심판을 받도록 촉구했다. 당시 키케로는 절대 권력을 손에 쥐고 있었지만, 이를 휘두르는 걸 주저했다. 도덕적인 이유로 주저한 건 아니다. 언제나 그랬듯이, 그 과정에서 자신의 명성이 더럽혀질까 봐 고민한 것이다. 우유부단한 키케로를 설득한 건 아내 테렌티아로, 그는 카틸리나 일파를 척결해야만 권력을 쥐고 휘두르는 힘이 누구에게 있는지 남들에게 보여줄 수 있다고 말했다.

결국 키케로는 음모를 꾸민 자들에게 사형을 내렸고, 카틸리나와 그의 최측근 외에도 수천 명의 지지자가 목숨을 잃었다. 원로원은 반란을 진압한 키케로에게 감사의 뜻을 표하며, '조국의 아버지'라는 칭호를 하사했다. 하지만 그 과정에서의 극단적인 행보는 생애 내내 꼬리표가 되어 따라다녔다. 역사적으로도 키케로와 카틸리나 사건을 떼어 놓고 생각할 수 없다.

플루타르코스에 따르면, 이후 키케로는 자신의 업적을 미화하기 시작한다. "원로원 회의나 민회, 재판이 열릴 때마다 시민들은 카틸리나 이야기를 귀가 따갑게 들어야 했다. 사람을 언짢게 하는 키케로의 잘난 척하는 습관은 운명처럼 그를 따라다녔다." 인정과 칭찬은 받아도, 받아도 부족했다. 책과 글을 자화자찬으로 가득 채웠으며, 자신이 집정관으로 있었을 때의 이야기를 52권의 분량의 책으로 써 달라고 포시도니우스를 설득하기도 했다. 그가 거절하자, 키케로는 기원전 62년 폼페이우스에게 자신의 업적을 책 한 권 분량으로 적어 보냈다. 폼페이우스는 아무 말 없이 어깨를 으쓱했다. 키케로는 미지근한 반응에 구애받지 않았다. 자신이 반역자로부터 국가를 구해냈다고 확신했고, 로마의 역사가 자신에게 빚을 지고 있다고 생각했다.

기울어진 운명

역사학자 헨리 조셉 해스컬 Henry Joshep Haskell 은 키케로의 성격적 모순을 포착해 기술했다. 키케로는 다방면에서 뛰어난 재능을 갖추었고, 각 철학 학파에서 가장 현명하다고 생각되는 내용만 쏙쏙 골라서 흡수할 만큼 영리했다. 하지만 사람들을 이끄는 위대한 지도자가 되기에는 너무 예민했으며, 허영심이 많고, 감정에 쉽게 휘둘렸다. 공적으로 해결할 문제가 생길 때면, 문제의 양면성을 너무 잘 안 나머지 어느 편을 들어야 하나 우왕좌왕했다. 항상 의심을 떨쳐버리지 못했으며, 종종 앞만 보고 달려가야 할 때에도 그러지 못했다. 그러면서도 남을 미워하는 일에서는 빠지지 않았다. 누군가를 증오하기 시작하면, 뒤돌아보지 않았고 그 감정에 휘둘렸다. 키케로는 스토아 철학이 '열정'에 대해 경고한 것을 알고 있었지만, 스스로 그 고삐를 죄는 데는 소홀했다. 결국 그런 기질은 시간이 지날수록 부메랑이 되어 돌아왔다. 포시도니우스가 경고한 인물들처럼, 키케로도 자신이 원하는 것을 대부분 얻었지만 결국 후회하게 된다.

집정관 시절은 키케로의 인생에서 가장 빛나는 순간이었다. 하지만 그 후 비틀거리며 내리막길을 걷게 된다. 신탁이 예언했듯, 나라를 구한 키케로에 대한 군중의 마음은 오래가지 못했고 군중은 다른 이에게 시선을 돌린다. 기원전 60년, 카이사르, 폼페이우스, 그리고 크라수스는 손을 잡고 민중의 지지를 기반으로 삼두정치를 시작한 뒤, 원로원에 맞서며 원로원파의 리더였던 키케로를 따돌린다. 기원전 58년에는 시민들을 재판 없이 사형에 처했다는 이유로 키케로를 추방하는 법안이 통과된다. '조국의 아버지' 키케로는 로마에서 도망쳤고, 재산권은 박탈당했다. 세네카는 당시 키케로의 삶에 얼마나 짙은 그림자가 드리웠는지, 또 그를 향한 운명의 시곗바늘이 얼마나 빠르게 돌아가고 있었는지를 묘사한다. "카틸리나가 반역에 성공했다면 키케로에게 자행했을 일들이 실제로 벌어지고 있었다."

키케로는 불과 1년 후 귀향 허가를 받아 로마로 돌아왔지만, 이미 로마에는 되돌릴 수 없는 변화의 기운이 감돌았다. 키케로는 정계와 도시 생활에서 한 발짝 거리를 두고, 저술 활동에 매진하고 철학을 공부했다. 이탈리아 남부 쿠마에에 있는 별장 근처 파우스투스 술라의 서재에서 시간을 보냈다. 그곳은 한때 스토아 철학자 블로시우스의 집이었다.

기원전 56년, 그곳에서 키케로는 카토와 루틸리우스의 수사학을 비교해 『웅변가론』을 저술한다. 루틸리우스가 선택한 간결한 스토아적 변론 방식이 고발자들의 마음을 돌릴 수 없었음을 지적하면서, 만약 유려하게 변론했으면 목숨을 부지할 수 있었을 거라 주장한다. 또한 키케로는 로마의 미래를 염려하며 『국가론』과 『법론』에서 스토아 철학자인 바빌론의 디오게네스와 파나이티오스의 이야기에 이런 우려를 담아냈다.

이렇게 많은 책을 저술했으나 키케로는 정말 중요한 부분을 보지 못했다. 바로 사람들이 살아왔던 삶이다. 그들이 어떤 성품을 갖고 노력을 기울였으며, 어떤 목적을 지향하며 살았는지는 보지 못했다. 즉, 스토아 철학자들이 공통으로 주장하는 핵심 가치를 놓친 것이다.

기원전 51년, 키케로는 로마의 속주 중 하나인 킬리키아의 총독으로 부임한다. 이는 로마 한복판에서 벌어지는 거센 정치 싸움에서 벗어나, 자신의 입지를 회복하는 데 조금은 도움이 되었다. 하지만 어디까지나 잠시 쉬어가는 시간에 불과했다. 이미 로마와 키케로의 운명은 기울고 있었다.

언젠가 키케로는 모든 일은 작은 일에서부터 비롯된다고 쓴 적이 있다. 자기 인생이 불과 몇 년 안에 놀라울 정도로 빠르게 끝을 향해 달려갈 수 있다는 것도 알게 되었을 것이다. 기원전 49년, 키케로의 친구이자 동료, 그리고 정적인 카이사르는 루비콘강을 건넌다. 카이사르의 야망은 키케로의 야망보다 뒤늦게 타올랐고 자기애도 덜했지만 훨씬 더 공격적이었다. 그는 한 번 펼친 포부를 거둘 줄 몰랐고, 더욱이 그를 두려워하며 믿고 따르는 강력한 군대가 그의 야망을 뒷받침했다.

카이사르가 루비콘강을 건너 로마로 진군하자 내전이 일어났고 기원전 48년, 한때 삼두정치를 이끈 동료이자 카이사르의 강력한 정적인 폼페이우스가 세상을 떠난다. 이제 카이사르를 막을 사람은 아무도 없었다. 운명이 한 남자에게 날개를 달아주었을 때, 키케로 역시 주사위를 던져야만 했다. 야심에 찬 투쟁가인 그는 현실을 받아들일 수 없었다. 그러나 이미 키케로는 중요하지 않은 일에 모든 힘을 써버린 상태여서, 정작 힘을 써야 할 때 맥을 못 췄다. 카틸리나의 반란이 역사에 이름을 남길 수 있는 큰 사건이라고 생각하고 너무 성급하게 대처한 까닭이었다. 그로 인해 명성을 얻었지만, 사실 헛된 승리였다.

공화국의 앞날은 풍전등화였다. 군중을 설득하고 사람들의 마음을 움직이는 방면에서 키케로의 재능은 독보적이었지만, 한계가 있었다. 그의 뛰어난 능력도 역사를 한편으로 만들기에는 역부족이었다. 그는 이빨 빠진 호랑이 같았다. 아니면 겁쟁이였을 수도 있다. 공화정을 지키기 위해 군대를 동원하자는 이야기가 나왔지만, 키케로는 단번에 거절했다.

오직 자신의 신념을 철저히 따랐던 스토아주의자 카토만이 시대의 흐름에 맞서 싸울 배포가 있었다. 물론 배포만으로 흐름을 바꾸기엔 부족했지만. 기원전 46년, 카토는 아프리카 북쪽 해안에 위치한 도시 우티카에서 자살함으로써 공화정의 순교자가 됐다. 키케로는 어땠을까? 그는 자신이 존경했던 스토아 철학의 힘을 말과 글로 표현하는 데 능숙했지만, 행동으로 옮길 힘은 부족했다. 키케로는 카이사르에게 로마를 양보하고, 고삐 잡힌 말의 처지가 되고 만다.

권력을 잃었으나 불멸의 이름을 남기다

카토가 카이사르에게 굴복하는 대신 자살로 삶을 마감했을 때, 키케로는 그를 위한 추도문을 썼다. 비록 50단어밖에 되지 않는 글이었으나, 카이사르 일파의 신경을 거스르지 않으려 몇 번이고 고쳐 썼다. 카토와 키케로, 둘 다 로마를 위해 일했지만, 키케로는 카토와 달리 자신의 이익에만 집중했다. 카토가 추구한 것은 진정한 용기였지만, 키케로가 추구한 것은 자신의 생명과 명예였다.

키케로는 카토보다 몇 년 더 살 수 있었다. 하지만 스토아 철학자는 제 목숨을 위해 현실과 타협한 키케로에게 이렇게 물을 것이다.

"고작 몇 년을 더 살려고, 그런 대가를 치른 것인가?"

어쨌든 그런 태도 덕분에 키케로는 계속해서 글을 쓸 수 있었고, 그 결과 그리스와 로마의 가교 역할을 할 수 있었다. 특히 윤리학 분야에서 키케로보다 그리스와 라틴 윤리학 문헌을 잘 꿰고 있는 사람은 없다. 결국 그는 정치적 공적이 아니라, 필력으로 후대의 명성을 얻었다.

키케로는 다시 스토아 철학의 지혜에 기대 혼란의 시대를 견뎌냈다. 기원전 46년, 키케로는 『스토아 역설』을 써서 마르쿠스 브루투스에게 헌정한다. 진지한 철학적 탐구보다는 수사학에 더 초점을 맞추고 있지만, 그가 꼽은 여섯 가지 역설은 오늘날에도 교훈을 준다.

첫째, 덕이 유일한 선이다.
둘째, 덕을 추구하면 행복해질 수 있다.
셋째, 덕행과 악행은 본질적으로 같다.
넷째, 외적 가치만 따르는 어리석은 이들은 모두 미쳤다.
다섯째, 의무를 따르는 현자만이 진정으로 자유롭다.
여섯째, 지혜로운 사람만이 진정한 부자다.

키케로의 주장은 논리가 아닌 상식에 기댄 것에 가깝다. 오늘날 스토아 철학이 한창 바쁘게 살아가는 이들의 관심을 끈 이유도 역발상 때문일 것이다. 먹고살려면 돈이 필요하고 건강해야 하는데, 어떻게 덕이 유일한 선이 될 수 있을까? 거짓말이 살인만큼 나쁠까? 철학자는 대부분 찢어지게 가난했는데, 어떻게 부자라고 할 수 있을까? 키케로는 제논, 클레안테스, 아리스토 등의 주장을 자유자재로 넘나들며 깨달음을 전했다.

아이러니하게도 야망과 우유부단함, 평판을 신경 쓰는 태도 등 정치에서 키케로에게 독이 되었던 요소들은 철학을 연구하는 데는 약이 되었다. 스토아학파의 엄격함과 정밀함 그리고 체계적인 윤리적 사고에 매료되었던 그는 종종 회의학파와 사소한 문제도 끈질기게 토론했고, 어떤 면에서는 플라톤학파의 입장을 견지하기도 했다. 한 주제로 토론하면 그 주제의 모든 측면에 관해 논의하는 면은 카르네아데스와 비슷하기도 했다. 주변 사람들은 짜증을 냈겠지만, 이런 태도 덕분에 키케로가 남긴 다양한 글을 읽을 수 있게 되었다. 그의 글에는 세상을 바꿀 만한 뛰어난 사상들이 담겨 있었다. 기독교 성인인 히에로니무스는 성경보다 키케로의 작품을 더 좋아하게 됐다며 걱정했고, 아우구스티누스는 키케로의 『호르텐시우스』를 읽고 철학에 심취하게 되었다. 세네카와 다른 스토아주의자들도 키케로의 글을 즐겨 읽었다.

하지만 작가가 아닌 한 사람의 리더로서, 여러 방면에 발을 걸쳐 놓고 간을 보는 태도는 키케로의 불명예로 남는다. 말년에 키케로는 자신이 했던 일들의 대가를 치르기라도 하듯 쉬지 않고 글을 썼고, 운명에서 벗어나기 위해 처절하게 발버둥쳤다. 20대 초반에 쓴 수사학 책을 제외하고, 그의 유명한 작품은 대부분 기원전 56년에서 기원전 44년 사이에 쓰였다. 그중에서도 대다수는 정치적으로 실각한 기원전 46년에서 기원전 44년 사이에 쓰였다.

조용히 저술 활동에만 몰두했다면, 당대의 더 많은 사람이 그를 흠모했을지도 모른다. 플루타르코스에 따르면, 카이사르가 부서진 폼페이우스의 동상을 재건했을 때 키케로도 그 자리에 있었다고 한다. 그는 자신이 바라던 방식으로, 카이사르에게 아첨했다. 키케로는 <u>흐느끼며</u> 말했다고 한다. "폼페이우스의 동상을 재건한 건 당신의 동상을 확고히 세운 일이나 다름없습니다." 폼페이우스나 카토가 이 말을 들었다면 무덤에서도 벌떡 일어났을 것이다.

반면교사의 대표자

기원전 45년, 키케로가 아끼는 딸 툴리아가 세상을 떠났다. 몇 년 후, 그는 사랑하는 사람을 잃은 친구 브루투스에게 조언을 해주었는데, 그 내용을 살펴봤을 때 아마 스토아 철학이 딸을 잃은 그에게 큰 위로가 된 듯하다. 하지만 그에겐 더 잃을 것도, 재기할 기회도 없었다. 오직 글과 휘청거리는 야망만 남아 있었다. 정치 경력은 끝났고 인생은 무너지고 있었다.

키케로는 계속해서 철학에 관해 글을 썼지만, 철학적으로 살지는 못했다. 스토아 철학에 관한 책을 썼지만, 진정으로 그 가르침을 가슴에 담지는 않았다. 키케로는 디오티무스처럼 어떤 행위가 바람직하지 못한지를 보여주는 인물이었다. 어찌 보면, 이런 태도가 키케로의 철학을 완성하는 데 큰 공헌을 했을 것이다. 제논부터 크리시포스, 루틸리우스나 카토까지, 스토아 철학의 부족한 점을 살펴보면서 동시에 그 사상이 왜 중요한지 증명했다.

키케로는 친구 브루투스에게 『투스쿨룸 대화』를 바쳤고, 브루투스는 그 보답으로 스토아 철학에서 영감을 받은 책 『덕에 관하여』를 헌정했다. 키케로와 달리 브루투스는 스토아 철학에 살짝 발만 담근 사람이 아니었다. 카토처럼, 진정한 철학자처럼, 사랑하는 조국을 위해서 어떤 위험도 불사할 준비가 되어 있었다. 브루투스는 자신과 키케로가 한때 사랑했던, 그러나 공화정을 무너뜨리고 있는 독재자 율리우스 카이사르를 암살할 준비를 하고 있었다. 브루투스가 카시우스와 반역을 논했을 때, 키케로는 지나치게 우유부단하고, 의도적이든 아니든 상황을 악화시킬 것 같다는 이유로 제외됐다. 한마디로 키케로는 중요한 순간에는 신뢰하기 어려운 사람이었다. 진정한 스토아 철학자가 되기에는 부족한 면이 많았다.

훗날 셰익스피어는 그 상황을 이렇게 표현했다.

카시우스: 그럼 키케로는 어떻게 하죠? 의중을 떠볼까요? 든든한 우리 편이 될 것 같습니다만….
브루투스: 오, 그 이름은 거론하지 맙시다. 그분은 떼어놔야 합니다. 남이 시작한 일을 따를 사람이 아닙니다.

카시우스와 브루투스는 키케로의 용기가 부족하고 자존심이 너무

세서 일을 그르칠까 봐 두려워했다. 역사는 그들의 혜안을 증명한다. 카이사르가 피살된 후, 키케로는 이 일에 슬쩍 숟가락을 얹으려고 한다. 브루투스가 단검으로 카이사르를 찌를 때, 자신의 이름을 외쳤다고 주장한 것이다. "그가 왜 굳이 나의 이름을 불렀겠습니까? 전 알고 있었습니다. 브루투스는 저와 비슷한 업적을 이룬 후, 그 영광을 두고 경쟁하기 위해 제 이름을 불렀을 것입니다."

셰익스피어는 지나간 날은 서막에 불과하다고 말했다. 키케로의 삶도 마찬가지였다. 명성에 대한 끝 모를 욕구와 갈대처럼 흔들리는 신념은 그를 파멸로 이끌었다. 카이사르가 세상을 떠났어도 시대는 키케로가 아닌 젊은 옥타비아누스와 마르쿠스 안토니우스에 주목했다. 키케로는 그들 사이에서 또다시 잘못된 선택을 한다. 그리고 정작 자신이 일으킨 것이나 다름없는 내전에 참여하는 일은 주저한다.

이런 키케로의 마지막 작품은 놀랍게도 의무를 다룬다. 키케로는 명성과 명예만 좇았을 뿐, 단 한 번도 철학적 의무를 위해 봉사한 적이 없었다. 그는 자신의 의견에 의심을 표하는 사람들을 비판하는 데 온 힘을 쏟았다. 어떤 경우에도 자신이 옳다는 걸 증명하는 것, 그게 바로 키케로 내면의 동기였다.

그러나 자신의 도덕심은 부족할지라도, 자식에게만큼은 부모로서 강한 도덕 관념을 심어주고 싶었던 것 같다. 스물한 살의 아들 마르쿠스는 마치 선과 악의 갈림길에 서 있던 헤라클레스처럼 덕을 저버리고 나쁜 길로 빠질 위험에 처해 있었다. 키케로는 아들이 파멸의 길로 들어서지 않도록 스토아 철학자 디오게네스, 안티파트로스,

파나이티오스, 그리고 포시도니우스의 윤리론과 실질적인 계율들을 소개한다.

키케로는 『의무론』에서 이런 메시지를 남겼다. "철학은 중요하고 삶에 유용한, 많은 문제를 던진다. 철학자들이 오랫동안 신중하게 다룬 주제이자 실생활에 가장 넓게 적용할 수 있는 가르침은 바로 도덕적 의무에 관한 것이다. 공적인 삶이든 사적인 삶이든, 일터에 있든 집에 있든, 자기 일에 매진하든 다른 사람과의 일에 신경을 쓰든, 모든 일에는 도덕적 의무가 따른다. 도덕적으로 옳은 일을 하면 그 의무를 따르는 것이고, 도덕적으로 그른 일을 하면 그 의무를 소홀히 하는 것이다."

키케로가 쓴 다른 책처럼 『의무론』 역시 아주 유려한 언어로 쓰인 훌륭한 책이다. 유일한 옥에 티라면, 그 내용을 정작 자신의 삶에서 실천하지 못했다는 점이다. 결국 키케로가 사랑했던 미사여구는 양날의 검이 되어 돌아온다. 그는 루틸리우스가 유려한 언어로 자신을 변호했으면 목숨을 구했을 거라고 책망한 적 있다. 그리고 자신은 그 유려한 언어로 자기 무덤을 판다.

기원전 44~43년, 풍전등화의 처지로 전락한 키케로는 무려 열네 차례에 걸쳐 안토니우스를 탄핵하는 연설을 했다. 이른바 '필리피카 연설'을 통해, 그는 안토니우스를 끌어내리고 카이사르의 조카 옥타비아누스가 권력을 얻게끔 도왔다. 물론 옥타비아누스도 안토니우스와 크게 다를 바 없이 권위적이고 권력 지향적인 인물이었다. 키케로는 원칙에 입각하는 대신 분열만 조장했다. 고대 아테네의 저명한 웅변가이자 야심에 찬 정복자 필리포스 2세에 대항했던 데모스테네스의 고귀한 연설과 비교하면, 키케로의 연설은 품격이 없었다. 진리를 추구하려는 목적이 아닌, 세상의 이목을 얻기 위한 것이었으므로.

스스로 무덤을 파다

~~~

필리피카 연설은 키케로를 패망으로 이끄는 지름길이었다. 카이사르가 죽은 뒤 제2차 삼두정치를 이끈 옥타비아누스, 안토니우스, 그리고 레피두스는 키케로의 처분을 두고 며칠 동안 궁리를 했다. 몇 년 전 키케로가 정적을 제거한 방식처럼, 그들도 키케로를 재판에 넘기지 않은 채 살생부에 올렸다. 키케로는 도망치려 했지만, 마음이 흔들려 다시 로마로 돌아왔다. 카토처럼 자결해 명예롭게 생을 마감할까 고민했지만, 결정적 순간에 손이 떨리고 마음을 다잡지 못했다.

키케로는 오랫동안 자신의 청사진에 관해 이야기했다. 의무에 관한 글을 썼고, 역사 속 위인들을 존경했다. 수많은 업적을 이뤘고, 많은 저택을 소유했으며, 명예를 얻었다. 좋은 학교에 다녔고, 올바른 직업을 가졌다. 비록 출신은 한미했지만 누구도 조롱하지 못하도록 자신의 명성을 높이 쌓아 올렸다. 로마 정치권에 혜성같이 나타나 한동안 타의 추종을 불허하는 활약을 했다.

하지만 그 모든 걸 이루기 위해서 타협도 자주 했다. 스토아 철학의 엄격한 측면, 즉 자제력과 온건함, 그리고 의무와 책임의 중요성은 무시했다. 군중의 환호에 정신이 팔려 양심의 소리에 귀 기울이지 않았고, 신탁의 경고를 귓등으로 들었다. 포시도니우스와 제논의 가르침을 더 잘 따랐다면, 그의 삶은 비록 크게 달라지지 않았을지언정 더 안정적이었을 것이고, 굳은 심지를 갖게 되었을지도 모른다.

되돌아보면 키케로의 삶은 속 빈 강정 같았다. 잔인한 운명이 그림자를 드리울 때, 자기 좋을 대로만 하는 그의 성격은 전혀 도움이 되지 않았다. 수많은 스토아주의자가 의지한 내면의 '정신적 요새'도 키케로에게는 없었다. 요새를 지을 기회는 충분히 있었지만, 자신이 짓지 않았기 때문이다. 이제 키케로가 할 수 있는 일은 그저 타인의 자비를 바라는 것뿐이었다. 하지만 자비는 없었다. 쫓겨서 도망치다가 지쳐 쓰러진 짐승처럼, 키케로는 싸움을 포기하고 죽음을 기다렸다. 암살자들은 나폴리와 로마 중간쯤 위치한 도로에서 그를 발견했다. 그들은 키케로의 목을 베고, 손과 혀를 잘랐다. 그것들은 포럼과 안토니우스의 저택에 전시되었다. 키케로의 말로는 비참했고 종말은 갑작스러웠다.

카이사르파 군인 가이우스 아시니우스 폴리오가 쓴 비문만큼 키케로라는 인물의 생을 통찰력 있게 드러낸 말이 있을까. "성공 가도에 올랐을 때 자제력을 가지고 자기 자신을 통제했다면, 더 큰 인내심으로 역경을 견뎠다면 (…) 좀 더 고결하게 상대와 싸울 수 있었을 것이다."

13장 어떻게 진정한 나로 살 것인가

원칙

타협을 모르는 철인, 카토(Marcus Porcius Cato Uticensis, B.C. 95~B.C. 46)
청렴하고 강직한 정치인이자 철학자, 로마 공화정의 수호자. 정적 카이사르에
맞서 전통 규범을 지키려 했으나, 결국 내전에서 패해 자살했다. 동명인 증조부
'대 카토'와 구별해 '소 카토'라 불린다.

종종 무쇠처럼 강한 인간이 탄생한다. 그런 철인은 신화와 전설,
그리고 역사로 남는다. 그들의 삶을 살펴보면 '맙소사, 어떻게 그런
일을 했을까?', '그 힘은 어디서 나온 걸까?', '그런 사람이 다시 등장
할까?' 같은 의문이 들기도 한다.

흔히 '소 카토'라 알려진 마르쿠스 포르키우스 카토는 역사를 빛
낸 철인 중 하나다. 심지어 당시에도 "모두가 카토 같을 수는 없다"
라는 말이 있을 정도였다.

카토는 남들보다 강인한 유전자를 대대로 물려받은 듯하다. 기원전 95년에 태어났는데, 평민이었던 가문은 카토가 태어날 무렵에는 신흥 귀족으로 자리를 잡았다. 증조부인 대 카토는 천부장부터 시작해 재무관, 조영관, 법무관을 거쳐, 기원전 195년에는 집정관직에 올랐다. 농장을 운영해 큰돈을 버는 한편, 급변하는 문화에 맞서 로마의 전통 규범을 뜻하는 '모스 마이오룸Mos maiorum'을 잘 지켜 이름을 떨쳤다. 대 카토는 기원전 155년 철학자들을 앞세운 그리스 사절단을 로마에서 내쫓으려 한다. 아이러니하게도 증조부가 반대한 그리스 철학은 후손인 소 카토의 삶에 지대한 영향을 미치게 된다. 아테네 철학자들을 열심히 내쫓으려 했는데, 정작 후손은 유명한 스토아 철학자가 되다니. 이보다 더 드라마 같은 일이 있을까.

하지만 카토는 카르네아데스나 크리시포스 같지는 않았다. 포시도니우스 같은 천재 철학자와도 결이 달랐다. 카토 전후의 스토아 철학자 대부분이 말과 글로 이름을 떨쳤다면, 그는 유일하게 말뿐만 아니라 행동으로도 명성을 얻었다. 기념비처럼 우뚝 선 그의 삶은 그 어떤 철학자의 말이나 글보다 더 찬란하게 빛났다.

스토아 철학의 원칙을 통해 정계 거물이 되다

처음에는 아무도 카토가 이렇게 명성을 떨칠 줄 몰랐다.

카토 이전 세대인 클레안테스나 거의 2천 년 후에 등장한 윈스턴

처칠처럼, 카토는 학창 시절 초기에는 다른 학생들에 비해 전혀 두각을 나타내지 못했다. 가정교사였던 사르페돈은 카토가 말을 잘 듣고 부지런하지만, 이해력이 떨어지고 행동이 굼뜨다고 생각했다. 하지만 돌에 글을 새기면 지워지지 않듯, 카토는 한 번 마음에 가르침을 새기면 결코 잊지 않았다.

문제가 전혀 없는 학생은 아니었다. 품행이 건방지고 극성스러웠다는 평가도 있다. 말 잘 듣는 소년이 말썽을 피우는 모습을 상상하기 어렵지만, 선생이 시키는 모든 일의 당위성을 일일이 설명해달라고 요구했다고 한다. 다행히도 사르페돈은 어린 제자를 강압적으로 대하는 대신 논리적으로 설명해주고 격려했다.

어차피 그에게 무력은 소용없었을 것이다. 카토가 네 살 무렵, 한 힘센 군인이 집에 찾아와 시민권 문제에 관해 언쟁을 벌인 일이 있었다. 군인은 카토를 시켜 후견인이자 호민관인 그의 삼촌에게 자기 입장을 전해달라고 부탁했지만 카토는 군인의 말을 무시했다. 공손하지 않은 태도가 언짢았던 군인은 카토의 발을 잡고 발코니 밖에서 몸통을 거꾸로 매단 채 위협했다. 그런데도 카토는 겁먹지 않았고 비명을 지르거나 눈도 깜빡이지 않았다. 군인은 그처럼 강단 있는 사람으로 로마가 가득하다면 아무도 설득하지 못할 것이라고 말했다. 이 사건은 카토의 인생에서 첫 번째 정치적 전투로 평가되기도 한다.

그의 결단력 아래에는 분명 정의와 자유에 대한 깊고도 다소 강박적인 헌신이 있었다. 카토는 아이들이 놀 때도, 강한 아이가 약한 아이를 괴롭히는 걸 보고만 있지 못했다. 더 나이 많은 아이로부터 어린아이를 보호하기 위해 발 벗고 나섰다. 한번은 술라의 집에 방문한 뒤, 사르페돈에게 왜 그토록 많은 사람이 술라에게 경의를 표하고 굽실거리는지, 정말 술라가 그렇게 인기가 많은지 물었다. 사르페돈은 그들이 술라에게 경의를 표한 건, 그를 사랑해서가 아니라 두려워해서라고 설명했다. 그러자 카토가 말했다. "왜 제게 칼을 쥐어주지 않습니까? 그 자를 죽이고 조국을 구할 수 있을 텐데요!"

플루타르코스도 거침없다고 표현했던, 걸핏하면 화를 내는 제자의 격렬한 성격이 걱정됐던 사르페돈은 그 분노와 의기를 올바른 곳에 쏟기를 바라면서 카토를 스토아 철학으로 인도했다. 그로부터 오랜 세월이 지난 후, 미국의 초대 대통령 조지 워싱턴은 정치적 음모에 휘말리거나 고난에 처했을 때 자신이 만든 연극을 떠올리곤 했다. 카토에게 영감을 받아 만든 그 연극을 통해, 자기 삶을 철학의 잔잔한 빛 아래에서 바라보았던 것이다. 카토처럼 불같은 성질을 가지고 태어난 워싱턴은 자신의 열정보다 헌법 질서가 우선시되어야 하는 걸 알고 있었다. 의지가 강한 지도자는 대부분 성질이 거세다. 자신의 그런 품성을 용기와 절제로 누를 줄 아는 사람만이 진정 위대한 지도자로 추앙받는다.

카토는 티레의 안티파트로스의 밑에서 공부하면서 스토아 철학의 기초를 닦았다. 하지만 동시대를 살았던 많은 스토아주의자와 달리, 그는 철학과 웅변술을 함께 공부했다. 루틸리우스는 침묵이라는 자기만의 방법으로 스스로를 변호했지만, 카토는 조금 다른 방식을 택했다. 카토는 무조건 말을 아끼지는 않았고, 말하는 게 분명히 나은 상황에서는 입을 열었다. 그래서 그가 침묵을 깨고 말을 할 때는 설득력이 있었다. 플루타르코스에 따르면, 카토는 대중의 마음을 움직일 수 있는 공개 연설을 연습했다고 한다. 사르페돈이 걱정했던 분노의 기질은 스토아 철학과 수사학 훈련을 통해 정의에 대한 열정으로 승화됐다. 그리고 그것들은 카토라는 인물의 특성과 정치적 색채를 대표하게 됐다. 플루타르코스는 카토가 엄격하게 정의를 지키는 '선'을 추구했다고 한다. 순간의 자비심이나 타인의 호의에 휘둘리지 않았고, 강압에 굽히지 않았다. 이러한 단호하고 겁 없는 성격, 스토아적 윤리 원칙, 호소력 있는 대중 연설 기술로 무장한 카토는 정계 거물로 성장했다. 그 과정에서 민심을 돈으로 매수하지 않았다는 점에서도, 그는 흔치 않은 인물이었다.

고집스러운 태도 속에 숨겨진 다정함

정치인으로서 이름을 떨치기 전, 카토는 군인으로 활약했다. 기원전 72년, 스파르타쿠스가 일으킨 제3차 노예 전쟁에 자원했는데, 다른 사람이 자기 대신 전쟁에 참여해 희생하는 걸 가만히 지켜볼 사람이 아니었다. 그에게 참전은 당연한 선택이자 조국을 위해 기꺼이 감내할 만한 희생이었다. 이러한 실천을 통해 카토는 철학자로 재탄생했다. 전투에서 두려움 없이 몸 바쳐 싸웠고, 모든 시민이 당연히 그래야 한다고 믿었다.

기원전 68년, 카토는 아버지에 이어 스물일곱의 나이로 천부장이 되었다. 호민관들이 업무를 보던 공개 토론장인 포르키아 성당은 카토의 증조부인 대 카토, 마르쿠스 포르키우스 카토의 이름을 따서 지은 것이다. 선거에 나선 카토는 증조부의 정신적 유산을 마음속에 품었을 것이다. 옳은 일에 깊이 헌신했던 그는 선거법을 준수한 유일한 후보였다.

당시 로마에서 부패는 만연한 사회 풍토로 자리 잡았다. 그러나 카토는 '다른 사람도 다 하는 데 나 하나쯤이야'라는 생각을 절대 허용하지 않았다. 이런 강직한 태도 덕에 그는 사람들의 존경을 받았고, 정치인으로서도 돋보였다. 감정을 절제하는 태도와 본래의 성격이 어우러져 친절하고 정직한 데다 자기 자신에게 엄격하기까지 하니, 사람들이 반하지 않을 수 없었다고 플루타르코스는 전한다.

카토는 천부장으로 3년간 군대를 이끌며 로마의 속주 곳곳을 돌아다녔다. 대개 이국적인 장소에 가면 성격이 좀 더 부드러워지기 마련이다. 사람들은 자기 자신에게 엄격한 잣대를 들이대는 카토 역시 조금은 성격이 둥글둥글해질 거라 생각했지만, 그는 변하지 않았다. 그리고 그 모습에 사람들은 마음을 뺏겼다. 대단한 사람이 아닌, 평범한 군인처럼 행동하는 그의 태도도 사람들이 그를 좋아한 이유 중 하나였다.

군대를 이끄는 것은 처음에는 흥미진진한 모험이었지만, 곧 카토를 비탄에 빠뜨렸다. 기원전 67년, 카토는 사랑하는 형 카이피오가 병에 걸렸다는 편지를 받았다. 형제는 많은 면에서 달랐다. 카이피오는 카토가 절대 손도 안 댈 사치품과 향수를 좋아했다. 하지만 팔은 안으로 굽는다고, 형을 객관적으로 평가하기는 쉽지 않은 법이다. 사치를 눈감아주는 걸 넘어, 심지어 카토는 카이피오를 우상화했다. 그런 형의 죽음이 가까워졌다는 소식을 듣고, 카토는 간신히 작은 배 한 척을 띄웠고, 자칫 목숨을 앗아갈 수도 있는 거친 바다를 뚫고 달려갔다.

"인생은 공평하지 않고, 종종 우리의 감정이나 계획을 거스르는 일이 생기기도 한다." 카토는 자신이 사랑한 철학책에서 이런 메시지를 반복해 읽었다. 험한 파도를 뚫고 트라키아에 도착했으나, 불과 몇 시간 전에 카이피오가 세상을 떠났다는 소식을 들은 카토는 가슴이 찢어지는 듯한 고통을 느끼며 오열했다.

그의 전기를 쓴 지미 소니 Jimmy Soni와 롭 굿맨 Rob Goodman은 형제의 임종을 지키지 못한 카토에 관해 이렇게 썼다. "가면이 벗겨지거나 결심이 무너질 때, 또는 애착이 강할 때 우리는 통제 불능의 상태에 빠진다." 카토와 훨씬 더 가까운 시대를 살았던 플루타르코스는 슬퍼하는 카토의 모습을 보며 행동에 일관성이 없다고 트집 잡는 사람들에게 이렇게 반박한다. "카토의 강직함과 불굴의 태도에 얼마나 많은 다정함과 애정이 섞여 있었는지를 깨닫지 못한 것이다."

그러나 청렴과 이상을 열심히 좇는 태도는 전혀 수그러들지 않았다. 슬픔에 차 있을 때도 친구들이 장례식장에 보낸 값비싼 선물을 정중히 거절하고, 향료와 장식품은 그 값을 쳐주었다. 형의 유산이 자신과 형의 어린 딸에게 나누어 돌아갔지만, 자기 몫도 조카에게 온전히 물려주었으며 모든 장례비용도 직접 충당했다.

누가 로마인을 대표하는가

슬픔을 딛고 일어난 카토는 서른 살에 재무관이 되며, 원로원에도 첫 발을 들여놓게 되었다. 하지만 그는 명예롭게 원로원에 입성하게 됐다는 것보다, 마침내 부패를 척결하고 로마의 핵심 가치를 되살릴 헌신의 발판을 마련했다는 사실에 더 큰 의의를 두었다.

카토는 임기 내에 국고를 개편하고 부패한 관료를 쫓아냈으며, 술라가 정적을 추방하면서 챙긴 부정 이득을 바로잡고, 채무 불이행자를 추적했다. 누구보다 먼저 일터로 나왔고, 누구보다 늦게 일터를 떠났다. 정치인들의 총애를 받는 데 관심이 없었고, 불필요한 오락이나 사치품을 거부했다. 플루타르코스에 따르면, 부패한 동료들은 처음에는 올곧은 카토의 태도를 불쾌하고 성가시게 여겼지만, 그를 점차 인정하게 되었다고 한다. 그로 인해 과하게 청탁하려는 사람들에 대한 대처법이 생겼기 때문이다. 그건 바로 이렇게 말하는 것이었다. "불가능하네. 카토가 절대 동의하지 않을 거야." 정치인들은 카토의 이름을 대며, 성가신 청탁을 피할 수 있었다.

이러한 엄격함이 적을 만들진 않았을까? 당연히 적은 있었다. 날이 갈수록 심각해지는 부패를 척결하기 위해서든, 아니면 사익을 추구하기 위해서든, 카토와 그의 정적들은 로마의 지휘권을 잡기 위해 싸웠다. 카틸리나 등과 대립한 키케로처럼, 카토에게도 적이 많았다. 전기 작가들에 따르면, 많은 권력자가 그를 평생 적으로 대했다고 한다. 직접적으로 대립하지 않더라도, 카토라는 인물의 본질이 자신을 부끄럽게 했기 때문이다.

키케로와 카토는 비슷한 점도 있었지만 많이 달랐다. 카토는 키케로처럼 개혁을 통해 혜택을 받거나 조용히 부를 축적하지 않았다. 공직을 맡고 있고 부유한 집안 출신이었지만, 종종 돈이 없는 것처럼 보였다. 당시 원로원에서 유행하던 보라색으로 멋지게 염색된 화려한 토가를 거부하고, 평범하고 소박한 어두운 빛깔의 토가만 입었다. 향수를 뿌리지도 않았고, 로마의 거리를 맨발로 걸어 다녔다. 친구들이 말을 탈 때도 그 옆에서 걷는 걸 즐겼다. 원로원이 개회 중일 때는 한 번도 로마를 떠나지 않았다. 호화로운 파티를 열지 않았고 타인의 잔치에서도 배불리 먹지 않았다. 음식의 가장 맛있는 부분은 반드시 다른 사람을 위해 남겨두었다. 친구들에게 이자 없이 돈을 빌려줬다. 무장 경비병이나 수행원을 거느리지 않았고, 군대에서는 자신의 부대원들과 함께 참호에서 잠을 잤다.

키케로는 그런 카토에 대해 이렇게 평가했다. "그는 로물루스(고대 로마를 건립한 전설의 인물-옮긴이)의 잔재가 아니라, 플라톤이 그린 이상향에 사는 사람처럼 행동했다."

우리는 대개 다른 사람이 나를 어떻게 보는지 신경 쓴다. 종종 남들과 다르게 보이고픈 마음이 앞서기도 하지만, 그런 사람일수록 오히려 남과 비슷한 취향을 가지려고 한다. 집단에 맞추기 위해 잘못된 일도 그러려니 하고 넘어간다. 무의식적으로 현실과 타협하거나 매수되기 쉽다. 카토는 달랐다. 무쇠 같은 강인함은 타고난 것이기도 했지만, 그 스스로 벼린 것이기도 하다. 그는 닥쳐올 시련에 맞설 능력을 키웠다. 플루타르코스는 카토가 정말 부끄러운 일에만 부끄러워하고, 다른 사람들의 저급한 의견은 무시하는 데는 익숙했다고 전한다.

"덕을 제외한 모든 걸 무심하게 대하라"는 아리스토의 사상을 가장 적극적으로 실천한 스토아 철학자가 바로 카토다. 여론을 휘어잡거나 멋진 외양을 꾸미는 일, 자신만의 브랜드를 만드는 일에는 전혀 관심이 없었다. 충분히 사치스러운 생활을 할 수 있었지만, 늘 검소하고 엄격한 스파르타식 삶을 선택했다. 그는 약간 오만했을지는 몰라도, 로마의 거리를 걸을 때면 만나는 사람마다 정중히 인사를 건넸고 도움이 필요한 사람들을 자발적으로 도와주었다. 그에게 명성은 중요하지 않았다. 다만 중요한 건, 옳은 일을 하는 거였다.

그렇게 사는 게 어렵거나 피곤할 수도 있다. 하지만 카토는 그런 행위의 결과는 결코 사라지지 않기에, 과정에서의 고됨은 금방 잊을 수 있었다. 반대로, 지름길을 택하거나 옳지 않은 일로 얻은 안도감이나 즐거움은 금방 사라진다. 악행은 영원히 남는다.

한편 현실적이었던 디오게네스의 주장도 따랐는데, 카토는 자신의 임무가 공익을 위해 봉사하는 것이라 믿었다. 자기 자신이나 가족을 위해서, 또는 사리를 추구하기 위해서가 아니라, 온전히 국가를 위해 봉사하는 것을 소임으로 생각했다. 공익을 위한 봉사는 스토아 철학이 진정으로 추구하는 가치였다.

키프로스의 합병된 영토를 관리하는 일을 맡아 파견되었을 때, 카토의 품행은 흠잡을 데 없었다. 다른 로마 정치인은 주머니를 채울 기회라고 생각했겠지만, 그는 키프로스의 보물을 철저하게 합법적으로 판매해 7천 달란트의 국고 수입을 올렸다. 공금을 한 푼도 착복하지 않았고, 유일하게 자신이 대단히 존경한 스토아 철학의 창시자, 제논의 동상을 남겼다. 카토가 키프로스섬에서 잃은 건 단 하나, 친구 무나티우스 루푸스와의 우정뿐이었다. 카토는 그의 재산을 불려주는 걸 거부했고, 친구는 이에 분개해 관계를 끊었다.

카토는 지위와 권력을 옳은 일에만 썼고, 스토아 철학의 가르침을 진정으로 실천했다. 스토아 철학은 마음을 단단히 훈련하는 일의 중요성과 유혹에 적극적으로 저항하는 법, 그리고 안락함과 외적 욕구 앞에 무너지지 않는 법을 가르쳐주었다. 이전 세대의 스토아 철학자들이 보인 확고한 모범을, 카토는 처음부터 끝까지 잘 따랐다. 비록 모든 로마인이 카토가 되진 못하겠지만, 카토는 로마인을 대표할 수 있었다.

필리버스터를 창시한 사람은 누구일까?

기원전 63년, 카토는 호민관 자리에 올랐다. 가족의 출신에 따라, 평민회에서 호민관에 선출된 것이다. 카토는 호민관으로서 평민과 엘리트 사이의 이해관계를 조율했다. 그 당시 키케로는 집정관이었다. 카토와 키케로는 카틸리나와 반란의 공모자들을 처형하는 데 뜻을 함께했지만, 항상 의견이 같았던 건 아니다. 무레나의 재판에서 둘은 대립했다. 무레나는 제3차 미트리다테스 전쟁에서 장교로 복무했고, 이후 집정관 자리까지 올랐던 이였다.

한 명은 타협할 줄 모르는 스토아주의자였고, 다른 한 명은 유연하고 간교한 학자였다. 키케로는 무레나를 변호했고, 카토는 그를 기소했다. 툭 까놓고 말하면, 키케로는 뇌물로 집정관 자리에 오른 명백한 죄인을 변호했다. 초기 스토아 철학자인 디오게네스라면 의견이 달랐을지 모르겠지만, 적어도 카토는 죄인을 변호하는 걸 납득할 수 없었다. 무레나는 잘못을 저질렀고 집정관 자리에 정정당당하게 오르지 않았다. 반드시 공직에서 퇴출당해야 했다. 이런 일을 앞둔 스토아학파의 입장은 늘 다음과 같았다. "옳은 게 옳은 것이다. 다른 건 중요하지 않다."

『무레나를 변호하며』에서 전하는 키케로의 주장은 꽤 복잡하다. 늘 그랬듯이, 키케로의 행보엔 사욕과 자존심이 얽혀 있었지만, 그는 국가의 이익을 위해 무레나를 변호했다고 말한다. "카틸리나가 국가를 전복할 거라고 칼을 들이미는 상황에서, 우리가 서로 분열할 여유가 있습니까? 무레나가 유죄 판결을 받고 공직에서 쫓겨난다면, 집정관 자리가 더 악한 자의 손에 들어가지 않을까요?"

키케로는 카토를 무척 존경했지만, 그가 너무 순진해서 심각한 상황에서도 이상을 좇았다고 본 것 같다. 스토아 철학은 물론 유용하고 선하지만, 상황에 따라 유연하게 대응하지 못하고 원칙만을 고집하다가는 정부의 생존을 위협할 수도 있다는 것이다.

사실 타협을 모르는 깐깐함은 오늘날까지 카토와 스토아학파가 비판받는 이유다. 헌신과 불필요한 고집의 경계는 무엇인가? 정치도, 우리 삶도 때로는 타협이 필요하지 않은가? 악인 대신 선인을 뽑는 게 아니라, 두 명의 악인 중 덜 악한 자를 뽑아야 할 때가 있지 않을까? 카토는 이 질문에 대한 확실한 답을 알았을까? 모든 걸 고려하고도 다른 결론을 냈을 수도 있다. 어쨌든 자신의 답을 정한 카토는 앞으로 닥칠 전투와 파국을 각오했다.

어린 시절, 카토는 자신의 집에 찾아온 군인의 청탁을 강하게 거절한 적이 있다. 정치인이 되었을 때도 그때 보여준 완강함을 비슷한 방식으로 드러냈을 것이다. 부패가 가속화되고 선조들이 세운 전통 규범이 무너질 때, 카토는 자신만이 이 상황을 막아낼 수 있다고 믿었다. 그래서 지금까지 널리 사용되는 정치적 수단인 '필리버스터'를 개발했다. 오직 개인의 목소리와 강한 의지를 무기로 삼아 다수파의 독주에 효과적으로 맞설 수 있는 방법이다. 카토는 혼자 힘으로 부패한 정당에 세금 징수를 위임하는 걸 막았고, 로마의 옛 정신에 반하는 법은 효력을 발휘하지 못하게끔 했다.

하지만 정치인 카토에게도 문제는 있었다. 강한 보수주의적 면모를 가진 그는 꼭 필요한 변화조차 거부하기도 했다. 카토는 때로 개혁의 걸림돌이 되었고, 집정관이 된 카이사르는 그의 긴 연설이 국가 사업에 방해가 되지 않도록 카토를 감옥에 가둬버리기도 했다.

카토와 키케로의 차이가 성격과 태도에 있었다면, 카토와 카이사르의 차이는 이데올로기였다. 카토는 공화주의를, 카이사르는 전제정치를 주장했다. 탁월한 두 인물은 상대방의 의지를 시험했고, 철학과 신념을 두고 맞붙었다. 카이사르를 지지했던 역사가 살루스티우스는 이런 둘의 모습을 다음과 같이 그려낸다.

카토와 카이사르는 정반대의 성격을 지녔지만, 둘 다 탁월한 공로를 세웠다. 혈통, 나이, 언변에 있어서 누가 더 낫다고 말하기 힘들 정도로, 영혼의 고귀함이나 명성도 비슷했다. 하지만 그 둘은 전혀 다른 부류였다. 카이사르는 많은 기부와 자비로 인해, 카토는 정직함 때문에 위인으로 여겨졌다. 카이사르는 온화함과 측은지심으로 유명해졌고, 카토는 엄격함으로 위엄과 신망을 떨쳤다. 카이사르는 남에게 베풀고 문제를 해결하고 타인을 용서함으로써, 카토는 남에게 호화로운 선물을 주지 않음으로써 명성을 얻었다. 한 명은 불행한 자들에게 피난처를 제공했고, 다른 한 명은 악한 자를 멸망시켰다. 사람들은 카이사르의 태평한 천성을, 카토의 끈기를 높게 샀다.
카이사르는 열심히 일하고 경각심을 갖기로 마음먹었음에도 친구들의 일을 신경 쓰느라 결국 자기 일을 등한시했다. 다른 사람이 주는 값비싼 선물을 거절하지 않았고, 자신의 공로가 빛날 수 있는 군대와 갓 시작된 전쟁을 찾아다녔다. 그와 반대로 카토는 자제력을 키우고 예절을 쌓았으며, 무엇보다도 엄격했다. 부자들과 재물을 두고 다투지 않았고, 음모에 연루되지 않았다. 올바른 가치를 열정적으로 추구하고, 적당히 자신을 절제하며 청렴결백했다. 남들 눈에 덕이 있어 보이는 게 아니라, 실제로 덕 있는 사람이 되길 원했다. 그래서 명성을 덜 추구할수록, 카토의 덕은 빛을 발했다.

카이사르는 권력을 집중시키는 변화에서 로마의 미래를 찾았다. 카토는 공화정을 위협하는 강성 지도자가 속출하고 부패가 판을 치는 로마를 쇠락 이전의 황금기로 되돌리고자 했다. 그럴 수 없다면, 적어도 상태가 더 나빠지지 않길 바랐다. 조국을 망조로 이끄는 변화들로부터 로마를 지켜내야 했다. 하지만 누구도 막을 수 없는 변화의 힘과 한 치도 움직이지 않겠다는 태도가 부딪치니, 폭발적인 충돌은 피할 수 없었다.

세상을 선과 악의 이원론으로 바라본 마니교의 주장처럼, 때때로 역사는 선과 악의 투쟁처럼 보인다. 하지만 완전무결한 선악은 없는 법이다. 심지어 카토같이 선한 인물도 완전히 결백하진 않았다. 카토의 경직성은 공익을 해칠 때도 있었다. 일례로 폼페이우스가 해외 정벌을 마치고 로마로 돌아온 후, 카토와 동맹 가능성을 타진한 적이 있었다. 폼페이우스는 카토와 종종 다투었지만, 그를 존경했고 그의 힘이 필요했다. 카토 역시 카이사르에게 맞서기 위해선 협력자가 필요했다. 폼페이우스는 결혼으로 동맹을 맺자고 제안했지만, 카토는 직언을 남기며 냉정한 태도로 그 제안을 일축한다. "폼페이우스에게 가서 전해라. 여자를 통해서 나의 마음을 살 수는 없다고." 역시 거절의 대가다운 반응이다.

공화정 최후의 수호자

카토의 단호한 거절은 정치적으로는 분명 악수였다. 폼페이우스는 결국 카토 대신 카이사르와 동맹을 맺는다. 카이사르의 딸 율리아와 결혼한 것이다. 이제 세상에 무서울 것이 하나도 없어 보이는 두 남자는 손을 잡고 헌법마저 뒤집는다. 플루타르코스는 이 일을 이렇게 평가한다. 카토가 폼페이우스의 사소한 결점을 용납했더라면, 적어도 폼페이우스가 카이사르 앞에서 꼼짝 못 한 채, 카이사르에게 쉽게 권력을 내주는 일도 없었을 것이라고.

카토는 한결같이 완고했다. 카이사르가 폼페이우스, 크라수스와 손을 잡고 삼두정치를 시작한 뒤에도, 카토는 계속해서 그들의 편에 서는 걸 거절했다. 기원전 55년, 공동 집정관직에 출마한 폼페이우스와 크라수스에게 카토는 영원한 눈엣가시였다. 카이사르를 중심으로 새롭게 떠오르는 '위험한' 세력에 사사건건 맞서, 대대로 내려오는 원로원의 전통을 지키고자 했기 때문이다.

카토는 갈리아에서 전쟁 범죄를 저지른 카이사르를 비난했다. 선거 부정부패를 척결하고, 감시하는 법정을 설계했으며 뇌물 수수 금지법을 주장했다. 선거 사기를 저지른 사람들은 당연히 카토에 반대하는 표를 던졌다. 세네카는 그 장면을 꽤 아름답게 묘사한다. "(카토는) 삼두정치로도 만족하지 못한, 권력을 향한 끝없는 욕심과 충돌했다. 그는 부패의 무게를 견디지 못해 멸망으로 치닫고 있는 한 타락한 국가에서 일어난 악행에 맞섰으며, 단 한 사람의 손으로 공화국의 몰락을 최대한 막아냈다."

그렇다고 카토가 어떠한 타협과 협업도 거부한 건 아니다. 그는 잘못된 적개심을 품을 사람이 아니었다. 어디까지나 공공복지를 수호하기 위해 자신의 주장을 관철했고, 쉽게 양보하지 않았지만, 개인적인 의견 차이를 다룰 때는 항상 침착하고 친절했다. 그에게는 진중함, 친절함, 배려, 용기, 대담함, 사사로움과 상스러움을 경계하고 정의를 열렬하게 추구하는 태도가 균등하게 섞여 있었다. 미국의 전 국방부 장관 제임스 매티스^{James Mattis}가 제1해병사단의 모토로 택한 다음 구절은 카토의 정신을 현대적으로 구현한 말일 것이다. "더 나은 친구도, 더 나쁜 적도 없다."

루틸리우스는 정치적 덕을 침묵으로 보여주었지만, 카토는 달랐다. 그는 보다 공격적이고 까다로운 상대였다. 루틸리우스처럼 순교자의 운명을 지녔지만, 카토의 순교는 그 자신뿐만 아니라 로마 사회 전체에 영향을 미칠 예정이었다.

기원전 52년, 카토는 정적의 권모술수로 집정관 선거에서 낙선한다. 카토는 자신이 더 이상 손쓸 수 없는 상황이란 걸 알았다. 원로원은 갈리아에 있던 카이사르를 불러들일 예정이었다. 이미 그는 놀라울 정도로 강한 권력을 쥐고 있었고, 전리품으로 배를 불린 강력한 군단이 영원한 충성을 맹세하고 있었다. 존재 그 자체로 로마를 위협한다는 점에서, 차라리 로마로 복귀시켜 감시하는 편이 확실히 옳은 선택처럼 보였다. 키케로는 카이사르의 복귀가 초래할 결과를 두려워해 이를 막으려 했다. 기원전 49년, 결국 카이사르는 제13군단을 이끌고 루비콘강을 건너서 로마로 진군한다. 원로원에, 즉 로마 공화정에 선전포고를 한 셈이다.

폼페이우스와의 동맹이 틀어지고 카이사르가 진군해오는 이 시점에서, 우리는 이런 질문을 할 수 있다. 꼭 이래야만 했을까? 조금만 덜 완고했더라면 위기를 잘 헤쳐 나갔을까? 적어도 일촉즉발의 위기까지는 안 가지 않았을까? 역사에 가정법은 쓸모없지만, 아마 그랬을지도 모른다. 하지만 카토는 옳은 일을 하는 데 주저함이 없었다. 그 행위가 현재 상태를 악화시키진 않을까 고민하지 않았다. 키케로 같은 이들이나, 증조부가 멸시했던 이론가나 궤변가와는 달랐다. 카토에게 타협은 결국 조건부로 항복하는 것과 다름없었다.

어쩌면 카토는 공화정을 보호하기 위해, 오히려 종말을 앞당겼을지도 모른다. 아니면 적어도 누군가는 그어야 했을 선을 그었던 걸지도 모른다. 어쨌든 그는 끝까지 싸울 준비가 되었다. 진정한 철학자라면, 삶의 어느 순간에는 끝까지 싸울 준비가 되어 있어야 한다. 정치에 영원한 적은 없다고, 서로 오랫동안 반목했던 카토와 폼페이우스는 어느새 카이사르에 맞서 손을 잡게 되었다. 카토는 조국을 보호하기 위해 팔을 걷었다. 한때 용맹한 군인이었던 그는 자신의 용맹함을 세상에 다시 보여줄 각오가 돼 있었다.

폼페이우스는 500척이 넘는 대규모 함대 지휘관에 카토를 앉혔다. 하지만 폼페이우스는 전쟁에서 승리한다는 가정 아래, 정치적 상황에 대해 머리를 굴리고는 한때 적이었던 카토에게 너무나 많은 힘을 실어주는 게 아닌가 고민한다. 그리고 카토를 임명한 지 며칠 만에 그 결정을 철회한다. 어처구니없는 일이었지만, 카토는 의연했다. 한 치도 씁쓸해하지 않으며 지휘권을 넘겼고, 최후의 위대한 전투가 시작되기 전날에는 조국을 지킬 로마의 군대를 격려하기 위해 나섰다. 플루타르코스는 카토가 자유와 덕, 죽음과 불꽃에 관해 이야기했다고 전한다. 사기가 충전된 군인들 사이에서는 큰 함성이 울려 퍼졌고, 지휘관들은 적을 무찌를 수 있다는 희망에 가득 차 서둘러 전진했다.

스토아 철학자는 어떤 상황에서도 묵묵히 제 할 일을 한다. 남의 인정을 받고 말고는 중요하지 않다. 세네카는 클로디우스나 카이사르, 폼페이우스 같은 사람들은 흔하게 볼 수 있지만, 카토 같은 사람은 어디에도 없다고 말했다. 원칙을 위해 목숨을 걸고, 누가 얼굴에 침을 뱉든 말든지 간에 추상적 가치를 추구하는 사람, 자신의 모든 능력을 통해 사람들을 이끄는 사람은 어느 시대에나 소수이기 때문이다. 카토가 바로 그런 사람이었다.

기원전 48년, 카이사르는 그리스 중부에서 벌어진 파르살루스 전투에서 승리했다. 카토는 여전히 계속 맞서겠다는 의지가 있었다. 북아프리카로 내려가 군대를 이끌고 30일간 사막을 가로지르는 험난한 행군을 했다. 마침내 우티카에 도착한 카토는 최후의 저항을 했다. 그 어느 때보다 승리가 간절했던 이들이 부딪쳤고, 참혹한 전투가 벌어졌다.

정직한 사람은 죽어서도 자유롭다

〰〰

모두가 알다시피, 승리는 카토의 것이 아니었다. 카토는 함께 싸운 원로원 의원과 장교들에게 이제 그만 카이사르에게 가서 면죄부를 구할 때가 됐다고 말했다. 그리고 마지막으로 한 가지 부탁을 했다. "나를 위해 기도하지도, 은총을 구하지도 마세요." 카토는 스스로 패배했다고 여기지 않았기 때문이다. 그가 중요하다고 믿고 지키려 했던 것은 명예와 정의였고, 그 점에서 이미 카이사르를 이겼다고 생각했다. 그는 자신이 생각하는 가치와 조국을 지켰다. 결점도 있었지만, 생의 마지막 순간까지 자신의 진정한 모습을 보여주었다. 그의 적들도 그것을 똑똑히 보았다.

돌이켜보면, 카토는 이미 오래전부터 자신이 어떤 결말을 맞을지 알고 있었던 것 같다. 이제 인생을 정리하는 일만이 남았다. 동료와 친구들이 안전한 곳으로 몸을 피할 수 있도록 도와주고는, 곁에 남은 사람들과 함께 저녁을 먹었다. 훌륭한 자리였다. 포도주잔과 음식을 담은 접시가 계속해서 채워졌고, 주사위를 던져 누가 첫술을 뜰 건지 정하기도 했다. 최후의 만찬이라는 생각이 들지 않을 만큼, 평상시처럼 스토아학파의 역설에 관한 이야기를 나눴다. 어째서 선한 사람만이 자유로울 수 있는가? 아무리 막대한 권력과 부를 손에 넣었어도, 악인은 왜 모두 예속될 수밖에 없는가? 카토는 소크라테스를 예로 들며, 정직한 사람은 심지어 죽어서도 진정으로 자유롭다고 말했다.

참석한 사람 모두가 존재감을 빛내던, 즐거운 시간은 빠르게 흘러갔다. 마침내 죽음의 망령이 다가왔다. 모두가 그 순간이 영원하기를 바랐을 것이다. 그러나 카토는 그럴 수 없다는 것을 알았다. 식사가 끝나자, 카토는 마지막 여행을 준비하기 시작했다. 평소 성격과는 다르게 배에 오르는 친구들을 걱정했다. 그리고 곁에 남은 아들과 친구들에게 포옹을 건넨 후, 잘 자라고 인사했다.

그리고 홀로 방으로 돌아와 자리에 앉았다. 소크라테스의 대화록을 느긋하게 읽은 뒤, 카토는 방에서 칼이 없어진 걸 발견했다. 만일의 사태를 미리 막으려고 친구가 칼을 옮긴 것 같았다. 카토는 칼을 가져와달라고 부탁한다. 때가 됐다.

아버지가 무슨 일을 하려는지 눈치 챈 아들은 울면서 간청했다. 제발 세상에 남아서 저항해달라고 말이다. 스토아 철학자 아폴로니데스는 철학적인 근거를 대며 자살을 막으려 했다. 하지만 어느 누가 한 번 결심한 카토를 말릴 수 있겠는가? 울음소리만이 방을 가득 채웠다. 칼을 건네받은 카토는 손가락으로 칼끝을 만져보며, 날이 예리한지 확인했다. "이제 내가 나의 주인이다." 그리고 다시 자리에 앉아, 처음부터 끝까지 소크라테스의 책을 한 번 더 읽었다.

이른 아침, 카토는 잠에서 깨어났다. 마음의 준비를 마치고 마침내 칼을 가슴에 꽂았다. 단검은 위대한 철인의 가슴을 관통했지만, 숨을 멎게 할 정도까지는 아니었다. 게다가 친구들을 태운 배가 무사히 출항했을까 걱정이 되어 편히 눈을 감을 수가 없었다. 회항한 배가 없다는 소식을 듣자, 마침내 카토는 몸부림치면서 쓰러졌다. 가족들이 의사를 불러 의식이 오락가락하는 카토의 상처를 봉합하려고 했다.

하지만 카토는 최후의 순간에도 어렸을 때처럼 강렬하고, 비인간적일 정도로 단호한 모습을 보여주었다. 숨을 빨리 끊기 위해 스스로 상처를 벌렸고, 결국 마흔아홉의 나이로 세상을 떠났다.

비록 카토는 마지막 전투에서 패배했지만, 자신이 지키려 한 가치는 결코 잃지 않았다. 플루타르코스는 카토가 스스로 목숨을 끊었지만, 운명의 여신 포르투나와 치열한 줄다리기를 했을 거라고 평했다. 왜 자살했을까? 변함없는 지조와 원칙을 고수하는 면모를 존경한 계몽주의 철학자 미셸 몽테뉴는 폭군의 의기양양한 얼굴을 쳐다보느니 차라리 죽음을 택한 것이라고 주장했다.

나폴레옹도 한때 '영웅의 전당'에 카토의 흉상을 전시한 적이 있다. 결국 그도 최후의 전쟁에서 패배하고 모든 것을 잃어 자살을 고민하게 됐지만, 카토와 정반대의 선택을 한다. 나폴레옹은 카토의 최후만큼은 폄하했다. 자신의 손으로 운명을 마무리하기보다는, 계속해서 싸우거나 때를 기다려야 했다고 생각했다. 나폴레옹은 카토의 죽음에 대해 이렇게 말했다. "카토의 행동은 동시대인의 박수를 받았고, 역사적으로 존경을 받았다. 하지만 카토의 죽음으로 가장 혜택을 본 사람은 누구인가? 카이사르다. 카토의 죽음을 가장 기뻐한 사람은? 카이사르다. 반면 누구에게 가장 큰 비극이었나? 로마 공화정과 카토를 따르던 사람들이다. 카토는 대의를 위해서가 아니라 울화통이 터지고 분해서 자결했다. 카토의 죽음은 위대한 영혼도 나약해질 수 있다는 걸 보여주었고, 스토아학파의 실수이자 인생의 오점으로 남았다."

나폴레옹은 카이사르가 위대한 영웅이라고 생각했다. 미국 건국의 아버지이자 위대한 계몽주의자 조지 워싱턴이나 토머스 페인과는 다르게, 나폴레옹은 이 세상에 권력과 성취, 승리 말고도 다른 가치가 존재한다는 걸 이해할 수 없었다. 카토의 죽음으로 진정 득을 본 사람은 그의 말처럼 카이사르가 아니다. 바로 진실하고 일관된 품행에 영감을 받은 다음 세대들이다.

지금 로마에서는 카토의 동상이나 그에 관한 책을 많이 찾아볼 수 없다. 어떤 이유에서인지 정직한 사람보다는, 다른 나라를 정복한 장군이나 독재자가 더 큰 명예를 얻는다. 대 카토는 사람들이 '동상이 왜 없느냐'고 묻는 게, '동상이 왜 여기 있느냐'고 묻는 것보다 낫다고 했다. 사실 카토의 성품 자체가 하나의 기념비였다. 자신이 믿었던 정의와 자유를 위해 기꺼이 몸을 바친 카토의 용기는 오늘날까지 로마의 대들보 역할을 하고 있다.

'로마 공화정의 마지막 시민'이자 '로마의 철인' 카토는 그 시대의 살아 있는 모범이었고, 지금도 한결같이 귀감이 되고 있다.

언제든 옳은 일을 할 준비가 되어 있는가

용기

결단력 있는 여성, 포르키아 카토(Porcia Cato, B.C. 70~B.C. 43-42?)

소 카토와 그의 첫 번째 아내 아틸라 사이에서 태어났다. 카이사르의 암살자로 유명한 브루투스와 재혼했으며, 강한 결단력과 애국심으로 셰익스피어 등 후대 작가들에게 많은 영감을 주었다.

스토아학파는 여성의 공을 인정하지 않았다. 하지만 역사를 곰곰 들여다보면 여성의 역할이 컸다는 걸 알 수 있다. 사실, 그 누가 여성보다 더 출중한 인내와 용기, 이타심과 의무의 미덕을 보여줄 수 있으랴. 그리스 · 로마 시대만 해도, 수많은 여성들은 고생을 마다하지 않고 독재에 저항하고, 전쟁의 어려움을 헤쳐 나갔으며 가족을 헌신적으로 보살폈던, 그야말로 스토아 철학의 묵묵한 주역이었다.

역사의 표면에 드러나지 않았다고 해서, 그들의 업적을 간과하는 건 문제가 있다. 우리는 소 카토와 대 카토에 관해서만 생각하지, 그들의 어머니나 아내가 감내했던 고통과 수모, 희생을 생각하지 않는다. 그렇게 여성의 업적은 남성의 업적으로 쉽게 흡수되곤 했다.

전기 작가 로버트 카로Robert Caro는 무의식적 편향 때문에 우리가 놓치는 것들을 언급한다. 예를 들면 서부 개척 시대의 총싸움 이야기는 널리 알려졌지만, 그로 인해 고통을 받은 아메리카 원주민 같은 사람들의 이야기는 잊혔다. 부패에 대항한 루틸리우스의 용기는 존경받지만, 마취 없이 그를 낳은 여자는 잊혔다. 자신이 가진 걸 모두 잃는 루틸리우스의 선택을 묵묵히 존중해야만 했던 아내와 딸은 어떤가? 그들 역시 플루타르코스나 디오게네스의 책에 실려야 마땅하다. 자, 이제 아버지처럼 강철 같은 결단력과 애국심을 보여준 소 카토의 딸, 포르키아의 삶을 살펴보면서 역사의 오점을 바로잡자.

흔들리지 않는 용기

스토아 철학자 무소니우스는 여성도 철학을 배워야 한다고 주장했다. 그런데 이미 그로부터 약 2세기 전, 포르키아는 아버지를 통해 스토아 철학을 접한 후 스토아적인 삶을 살기로 마음먹는다. 포르키아의 첫 번째 남편은 카토와 동맹을 맺었던 마르쿠스 칼푸르니우스 비불루스였다. 그는 로마 내전에서 카이사르에 맞서 명예롭고 용감하게 싸웠지만, 결국 목숨을 잃었다.

원로원파가 패배한 후, 남편도 사랑하는 아버지도 죽었다. 가족이 포르키아를 헌신적으로 보살펴주었고, 오빠인 마르쿠스 카토도 승자인 카이사르에게 용서를 받았지만, 평화로웠던 일상은 산산조각이 났다. 하지만 포르키아는 늘 단호한 태도를 유지했다.

살아남은 포르키아는 원로원 의원 마르쿠스 유니우스 브루투스와 사랑에 빠져 재혼한다. 생전에 아버지는 그에게 몇 편의 글을 헌사하기도 했는데, 포르키아는 철학과 원칙을 고수했던 남편을 아주 많이 사랑한 것 같다. 분명 남편을 보며 아버지를 떠올렸을 것이다. 둘 사이에는 아들이 한 명 있었는데, 훗날 포르키아는 단명한 아들 때문에 사랑하는 사람을 잃는 비극을 또다시 겪는다.

기원전 44년, 명민했던 포르키아는 브루투스가 무언가를 계획하고 있다는 걸 알아챘다. 남편에게 무슨 일인지 설명하라고 다그치는 대신, 신의를 증명하고 자신의 굳은 의지를 확인하고자 했다. 사실 카토의 딸이라는 것만으로도 올곧은 성품을 증명하는 보증수표였지만 말이다.

플루타르코스에 따르면, 포르키아는 작은 칼을 들어 허벅지를 찔렀다. 자신이 얼마나 고통을 견딜 수 있을지 보여주려 한 것이다. 그는 피를 철철 흘리며 몸을 떨었고 이내 헛것을 보기 시작했다. 브루투스가 마침내 집으로 돌아왔을 때, 포르키아는 남편을 붙잡고 말했다. "브루투스, 나는 카토의 딸입니다. 단순히 식사와 잠자리를 같이하는 사람이 아닌, 기쁠 때나 슬플 때나 함께하는 동반자가 되기 위해 당신과 결혼했습니다. 당신은 남편으로서 부족한 점이 없습니다.

하지만 만약 내가 남모르는 고통과 불안을 당신께 털어놓지 않는다면, 어찌 충실한 동반자라 할 수 있겠습니까?" 훗날, 셰익스피어도 이 장면을 꽤 아름다운 대사로 표현한다.

> 포르키아: 당신을 지지하는 집정관들의 이름을 말해보십시오. 아무에게도 알리지 않을 것입니다. 나는 자발적으로 허벅지에 상처를 입히며 지조를 증명했습니다. 이런 고통도 감내할 수 있는데, 남편의 비밀이라고 지킬 수 없을 것 같습니까?

포르키아의 이야기는 경탄을 자아낸다. 역사적으로 은밀한 거사 계획이 발각되었을 때, 고문이나 심문으로 비밀을 술술 부는 경우는 셀 수 없이 많다. 그래서 얼마나 고통을 견뎌낼 수 있을지 스스로 한계를 시험해본 것이었으리라. 브루투스는 아내에게 감격해 자신이 카이사르를 살해할 음모를 꾸미고 있다고 털어놓았다. 그리고 자신도 아내에게 걸맞은 용기가 있음을 증명할 수 있기를 바랐다.

플루타르코스는 여성의 위업을 인상적으로 묘사했지만, 그래도 여자가 유약한 면이 있다는 '증거'를 제시하지 않고는 만족할 수 없었던 것 같다. 기원전 43년 3월 15일, 포르키아는 안절부절못하며 남편의 소식을 기다리고 있었다. 남편이 카이사르 암살에 성공했을까? 아니면 체포됐을까? 정신이라도 잃었나? 플루타르코스는 포르키아가 무슨 일이 닥칠지 몰라 고통스러워했고 불안의 무게를 견디지 못했다고 한다. 가만히 집 안에 있지 못하고 작은 소리나 외침만

들려도 정신을 놓은 바쿠스(로마 신화 속 술의 신. 그리스 신화의 디오니소스에 해당한다 – 옮긴이)의 신도처럼 뛰쳐나갔다고 한다. 그리고 포룸에서 돌아온 모든 심부름꾼을 붙잡고 남편의 안부를 물었으며, 계속 다른 심부름꾼을 보냈다. 결국 포르키아는 정신을 잃었고, 브루투스는 거사 도중 아내가 죽었다는 소식을 듣는다. 강인했던 브루투스는 바로 집으로 달려가는 대신, 피비린내 나는 자신의 임무를 끝냈다. 셰익스피어도 포르키아가 정신적으로는 강하지만 육체적으로는 연약하다고 생각했던 것 같다. 그는 포르키아를 이렇게 평가했다.

마음은 남자지만 몸은 여자니, 비밀을 지키기가 너무 어렵구나!

플루타르코스나 셰익스피어의 글이 성차별이 만연했던 시대에 쓰였음은 감안해야 한다. 설령 그들이 언급한 포르키아의 반응이 사실이었다 할지라도, 피가 철철 흐르는 다리의 고통을 참아내고, 사랑하는 이를 잃을지 모른다는 불확실성을 초연하게 견디는 일은, 누구도 쉽게 할 수 없었을 것이다. 기록에 따르면, 브루투스는 키케로나 다른 공모자들보다 아내의 입이 더 무거울 거라 굳게 믿었다고 한다.

포르키아는 대담한 행동을 위한 용기도 필요하지만, 어떻게 실천하는지도 중요하다는 교훈을 남겼다. 포르키아와 브루투스는 용기에 인내심과 지혜를 더했다. 셰익스피어가 묘사했듯이, 결정과 행동 사이에서 흔들리지 않았다.

불타는 자유의 애호자

〰️

 브루투스가 이끄는 원로원 의원들은 잔인한 마음을 품고 카이사르를 습격했다. 브루투스는 칼로 카이사르의 허벅지와 사타구니를 찔렀고, 다른 원로원 의원은 얼굴을 찔렀으며, 또 다른 의원은 갈비뼈에 칼을 꽂았다. 광란의 현장에서 다친 의원들도 있었지만, 브루투스는 손에 상처만 입었다. 카토가 카이사르를 없애려고 했을 때, 바로 그를 없앨 수는 없었을까? 카이사르가 야욕을 펼치기 전에, 이 피비린내 나는 살육이 벌어지기 전에, 모든 걸 막을 수 없었을까?

 어쨌든 거사는 예상대로 흘러갔다. 음모의 열기가 회의장을 한바탕 휩쓸고 지나갔고, 카이사르는 살해됐다. 브루투스는 살인의 흥분이 확산되기 전에, 공모자들을 속히 진정시켰다. 카이사르를 제외하고는 모두 목숨을 부지했다. 심지어 카이사르의 열렬한 지지자 마르쿠스 안토니우스마저 살려두었다. 얼핏 고귀한 행동처럼 보이지만, 사실 치명적인 실수였다. 카틸리나 사건이 일어나던 당시, 키케로의 아내는 암이 퍼지기 전에 잘라내듯 적은 빨리 제거해야 한다고 남편을 다그친 바 있다. 하지만 폭력을 혐오하던 브루투스는 더 많은 피를 보는 걸 꺼렸다. 포르키아가 곁에 있었다면, 키케로의 아내처럼 거사를 치르려면 제대로 해야 한다고 상기시켰을 수도 있다. 자비를 받을 자격이 없는 사람을 살려두는 건, 남은 사람들에게 불의를 저지르는 것이라고 말이다. 결국 살아남은 안토니우스 덕에 훗날 이들이 쌓은 공든 탑은 무너지게 된다.

포르키아는 언제 어떻게 죽었을까? 여러 설이 있다. 어떤 역사가에 따르면, 그는 카이사르 암살 이후에도 살아 있었다고 한다. 암살 사건 이후 안토니우스가 내전을 일으키자, 브루투스는 인생을 건 전투를 위해 로마를 떠난다. 이미 내전으로 첫 번째 남편과 아버지는 물론 수많은 친구를 잃은 포르키아에게, 또 다른 내전은 정신적인 외상을 초래했을 것이다. 어쨌든 포르키아는 홀로 남겨졌다. 한 친구는 포르키아와 브루투스의 이별을 트로이 전쟁 당시 헥토르와 안드로마케의 이별에 빗대었다. 아내는 무적의 영웅 아킬레우스와 싸우러 가는 남편을 말리지만, 이내 피할 수 없는 운명을 받아들인다.

떠나기 전, 브루투스는 『오디세이아』를 인용해 아내에 대한 사랑을 표현한다. 포르키아의 철학적인 결단력과 용기가 자신과 견주었을 때 절대 뒤지지 않는다는 변치 않는 믿음을 드러내는 말이었다. "헥토르가 한 말을 포르키아에게 전할 생각은 없습니다. 베틀과 물레를 돌리고 하녀들에게 일감을 쥐어주라고 하십시오. (…) 조국을 지키려는 용맹스러운 포르키아의 정신은 남자와 비교해도 뒤지지 않습니다." 하지만 그들의 영웅적인 노력조차 역사의 흐름을 막아낼 수는 없었다. 카토가 살아서 전투를 지휘했더라면, 역사가 바뀌었을지도 모른다. 키케로가 머뭇거리지 않거나 옥타비아누스를 기만하지만 않았더라면, 공화정을 지켜내고 제2의 카토로 추앙됐을지도 모른다. 하지만 그럴 운명은 아니었나 보다.

앞서 언급했듯이, 포르키아가 브루투스보다 먼저 죽었는지 나중에 죽었는지는 확실하지 않다. 혹자에 따르면, 전투에 패한 브루투스의 유해가 그의 어머니 세르빌리아의 집에 도착했을 때, 포르키아는 아버지처럼 세상을 떠나기로 마음먹었다고 한다. 포르키아의 하인들은 포르키아가 자결하지 않도록 철저히 감시했지만, 그에겐 해야 할 일은 꼭 해야 했던 카토의 피가 흐르고 있었다. 하인들이 잠시 등을 돌렸을 때, 포르키아는 벽난로로 달려가 석탄을 꺼내 재빨리 삼켜버렸다. 아버지의 가르침을 따라, 말 그대로 불타는 자유의 애호자처럼 생을 마감했다. 하지만 두 번째 필리피 전투에서 브루투스가 사망하기 전 포르키아가 병으로 세상을 떠났다고 주장하는 기록도 있고, 병에 걸린 채 외로움을 견디지 못하고 자살했다는 이야기도 있다.

용기는 성별을 가리지 않는다

기원전 43년, 키케로는 브루투스를 위로하는 편지를 보낸 적이 있다. 아마 그때 포르키아가 세상을 떠났다는 걸 알고 있었던 것 같다. "참으로 큰 상실을 겪으셨군요. 세상에 유일하게 남은 동료를 잃은 거니까요. 슬픔을 느끼는 게 슬픔 그 자체보다 더 크지 않도록, 자기 자신에게 고통과 충격을 소화하고 슬퍼할 시간을 주십시오. 하지만 타인에게 유용하고 자신에게 필요한 만큼만 적당히 슬퍼하십시오."

2년 전 키케로 역시 딸의 죽음으로 얼마나 슬퍼했는지를 생각하면 죽음 앞에 초연하라는 키케로의 조언은 더욱 우리의 심금을 울린다. 그리고 시대를 초월하는 질문을 던진다. 우리는 사랑하는 사람을 잃었을 때 어떻게 대응해야 할까? 아무리 철학자라 할지라도, 사랑하는 사람을 잃은 고통을 쉽게 떨쳐버릴 수 있을까? 슬픔 앞에 무심할 수 있을까? 카토가 형을 잃고, 마르쿠스가 스승을 잃었을 때처럼, 사랑하는 사람을 영원히 떠나보낼 때 스토아 철학자라도 냉정을 잃는 건 당연한 일 아닐까? 허벅지를 찌르는 고통은 치유될 수 있지만, 사랑하는 사람을 잃는 고통은 살아 있는 한 영원하다.

언제나 인간의 삶을 예리하게 꿰뚫는 셰익스피어는 스토아 철학자가 갖추어야 할 태도를 브루투스라는 인물에게 투영하여 인간적인 슬픔과 무심 간의 긴장을 탐구한다. "더는 슬퍼하고 싶지 않아." 카시우스가 말한다. 통제할 수 없는 것은 그냥 받아들여야 한다는 스토아 철학의 가르침을 상기시킨 벗에게 브루투스가 담담하게 답한다. "모두에게 슬픔은 견디기 힘든 감정이야. 포르키아는 이미 세상을 떠났어." 이것이 스토아 철학일까? 눈 한 번 끔쩍 않고 슬픈 이야기를 뱉을 수 있는 남자의 모습이? 스토아 철학이 그리는 이상적인 인물은 아닐 것이다. 아내는 이미 세상을 떠났으니, 다가오는 전투에 대한 논의를 시작하자? 뭐, 그럴 수도 있다.

브루투스는 말을 아끼고 행동으로만 보여주던 포르키아와 달랐다. 말재주가 있었고, 남들에게 인정받기를 원했다. 포르키아가 브루투스보다 먼저 사망했다는 기록에서는, 마지막 전투를 앞두고 메살라라는 심부름꾼이 브루투스를 찾아온다. 키케로가 사망했고, 백 명의 원로원 의원들이 처형됐다는 소식이었다. 아마 이때 그는 자신의 유창한 언변을 역사에 남길 기회라고 생각했던 것 같다.

"아내 분의 소식을 들었습니까?" 심부름꾼의 말에, 브루투스는 듣지 못했다고 답했다. "정말 아무 소식도 못 들으셨습니까?" 다시 한 번, 브루투스는 모른 척했다. "진실을 말해주시오." 결국 브루투스는 포르키아의 사망 소식을 전해 듣는다.

브루투스: 포르키아, 왜 그대에게 작별 인사를 해야 하는가. 메살라, 우리는 결국 죽어야만 하는 존재요. 언젠가 아내가 세상을 떠날 거라 생각하니, 슬픔을 참을 수 있는 인내심이 생겼다오.
메살라: 이런 위인들도 슬픔을 견뎌야 하는구나.
카시우스: 너만큼 인내심이 크다고 생각했지만, 나는 슬픔을 견디지 못하는 본성을 타고났네.
브루투스: 포르키아는 세상을 떠났지만, 우리에겐 살아서 해야 할 일이 아직도 남아 있네. 이제 필리피로 행진하는 게 어떤가?

공화정은 최후를 맞았지만, 포르키아는 강인함과 저항의 상징으로 모두의 가슴 속에 남아 있다. 포르키아는 아버지처럼 스토아학파의 가르침에 따라 살았다. 해야 할 일은 해야만 한다. 흔들리지 말고 두려워하지 말아야 한다. 포르키아는 용기가 성별을 가리지 않는다는 걸 증명했다. 용기는 오직 해야 할 일을 할 준비가 된 사람과 그렇지 못한 사람만을 가려낼 뿐이다.

최선의
삶을
살기 위해
필요한
것들

평정심 · 성실함 · 자아
선택 · 운 · 죽음 · 정신

15장 어떤 마음가짐으로 살 것인가

평정심

황제의 첫 스승, 아테노도루스(Athenodorus Cananites, B.C. 74~A.D. 7)

타르수스 출신의 철학자로, 로마 제국의 초대 황제 아우구스투스의 스승. 어떤 일에도 흔들리지 않는 평정심을 강조했다. 제자를 공개적으로 책망하기도 한 엄한 스승이었지만, 일과 삶의 균형을 위해 여가의 필요성을 주장하기도 했다.

공화정의 시대가 저물고, 한 사람에게로 권력이 집중된 새로운 정치 질서가 떠오르는 과정에서 로마에는 많은 피가 흘렀다. 카토와 키케로가 세상을 떠났고, 그들의 라이벌 카이사르 역시 목숨을 잃었다. 그러나 카이사르라는 이름은 향후 수백 년간 제국의 일인자의 상징으로 계승된다.

로마의 첫 번째 황제는 카이사르의 조카, 가이우스 옥타비아누스였다. 그는 암살당한 카이사르를 반면교사로 삼아, 처음에는 작위와 권력을 거부하는 척하다가 서서히 독재를 시작했다. 차근차근 머리를 굴리면서 권력을 하나씩 가로챘고, 마침내 모두 자기 것으로 만들었다.

민주주의의 요람인 아테네에서 탄생한 스토아 철학은 세계의 패왕으로 떠오른 로마 제국에서는 휘청거렸을까? 현실은 정반대다. 스토아 철학은 회복탄력성을 빼면 시체다. 스토아 철학자들은 오히려 로마 제국의 재상 자리를 꿰찼다. 우리 힘으로 바꿀 수 없는 일은 수용하자는 게 스토아 철학의 핵심 메시지란 걸 고려하면, 사실 앞뒤가 척척 들어맞는다. 카토는 공화정을 지키려 목숨을 바쳤으나 패배했다. 로마에 '자유'를 가져오려는 브루투스의 시도는 실패로 돌아갔다. 로마는 두 번째 내전을 끝낸 뒤에야 새로운 국가로 재탄생했다. 제정 시대의 막이 올랐고 '평화'가 다시 찾아왔다. 혼란의 시기에서 살아남은 스토아학파는 이제 다시 국가를 섬기고 태평성대를 유지하는 게 그들의 의무라 믿었다. 그래서 젊은 권력자 옥타비아누스를 '존엄한 자'라는 뜻의 '아우구스투스 Augustus' 황제로 만들기 위해 최선을 다했다.

제 발로 유령의 집에 들어간 이유

그 역할을 맡은 첫 번째 스토아 철학자는 아테노도루스다. 그는 크리시포스와 안티파트로스와 같은 타르수스 출신으로, 그들이 태어난 곳에서 멀지 않은 터키 남동부의 카나나에서 태어났다. 아테노도루스는 로도스섬의 포시도니우스 밑에서 수학한 후, 아테네로 거처를 옮겨 스승처럼 해양학을 연구했다. 나중에 키케로는 아테노도루스를 고용해 철학 연구를 맡기고, 그가 집필한 원고 상당 부분을 자신의 역작 『의무론』에 넣는다.

포시도니우스 밑에서 철학 공부를 마친 아테노도루스는 지중해의 주요 도시와 산악도시 페트라를 거쳐 이집트에 이르기까지 여러 나라를 떠돌며 강의를 했다. 서른 살도 채 되지 않은 나이에 유명해졌고 사람들의 존경을 얻었다. 그리고 아폴로니아(지금의 알바니아)에서 옥타비아누스의 교사이자 가까운 친구가 되었다. 기원전 44년, 카이사르가 살해되자 옥타비아누스는 로마로 돌아왔고, 망자의 유언에 따라 카이사르의 후계자가 된다. 아테노도루스도 이때 로마로 돌아와 제자가 거대한 제국을 통치할 능력과 심성을 키우도록 힘썼다.

옥타비아누스는 총명했지만, 결코 다루기 쉬운 학생이 아니었다. 그는 미신에 꽤 의지했는데, 이성을 중시하던 스토아 철학자라면 그에게 거부감을 느낄 만했다. 더군다나 한 나라의 지배자가 갖출 덕목은 아니었다. 아테노도루스는 옥타비아누스의 습관을 고치기 위해 꾀를 낸다. 어느 날, 아테노도루스는 유령이 나온다고 소문이 자자한 저택을 빌렸다. 모두가 호들갑을 떨었지만, 아테노도루스는 눈도 끔뻑하지 않은 채 집에 물건을 들이기 시작했다. 그런데 짐을 풀고 일상생활을 시작하자마자 정말로 유령이 나타났다. 유령은 무거운 쇠사슬을 끌고 쇠 부딪히는 소리를 내며 아테노도루스를 찾아왔는데,

그는 고개를 힐끗 돌리고 글을 쓰는 동안에는 집중해야 하니 조금만 기다려달라고 말한 후 다시 펜을 들었다. 조금 뒤, 글쓰기를 마치고 자리에서 일어나 유령을 뒤쫓았다. 마당으로 가던 유령은 갑자기 사라졌는데, 아테노도루스는 그 자리를 빠르게 표시하고 책상을 정리한 후 잠자리에 들었다. 다음 날 아침, 일꾼들을 시켜 어젯밤 표시한 자리를 파보자 땅 밑에서 쇠사슬에 묶인 오래된 뼈가 발견됐다. 아테노도루스는 사람들을 불러 장례식을 치른 뒤 유해를 다시 묻어주었고, 이후로 유령을 본 사람은 아무도 없었다고 한다.

유령이나 초자연적인 현상을 믿든 말든, 이 이야기의 핵심은 유령을 퇴치하는 방법에 관한 게 아니다. 아테노도루스가 들려주고 싶었던 교훈은 스토아 철학자는 항상 침착해야 하고, 어떤 두려운 상황도 이성과 용기로 해결할 수 있으며, 비이성적인 것이 우리 삶을 지배하게 놔두면 안 된다는 것이다.

그는 절제와 지혜, 근면성 같은 가치도 젊은 황제에게 재차 강조했다. "신께 기도드리며 원하는 걸 솔직하고 간절하게 바랄 때, 모든 욕망으로부터 자유로워질 수 있다. 신이 지켜본다는 생각으로 사람들과 함께 살아가며, 신이 내 말을 듣고 있다고 상상하며 말하라."

평범한 사람들에게 유용하고 리더에게 꼭 필요한 조언

아테노도루스에 관한 기록은 훗날 황제의 재상이었던 세네카가 그를 모범으로 삼고 연구한 덕분에 지금까지도 전한다. 세네카의 글을 통해, 우리는 아테노도루스가 통치자에게 특히 절제와 근면, 차분함을 균형 있게 강조했다는 걸 알 수 있다. 그는 소크라테스 역시 휴식을 취하고 즐거움을 느끼기 위해 아이들과 시간을 보냈다고 말하며, 때로는 공무에서 오는 스트레스를 잠시 내려놓고 에너지를 재충전해야 한다고 주장했다. 종종 여가를 즐기며 머리를 식히지 않으면, 지나친 압박감으로 오히려 해악에 취약해지기 때문이다.

옥타비아누스의 여동생 옥타비아가 아들을 잃었을 때도 아테노도루스는 비슷한 조언을 했다. 지나친 슬픔에 빠지거나 스트레스를 받지 말고, 바쁘게 몸을 움직이라고 말이다. 이를 통해, 우리는 부패하고 어지러운 세상에서 마음의 평정인 에우테미아euthymia를 찾을 수 있다.

어느덧 예순에 가까운 나이가 된 아테노도루스는 고향으로 돌아가고 싶어져 공직에서 물러나겠다는 의사를 아우구스투스에게 밝힌다. 그는 제자이자 황제에게 마지막 조언을 건네며, 언제나 그것을 따르길 당부했다. "아우구스투스 폐하, 화가 날 때면 마음속으로 천천히 알파벳을 세십시오. 그리고 그것을 다 세기 전까지는 아무 말도 하지 마십시오."

평범한 사람들에게는 유용하고, 황제에게는 반드시 필요한 조언이었다. 하지만 안타깝게도 역사상 수많은 지도자가 이 조언을 무시해, 함께 일하는 사람들을 잃는다. 아우구스투스는 스승의 조언을 받아들였으나 은퇴 요청은 거부했다. 좀 더 로마에 남아 가르침을 달라고 간청했다. "저는 여전히 스승님이 필요합니다." 국가와 동료 시민에 대한 의무감으로 어깨가 무거워진 아테노도루스는 1년 더 로마에 남는다.

기원전 1년 무렵, 아테노도루스는 타르수스로 돌아와 고향의 정치적 혼란을 수습하는 데 여생을 바친다. 그는 황제의 그림자가 아닌, 자기 삶의 주인공으로서 매순간 자신이 가르치고 이야기해오던 원칙을 실생활에 적용했다.

일생에 걸쳐 철학의 가르침에 정진한 사람은 마지막 순간을 편하게 맞을 수 있다. 아테노도루스는 여든두 살이 되던 해에 세상을 떠났다. 타르수스 사람들은 고향을 사랑하고 조국을 위해 일생을 바친 애국자를 기념하는 축제를 열며 그를 영원히 가슴에 새겼다고 한다.

부지런한 사람 중에
쓸모없는 사람은 없다

팍스 로마나의 주춧돌을 세운 두 번째 스승, 아리우스(Arius Didymus, B.C.
70~A.D. 10)

아우구스투스 황제의 스승이자 정치적 동지. 알렉산드리아 출신으로, 황제의
신뢰를 얻어 로마 제국 최대의 곡창지대인 알렉산드리아 총독 자리까지 제안받
았다. 분란의 씨앗이 될 만한 카이사르와 클레오파트라의 아들 카이사리온을
제거하라고 권유하는 냉혈한 모습도 보였다.

아우구스투스는 두 명의 스토아 철학자를 스승으로 두었다. 한 명
은 앞서 살펴본 아테노도루스고, 다른 한 명의 아리우스 디디무스다.
그들의 일화는 많이 알려지지 않았지만, 전해지는 몇몇 문헌을 통해
서 사상적 특징과 중요한 가르침을 엿볼 수 있다.

기원전 44년, 아리우스는 어린 자식들을 데리고 아우구스투스의
삶에 합류한다. 오현제 시대의 역사가이자 정치가 수에토니우스에
따르면, 아리우스의 아들들은 아우구스투스의 죽마고우가 되어 다

양한 가르침을 주었다. 젊은 지도자는 그들과 가깝게 지내면서 헬라어를 읽고 감상하는 법을 배울 수 있었다.

아리우스는 아우구스투스와 인연을 맺은 이후로 언제나 그의 곁을 '한결같은 친구'로 지켰다. 비밀스러운 생각을 공유하는 건 물론 일거수일투족을 꿰고 있었다.

철학자인가, 냉철한 정치인인가

기원전 30년, 아우구스투스는 숙명의 라이벌 안토니우스와의 피비린내 나는 장기전을 끝내고 승리의 축배를 들며 알렉산드리아에 입성했다. 알렉산드리아 시민은 최악의 상황을 두려워했다. 이를 눈치챈 아우구스투스는 아리우스의 손을 잡고 다니며 그에 대한 애정을 공공연하게 표현한다. 진심으로 아리우스를 아꼈던 것도 있지만, 무엇보다 그의 고향인 알렉산드리아 시민을 안심시키기 위해서였다. 아우구스투스는 아리우스의 도움을 받아 헬라어로 연설했다. 그리고 이 도시를 보존하겠다고 선언했다. "첫 번째 이유는 알렉산드리아가 위대하고 아름답기 때문입니다. 두 번째 이유는 위대한 대왕의 이름을 따서 지어졌기 때문입니다. 그리고 세 번째 이유는…." 정복자는 잠시 숨을 고른 뒤, 웃으며 아리우스를 쳐다보았다. "여기 있는 내 친구를 위해서입니다." 알렉산드리아 시민은 정복자가 아리우스를 얼마나 신뢰하고 있었는지 보았다.

이런 일화도 있다. 로마 제국 시기의 그리스 철학자 필로스트라토스는 자신의 이름이 살생부에 올라 있을 거라고 믿고, 아리우스가 가는 길마다 따라다니며 살려달라고 간청했다. "현자는 현자의 목숨을 살려주는 법입니다. 아우구스투스 황제가 현자라면 말이죠." 플루타르코스에 따르면, 아우구스투스는 필로스트라토스를 사면했다고 한다. 스승을 더 이상 귀찮게 하지 말라는 뜻이었다.

아리우스 디디무스는 평화를 상징하는 인물이었는데, 그의 이름이 원래 '전투적인 쌍둥이'라는 뜻을 가졌다는 점은 다소 아이러니하다. 아리우스가 어린 제자에게 실용적이지만 마키아벨리적인 조언을 했다는 걸 고려하면 더욱 그렇다. 아테노도루스가 주로 교육에 심혈을 기울인 반면, 아리우스는 정치적 사안에 관해서도 직접 조언했다. 아리우스가 보기에 알렉산드리아의 가장 시급한 문제는 왕위의 잠재적 위협자들을 제거하는 일이었다. 플루타르코스는 그 상황을 이렇게 전한다. 아리우스는 "카이사르가 너무 많으면 좋지 않은 법"이라며, 클레오파트라와 카이사르의 아들 카이사리온을 죽이라고 말했다. 아우구스투스는 사랑했던 양부의 친자를 죽이는 일이 내키지 않았지만, 그를 살려두어 화근을 만들고 싶지도 않았다. 고민 끝에 아우구스투스는 카이사리온을 제거한다. 얼마 지나지 않아, 클레오파트라가 카이사르를 위해 지은 카이사리움 신전이 완공되었는데, 결과적으로 그 신전은 카이사르의 연인과 자식을 죽이고 로마의 첫 황제 자리에 오른 양자 옥타비아누스, 즉 아우구스투스 황제의 손에 들어간다.

스토아 철학자 아리우스는 평화를 지키기 위해 반드시 할 일이었다고 본 것 같다. 카토, 키케로, 포르키아 등을 떠올리며 더 이상 내전은 없어야 한다고 생각했기 때문이다. 또다시 내전이 일어나면 로마는 더 이상 버티지 못할 것 같았다.

이것보다 훌륭한 가치는 없다

스토아 철학은 이미 디오게네스와 안티파트로스 시절부터 정계로 진출했지만, 아리우스와 아테노도루스가 로마 황제의 스승이 되면서 역사상 가장 큰 권력을 쥐게 된다. 아우구스투스의 통치 아래 제국은 어느 때보다도 더 많은 나라를 정복해나갔고, 그 최전성기를 연 아우구스투스의 뒤에는 두 명의 스토아 철학자가 버티고 서 있었다. 아리우스는 이집트의 총독 자리를 제안받았지만 거절했다. 제국의 가장 큰 속주이자 곡창지대였던 이집트를 통치하는 자리보다 황제 옆에 머물며 발휘하는 영향력이 더 컸을 거라고 말하는 사람도 있다. 결국 아리우스는 황제 옆에 머물면서, 한 발자국 떨어져서 알렉산드리아의 통치를 돕는 걸 선택했다. 파나이티오스가 로도스섬을 통치하는 스키피오를 도운 것과 비슷했다고 플루타르코스는 전한다.

아우구스투스는 두 스승 모두에게 크게 의지했던 것 같다. 역사학자이자 정치가인 데미스티우스에 따르면, 아우구스투스는 자신을 도와 혼란스러운 정국을 수습한 군인 마르쿠스 아그리파만큼 아리우스를 소중하게 생각했다. 아리우스를 너무 아껴서, 스승과 함께할 땐 검투 경기도 보지 않았다고 한다. 철학자를 불편하고 먼지 나는 경기장에 들일 수 없다는 이유였다.

아리우스는 위문 서신을 유려하게 쓰기로 유명했다. 아우구스투스의 가족과도 가깝게 지낸 아리우스는 아우구스투스의 아내 리비아가 아들 드루수스를 잃었을 때 이렇게 썼다. "간청하건대, 세상에서 가장 불행한 여인이 된 양 비뚤어지지 마십시오. 국가가 번영할 때 용기 있는 행동은 주목받지 못합니다. 풍랑이 순조롭고 파도가 치지 않을 때는 선장의 항해 기술이 돋보이지 않는 것처럼요. 오직 날씨가 궂을 때만 선장의 참 용기를 엿볼 수 있습니다. 배를 모는 선장처럼 슬픔에 항복하지 말고, 두 발로 단단히 땅을 딛고 서서 어깨에 지워진 무거운 짐을 견디십시오. 비록 폭풍우의 포효에 두려움이 마음을 덮쳤어도 말입니다. 현실을 묵묵히 받아들이는 것만이 운명의 여신 포르투나의 질책을 멈출 수 있습니다." 아리우스는 슬퍼하는 대신 젊은 나이에 세상을 떠난 아들과의 추억을 애정으로 기리고, 살아 있는 자녀와 손자를 생각하라고 부탁했다. 리비아는 수백만 로마인들의 말과 기도보다 아리우스의 서신 한 장이 더 감동적이었다고 말했다.

스토아학파는 사랑하는 사람을 잃고 슬퍼하면 안 된다고 주장하지 않았다. 하지만 일상이 무너질 정도로 과도하게 슬퍼하는 건 오히려 죽은 이를 모욕하는 일이며, 아직 자신을 필요로 하는 자들을 저버리는 일이라 믿었다. 물론 아들을 갓 땅에 묻은 어머니에게 이런 말을 하기는 쉽지 않다. 하지만 아리우스는 예의를 갖추고 동정심을 담아 세심하게 조언을 건넸고, 리비아는 평생 아리우스에게 고마워했다.

아리우스의 글에는 개인적 신념뿐만 아니라 수 세기 동안 다듬어진 스토아 학설의 핵심이 담겼다. 아리우스는 살아가는 데 가장 중요한 덕목으로 사주덕, 즉 지혜, 절제, 정의, 용기를 들었다. 스승의 가르침을 꿰고 있던 아우구스투스는 이 덕목들을 마음속에 깊게 새겼을 것이다. 아리우스는 사주덕보다 훌륭한 덕은 없다고 주장했다. 모든 악덕에는 사주덕이 부족하고, 모든 미덕은 사주덕을 담고 있다. 그는 흔히 선하다고 간주되는 덕목들을 체계화하고, 그 덕목과 스토아 학설의 다른 부분과의 관계를 정리했다. 그 과정에서 아리우스는 스토아 철학을 따르고 싶은 이들을 위한 일종의 로드맵을 만들었다. 자신의 열정을 통제하려는 황제든, 경력을 쌓으려는 야심 찬 젊은이든 모두가 따를 수 있는 지침이었다.

삶을 다듬는다면 누구나 빛날 수 있다

아리우스는 덕이 본질적으로 지식의 한 유형이라고 명확하게 정의했다. 그 내용을 간단히 살펴보자.

첫째, 지혜란 해야 하는 일과 해서는 안 되는 일을 분별하는 능력이자, 적절한 행위가 무엇인지 판단하는 지식이다. 그 안에서 우리는 상황을 신중하게 판단하고, 목표를 올바르게 설정하는 법을 익힐 수 있다.

둘째, 절제란 헛된 욕망을 다스리고 유혹으로부터 내 마음을 지키는 기술이다. 질서, 겸손함, 자제력, 극기 같은 절제의 덕목을 통해 우리는 진정한 행복에 이를 수 있다.

셋째, 정의란 인간 모두에게 주어진 의무에 관한 지식이다. 경건함, 친절함, 유대감, 공정함 같은 가치를 통해 우리는 자신의 삶은 물론, 타인과 사회를 사려 깊게 돌볼 수 있다.

넷째, 용기란 고통과 위협, 불확실성을 이겨내는 의지이자 현실을 직시하는 지식이다. 끈기, 용맹함, 관대함, 담대함, 그리고 근면함도 여기에 포함된다.

위의 네 가지 덕목과 대조되는 어리석음, 충동, 불의와 비겁함은 지식이 부족해서 생기는 것이라 했다. 아리우스가 주장한 덕목들은 제논에서부터 내려온 스토아 철학의 다른 개념과도 잘 어울린다. 실제로 그는 이런 개념을 중심으로 세상의 질서를 재편하려고 했다. 그는 세상에 오로지 두 유형의 사람만이 있다고 한다. 현자와 우매한 자, 즉 쓸모 있는 자와 쓸모없는 자다. 미덕을 추구하기 위한 지식을 가진 자는 현자요, 지식을 갖추지 못한 자는 쓸모없고 우매한 자다. 아리우스는 세상을 흑백으로 나눴기에, 그 사이에는 회색이 존재할 자리가 없다. 그런데 한 가지 의문이 든다. 훗날 황권에 위협이 될 수 있는 어린아이를 죽이는 건 이 네 가지 덕목 중 무엇에 해당하는 걸까? 정의? 지혜? 아니면 목적 달성을 위해 그때그때 형편에 따라 일을 처리하는, '권도'라는 비공식적인 덕목이라도 있는 걸까? 당연히 제논은 그런 주장을 한 적이 없다.

아리우스는 인간이 덕을 베풀 능력을 타고나지만, 덕을 적극적으로 실천하고 다듬을 때만 선하고 지혜로워질 수 있다고 주장했다. 그에 따르면 도덕적 삶의 핵심은 사는 동안 영혼을 조화로운 상태로 유지하는 것이다. 그의 영혼은 조화로운 상태에 도달했을까? 알 수 없다. 그렇다면 아리우스와 아테노도루스 덕분에 절대 권력을 쥔 아우구스투스는 덕에 한 걸음 더 가까워졌을까? 그렇다고 볼 수 있다. 훌륭한 철학자 스승 덕분에 황제는 도덕심을 배양할 수 있었다. 비록 완벽하지는 않았지만, 그래도 네로 같은 인물은 결코 아니었다. 기록에 따르면, 아우구스투스는 계속 품성을 갈고닦았다고 한다. 절대 권력을 거머쥔 지도자에게는 확실히 쉽지 않은 일이다.

아우구스투스는 도덕적으로 위대한 사람이 되기 위해, 늘 절제하고 스승들이 강조한 덕목을 따르며 살았다. 세상을 뜰 무렵, 그는 "나는 벽돌로 지어진 도시를 물려받았지만, 이제 대리석으로 지어진 도시를 후대에 남길 수 있게 되었다"고 말했다고 한다. 틀린 말이 아니다. 오늘날까지 잘 보존된 로마 시대 건축물들은 아우구스투스와 그의 스토아 스승들이 강조했던 근면이라는 가치를 따랐다는 걸 여실히 보여준다.

스승들의 가르침과 철학자 없이 이런 일을 해낼 수 있었을까? 아마 어려웠을 것이다. 스토아학파는 스승의 지도와 발전해나가는 과정을 즐겨야 한다고 주장했다. 그러지 않으면 철학자도 일반인의 수준으로 퇴보하기 때문이다. 아우구스투스는 스승의 가르침을 따라 필로포니아의 모범을 보였을 뿐 아니라 진심으로 타인의 선을 위해서 일하는 걸 좋아한 듯하다.

팍스 로마나의 주춧돌을 세우다

권력을 쥐거나 성공을 누린 사람 중에 타인을 위해 기꺼이 노고를 감수하는 사람은 얼마 없다. 더 나은 사람이 되기 위해 계속 노력하는 이도 별로 없다.

아리우스는 쓸모없는 자 가운데 부지런한 사람은 아무도 없다고 말했다. 근면한 사람은 늘 피땀을 흘려 무언가를 이루려는 기질이 있지만, 쓸모없는 자들은 노력하지 않는다. 아우구스투스는 성실했다. 그 누구도 황제가 옥좌에 앉아 놀기만 한다고 말할 수 없었다. 아리우스도 그랬다. 막대한 부를 축적해 고발당한 세네카와는 달리, 황제의 두 스승은 권력을 얻었지만 부패하지 않았던 것 같다.

카토가 생각하는 공화정의 중요한 가치는 자유(리베르타)와 전통 규범(모스 마이오룸)이었다. 이 가치들이 아우구스투스 시대에도 중요했을까? 황제의 권력은 막강하다. 따라서 그 권력 바깥의 사람들은 자유와 전통 규범을 통해 그 권력을 견제하려 했다. 하지만 아리우스나 아테노도루스는 공화정의 기성 가치를 강조하지 않았다. 눈앞에

산적한 문제를 제일 효과적으로 해결하려면, 최선을 다해 황제의 품성을 가꾸는 것이 중요한 과제였기 때문이다. 이렇게 두 철학자는 왕이 신뢰하는 재상이 되었고, 공직자로서 최고의 자리에 올랐으며, 로마 제국이 평화와 번영을 누렸던 시기, 팍스 로마나 Pax Romana의 주춧돌을 세운다.

파나이티오스와 아리우스는 사람에게는 각자 타고난 자산인 아포르마이 aphormai가 있어서, 이를 잘 계발하면 덕에 이를 수 있다고 보았다. 물론 각자의 성격에 따라 계발할 수 있는 덕목과 출발점은 다 다르지만, 타고난 성품을 바탕으로 성실히 노력하면 누구나 원하는 덕목을 계발할 수도 있다. 지금 당면한 일에 집중하고, 남의 일에 시간을 낭비해서는 안 된다. 용기를 가지고 공정해야 한다. 자신의 감정을 인지하고 무엇보다도 현명해야 한다. 이게 바로 아리우스와 아테노도루스가 실천하고 가르치려고 한 덕목들이다.

스토아 철학을 가르치며 황제를 보필하던 두 스승의 가르침은 아우구스투스와 세네카에게 영향을 주었을 뿐만 아니라, 훗날 철인 황제 마르쿠스 아우렐리우스에게도 영감을 주었다. 이들은 살아생전 세계를 다스릴 수 있는 권력의 중심에 있었지만, 결국에는 흙으로 돌아갔다. 마르쿠스 아우렐리우스는 그들의 죽음에서 삶의 유한성을 깨달았고, 겸손을 배웠다.

"아우구스투스의 황궁은 사라졌다. 그의 아내와 딸, 손주와 양자들, 누이와 친척들, 하인들, 친구들, 최측근 인사였던 아그리파와 마이케나스도, 어의와 제관들도 모두 사라졌다. 황궁 전체가 자취를 감추었다. 언젠가 누군가는 마지막 사람이 될 수밖에 없다. 그렇게 한 가문 전체가 세상에서 종적을 감춘다. 아테노도루스도, 아리우스도, 아우구스투스도 세상을 떠났다. 하지만 시간의 수레바퀴는 계속 굴러간다."

17장
나 자신이 될 수 없다면 죽는 게 낫다

자아

끝까지 나답게 살았던 개성파, 아그리피누스(Paconius Agrippinus, B.C. ?~B.C. 67)

크레타섬과 키레네의 총독. 티베리우스 황제 시절, 아버지가 반역죄로 부당하게 반역죄로 죽임을 당했다. 아그리피누스도 상황에 타협하거나 물러서지 않고 자신의 신념을 지켜 유명해졌다. 결국 아버지처럼 반역죄로 기소당한다.

아그리피누스에 대해서는 알려진 것이 별로 없다. 어떤 글을 썼고, 언제 어디서 태어나 어떻게 죽었는지도 모른다. 로마 제국 2대 황제인 티베리우스부터 5대 황제 네로의 시대에 걸쳐 살았지만, 많은 부분이 수수께끼로 남아 있다. 가장 잘 알려진 사실은 아우구스투스의 후계자인 티베리우스 황제가 그의 아버지를 반역죄로 처형했다는 것뿐이다. 이렇듯 알려진 것은 별로 없지만, 아그리피누스는 당대의 스토아 철학자 중에서도 가장 용감하기로 유명했다. 탐욕과 부패의 시대에 스토아 철학의 원칙에 따라 산 사람은 아무래도 눈에 띌 수밖에 없었을 것이다.

나는 나의 방해물이 아니다

〰️

사람은 옷의 실 같은 존재다. 실이 옷감에서 아주 작은 부분이듯, 사람들은 대부분 세상의 일부로 살아가는 데 만족한다. 그러니 설령 폭군에 맞서지 않는다고 그 누가 비난할 수 있으랴? 폭정의 시대에 살아남는 가장 좋은 전략은 저자세를 유지하고 가능한 한 눈에 띄지 않는 것이다.

아그리피누스는 독재자 때문에 아버지를 잃었지만, 타협하는 일은 상상할 수 없었다. "나는 빨간 실이 되고 싶습니다. 작고 멋진 빨간 장식 하나가 옷 전체를 아름답게 만들기 때문입니다. 튀지 말라고요? 평범함만 추구한다면 어떻게 빨간 실이 될 수 있겠습니까?"

록 밴드 앨리스 인 체인스의 노래 가사 중 한 소절은 아그리피누스의 신념을 간략하게 요약하는 듯하다. "나 자신이 될 수 없다면 죽는 게 낫지."

오늘날 개성과 자율성은 중요한 가치로 자리 잡았다. 하지만 말만 앞세울 뿐 이를 실천하는 사람은 많지 않다. 누구나 개성을 표출하고 있는 그대로의 나를 뽐내고 싶어 하지만, 어렵다는 걸 알기에 말에서 그친다. 정말 중요한 상황에서 압박을 받게 되면, 다른 사람들이 원하는 걸 원하고 다른 사람을 따라 하게 된다.

아그리피누스는 그러지 않았다. 종종 그런 사람들이 있다. 기꺼이 빨간 실이 되고, 눈에 띄는 걸 서슴지 않는 사람들 말이다. 설령 목숨에 위협을 받거나 고향에서 추방당하게 되더라도 말이다.

목숨까지 걸면서 신념을 지키고 개성을 드러내는 건 흔치 않은 일이다. 알량한 자존심을 세우고 싶어서나, 요샛말로 '관종'이어서 그런 게 아니라면. 에픽테토스는 이렇게 말했다. "아그리피누스는 칭찬받아 마땅하다. 고귀한 가치를 수호한 사람이었지만, 자기 자신을 단 한 번도 칭찬한 적 없었다. 누군가가 칭찬해도 얼굴을 붉히곤 했다."

단단한 삶의 원칙 때문에 명성을 얻었지만, 사실 사람들의 관심을 끌지 않아도, 조용히 자신의 태도를 견지할 수 있었다면 그렇게 했을 것이다. 자기 주머니를 채우는 데 급급했던 다른 공직자와는 달리, 아그리피누스는 크레타와 키레네의 총독으로서 출중한 능력을 보여주었고, 사람들은 공직자로서 그의 헌신에 감탄했다.

타키투스에 따르면, 아그리피누스는 결백했던 아버지가 수모를 당하는 모습을 본 후 황제를 증오하게 됐다고 한다. 궁정에 머물던 난쟁이가 황제를 놀리자, 기분이 상한 황제가 아그리피누스의 아버지에게 사형을 지시했다는 것이다. 터무니없는 상황에도, 아그리피누스는 철저하게 법을 따랐고 공정하게 총독직을 수행했다.

에픽테토스에 따르면, 총독 시절의 그는 형을 선고받은 사람에게도 형을 치러야 할 이유를 설득하려 애썼다고 한다. 죄인이라고 해서 무조건 파렴치한으로 몰지 않았다. 보호자나 후견인처럼, 또는 의사가 수술받을 환자를 설득하는 것처럼 죄인을 대했다. 에픽테토스는 그런 아그리피누스에게 존경심을 표했다. 탐욕에 눈멀고 원칙을 무시하는 사람들이 즐비하던 그 당시에 이처럼 공명정대한 인물은 흔하지 않았다. 그는 시류에 흔들리지 않는, 순수하고 헌신적이며 명민한 인물이었다.

아그리피누스의 성격을 보여주는 유명한 일화가 하나 있다. 어느 날, 아그리피누스는 네로의 연회에 참석해 연설할지 말지 고민하는 한 철학자에게 다가갔다. 아마 세네카였을 것이다. 아그리피누스는 그에게 연회에 참석하라고 조언을 건넸다. 그가 왜 가야 하는지 아그리피누스에게 되물었다. 아그리피누스는 이렇게 답했다. "당신은 이미 참석해야 할지 말지 고민하고 있으니까요." 사실 아그리피누스에게는 고민할 가치조차 없는 초청이었다.

최선의 대안을 택하고, 계속 살아가라

아그리피누스는 옳은 일 앞에서는 일말의 망설임도 없어야 한다고 주장했다. 내게 어떤 선택권이 있는지 재어봐도 안 된다. 에픽테토스에 따르면, 아그리피누스는 한 번 원칙을 세우면 반드시 지켰다. 그의 태도는 자신의 본래 성품을 잊고, 보이는 것의 가치를 계산하는 사람들을 반성하게 했다. 스토아학파에 지대한 영향을 미친 고대 그리스 철학자 헤라클레이토스는 성품은 타고난다고 말한 적이 있다. 아그리피누스, 아리스토, 카토를 생각하면 딱 맞는 말이다. 아그리피누스는 좋은 성품만이 어려운 일을 깨끗하고 명확하게 처리할 수 있다고 믿었다. 계산할 필요도, 고민할 필요도 없었다. 무엇이 옳은지는 분명하기 때문이다.

원칙을 지키던 아그리피누스는 결국 아버지처럼 권력자에 대항하는 음모를 꾸민 혐의로 기소된다. 재판이 시작되자, 그는 친구에게 이렇게 말했다고 한다. "다 잘 풀리길 바라네." 그리고 원로원의 결정을 기다리던 중, 그가 매일 운동하던 시간이 되었다. 한 치 앞도 모르는 위급한 상황이었지만, 그는 평소처럼 운동을 하고 차가운 물로 목욕하며 휴식을 취했다. 카토가 목숨을 끊기 전 마지막 만찬을 즐겼던 것처럼, 아그리피누스는 판결이 나오기 전 마지막 목욕을 했다. 재판 결과는 유죄였다.

보통은 용서해달라고 빌거나 억울하다고 항소했을지도 모른다. 하지만 아그리피누스는 자신의 운명에 대해 불안해하거나 두려운 안색 없이, 꼭 필요한 것만 물었다. "유배냐, 죽음이냐?" 친구들은 당연히 유배를 권했다. "원로원이 내 재산을 몰수했나?" 친구들은 다행히도 재산은 몰수하지 않았다고 전했다. "잘됐군. 그럼, 아리차에 가서 점심을 들자고." 아리차는 로마에서 가장 가까운 근교 마을이었다. 그곳에 간다는 건 곧 로마를 떠난다는 뜻이었다. 아그리피누스는 슬퍼하는 친구들 틈에서 오히려 담담하게 물었다. "여기 배고픈 사람 없는가?" 아마 대부분의 사람들은 세상이 무너진 양 절망했을 상황이다. 하지만 아그리피누스는 달랐다.

"나는 나 자신의 방해물이 아니다." 에픽테토스가 인용한 아그리피누스의 이 말은 주어진 상황을 한탄하면서 고통받지 않고, 그 어떤 일에도 자신의 존엄성을 훼손하거나 마음의 평정을 잃지 않은 강인한 태도를 보여준다. 그는 고난이 닥쳐도 찬사를 올리고, 열이 오르면 열병을 앓고, 평판이 떨어지면 그 평판을 더 떨어뜨리고, 유배를 보내면 도리어 유배를 즐겼다. "주어진 선택지가 제한됐을 때, 야단법석을 떠는 건 어리석은 일이다. 우리는 그저 그중에서 최선의 대안을 선택하고 인생을 계속 살아가면 된다. 그 이외의 방법을 고민하는 건 귀중한 시간과 에너지를 낭비하는 일이다." 아그리피누스는 자신의 삶과 황제의 잔인한 추방 처분 같은 가혹한 운명을 있는 그대로 받아들였고 제 갈 길을 갔다. 그가 왜 추방된 걸까? 증거는 있었을까? 정확하지는 않지만 타키투스는 일말의 단서를 제공한다. 네로는 이미 선하고 유능한 젊은 시인들을 너무 재능이 많다는 이유로 쫓아낸 적이 있었다. 아그리피누스도 같은 이유로 추방되었을 것이다.

남들과는 다른 자신만의 모습을 지켰던 아그리피누스는, 네로만이 돋보여야 하는 로마 제국에서의 유일한 '빨간 실'이었다. 그러나 아그리피누스가 한 가지 생각 못 한 사실이 있다. 눈에 띄는 색깔의 실은 옷을 아름답게 만들지만, 못이 튀어나오면 망치로 두들긴다는 사실 말이다. 물론 그는 못이 아니라 아름다운 '빨간 실'이 될 만한 가치를 지닌 자였지만.

18장 인생의 갈림길에서, 어디로 나아갈 것인가

선택

두 얼굴의 위대한 지성, 세네카(Lucius Annaeus Seneca, B.C. 4~A.D. 65)

스페인 코르두바(지금의 코르도바) 출신의 철학자·정치인·문학가. 폭군 네로의 스승으로, 고리대금업을 통해 부를 불리기도 했다. 이후 정계를 은퇴, 스토아 철학자로서 『인생론』, 『행복론』 등 여러 작품을 남겼다. 그의 글은 오늘날까지 높은 평가를 받으며 키케로, 아우렐리우스의 작품과 함께 '라틴어 문학의 표준'으로 불린다.

오늘날까지 자기 이름이 회자된다는 걸 알면, 세네카는 매우 기뻐할 것이다. 사후의 명성을 무가치하게 여긴 동료 스토아 철학자들과 달리, 세네카는 살아서는 물론 세상을 떠난 후에도 명성을 떨치기를 간절히 바랐다. 이를 위해 평생 끝없이 노력하고, 기꺼이 연단에 섰으며, 한 편의 연극처럼 비장하게 세상을 떠났다.

세네카와 예수, 둘은 같은 해에 제국의 광대한 속주 중 한 곳에서 태어났다는 공통점이 있다. 하지만 예수와 달리 세네카는 온유하거나 겸손하지 않았다. 키케로를 능가할 정도로 야망이 컸고 재능과 의지도 있었다.

세네카의 글은 오늘날에도 높은 평가를 받고 있는 키케로의 글보다도 더 널리 읽힌다. 누구나 마주할 수밖에 없는 삶의 고난과 모두가 바라는 평정, 의미, 행복, 지혜 같은 가치들에 대해 그보다 더 호소력 있고 공감 가는 글을 남긴 이는 없기 때문이다. 게다가 세네카의 수필과 편지에는 키케로의 작품보다도 스토아 철학의 메시지가 더 풍부하게 담겨 있다.

철학의 목적은 매일 더 나은 사람이 되는 것

세네카는 기원전 4년, 코르두바에서 태어났다. 아버지인 대 세네카는 아들만큼 유명한 작가로, 부유한 집안에서 좋은 교육을 받고 자란 엘리트였다. 세네카의 형제인 노바투스나 멜라, 멜라의 아들 루칸도 작가로 활동한 것을 보면, 글쓰기가 가풍이었던 모양이다. 한마디로 큰 업적을 쌓을 운명을 타고났다고 말할 수도 있겠다.

아우구스투스 시대가 끝날 무렵 태어난 세네카는 공화정 시기를 경험하지 못한 최초의 스토아 철학자였다. 그는 살면서 다섯 황제의 통치를 거쳤다. 선조들이 누린 자유(리베르타)를 경험해본 적이 없던 그는 한 치도 예측할 수 없는 격동기를 능수능란하게 살아가는 데 평생을 바친다.

세네카는 제정 시대를 겪었지만, 이전의 철학자들과 거의 비슷한 유년기를 보낸다. 대 세네카는 뛰어난 언변으로 유명한 스토아 철학자 아탈루스에게 아들의 교육을 맡겼다. 대 세네카는 아들이 정의롭고, 자기 생각을 명확하게 밝히며 남을 설득할 수 있는 사람으로 크길 바랐다. 어린 시절, 세네카는 공부를 즐거워한 듯하다. 반에 활기를 주며 다른 급우들을 주름잡았던 그는 가장 빨리 학원에 오고 가장 늦게 집에 가는 학생이었다. 아탈루스는 게으름을 피우거나, 수업 내용을 줄줄이 외우기만 하는 학생들을 용납하지 않았다. 학생들이 그저 자리만 차지하지 않고, 활발한 토론과 참여로 진정한 배움을 얻도록 도왔다. 아탈루스는 이렇게 말했다. "스승과 학자가 공통으로 가져야 할 자질은 발전을 향한 야망이다."

또한 스승은 제자들이 그저 좋은 성적을 받고 화술을 갈고닦는 일에만 머무르지 않도록 도덕성을 강조했다. 가장 유망한 학생이었던 세네카는 인간이 살면서 저지를 수 있는 잘못과 악행에 관해 차근차근 배웠다. 또한, 스토아 철학의 핵심 가치인 절제를 강조해, 세네카는 평생 과식과 과음을 피하는 습관을 갖게 됐다. 그는 로마의 2대 별미로 꼽히는 굴과 버섯도 입에 대지 않았다고 한다. 세네카는 즐거움과 사치가 찰나의 즐거움일 뿐, 오래가지 않음을 알았다. 아탈루스는 세네카에게 이렇게 가르쳤다. "유피테르 신처럼 싸우고 싶다면 아무것도 간절히 원해선 안 된다. 신은 아무것도 갈망하지 않는다. 작은 것에 만족하되 용기와 영혼의 위대함으로 호소하여라."

하지만 세네카가 스승에게 배운 가장 큰 가르침은 바로 현실 세계에서 실제로 더 나은 사람이 되라는 것이었다. 아탈루스는 철학의 목적은 매일 좋은 가르침을 얻어 더 나은 사람이 되는 것, 심지어 집에 돌아가는 길에도 더 좋은 사람이 되려고 노력하는 것이라고 말했다.

세네카는 다른 철학 학파와 사상에도 관심이 많았다. 피타고라스 학파와 스토아학파를 결합한 퀸투스 섹스티우스라는 스토아 철학자의 가르침을 재발견했으며, 마치 적의 진영을 염탐하는 스파이처럼 스토아학파의 라이벌인 에피쿠로스학파의 글을 자주 읽고 토론했다. 피타고라스의 가르침을 따라 잠깐 채식주의자가 되기도 했다. 뛰어난 젊은이일수록 자기 정체성을 찾는 데 오랜 시간이 걸릴 수 있다. 넘쳐나는 호기심을 그저 막으려고만 하면 종종 더 큰 문제를 일으키곤 한다. 세네카의 아버지는 아들이 다양한 학문을 접할 수 있도록 격려했다. 모든 아버지에게 귀감이 될 만하다.

세네카는 이 시기 여러 분야에 관심을 두고 다채로운 경험을 축적했다. 이런 경험은 그만의 독특한 사상을 구축하는 자양분이 되었다. 섹스티우스 덕분에 잠자리에 들기 전에 일기를 쓰는 습관을 들였고, 아탈루스에게는 자신의 말과 행동이 도덕적이었는지 매일 살피는 태도를 배웠다. 일기 쓰는 습관에 대해서는 이런 말을 남겼다. "이런 영광스러운 가르침을 삶에 적용하여 내 본분을 잊지 않겠다. 내가 매일 일기를 쓴다는 걸 잘 알고 있는 아내는 조용히 그 시간을 존중해 준다. 그러면 나는 오늘 하루 있었던 일, 나의 행동과 말을 되돌아본다. 모든 걸 솔직하고 세세하게 일기장 위에 써 내려간다. 나 자신과 이야기하는데, 내 실수를 왜 숨겨야 하는가?"

인생은 뜻대로 흘러가지 않는다

스승들은 확고하면서도 부드러운 세네카의 태도를 높이 샀고, 그가 계속해서 자기계발에 힘쓸 수 있도록 격려했다. 세네카는 종종 실수를 하게 되면, 자기 자신을 엄하게 다그친 뒤 다시 이렇게 말하고는 했다. "다시는 그러지 마. 이번만은 용서해줄게."

세네카의 아버지는 철학에 큰 관심이 없었지만, 아들은 철학을 통해 깨달음을 얻고 정계로 입성해 활발하게 활동하길 바랐다. 아버지의 강한 의지와 막대한 교육비로 세네카는 법학과 수사학, 비판적 사고를 배웠다. 당시 로마에서 유망한 변호사는 열일곱 정도면 법정에 설 수 있었는데, 세네카 역시 어린 나이에 법정에 설 준비를 마쳤다.

하지만 변호사로 경력을 쌓은 지 얼마 되지 않아 건강이 악화됐고, 생각보다 빨리 일을 그만두어야 했다. 세네카는 폐가 좋지 않았는데, 아마 결핵을 앓았던 것으로 추측된다. 기원후 20년, 세네카는 따뜻한 이집트로 장기 요양을 떠날 수밖에 없었다.

인생은 우리가 아무리 단단히 세워 올린 계획도 쉽게 산산조각 내곤 한다. 훗날 세네카가 말한 것처럼, 우리는 늘 제멋대로인 운명을 한시도 얕잡아봐서는 안 된다. 열심히 노력했다고 해서, 아니면 가능성이 있다고 해서, 우리가 원하는 걸 반드시 얻을 수 있는 건 아니다.

당연히 세네카도 원하는 걸 쉽게 얻지 못했다. 건강을 회복하기 위해 떠난 알렉산드리아에서 무려 10년을 보내야 했다. 그는 상황 자체를 통제할 순 없었지만, 적어도 그 시간을 어떻게 보낼지는 결정할 수 있었다. 그래서 10년간 글을 쓰고, 읽고, 사고력을 키우는 데 매진했다. 당시 세네카의 삼촌 가이우스 갈릴레우스는 이집트 총독을 지냈는데 분명 그는 삼촌 어깨 너머로 권력을 어떻게 사용해야 하는지 배우며, 로마 정계로 돌아가려는 계획을 짰을 것이다.

이집트에서 세네카는 자신의 삶을 예견하는 듯한 한 사건을 전해 듣게 된다. 철학자 아탈루스가 티베리우스 황제 눈 밖에 났고, 재산을 몰수당하고 추방됐다는 것이다. 자신이 존경하던 스승은 이제 외딴 유배지에서 겨우겨우 살아갈 게 뻔했다. 로마 제국에서 철학자로 살아가는 건 늘 칼날 위를 걷는 것처럼 아슬아슬했고, 변덕스럽고 잔인한 운명을 받아들여야 하는 일이었다.

기원후 31년, 세네카는 서른다섯의 나이에 로마로 돌아왔다. 하지만 그를 기다린 건 더 혼란스럽고 기구한 운명이었다. 로마로 돌아오던 길에 삼촌이 난파선에서 살해됐다는 소식을 들은 걸로도 모자라, 로마에 도착하자마자 큰 정치적 사건과 마주한다. 황제의 총애를 받던 군사 지휘관이자 권신 루키우스 아릴리우스 세야누스가 상원에서 유죄 판결을 받고 처형된 후, 길거리 폭도들에 의해 시신이 찢긴 것이다. 이처럼 폭력과 혼란으로 얼룩진 시대의 소용돌이 속에서, 세네카는 가족의 인맥으로 첫 공직을 맡아 재무관이 된다.

온갖 사건이 휘몰아쳤던 티베리우스 정권부터 통치 기간은 좀 더 짧았지만 훨씬 폭력적이었던 칼리굴라 정권까지, 세네카는 계속 몸을 사린다. 『마음의 평정에 관하여』에서 그는 칼리굴라의 눈 밖에 나 사형당한 스토아 철학자 율리우스 카누스의 이야기를 들려준다.

카누스는 사형 집행을 기다리면서도 친구와 태연하게 체스 게임을 했다. 마침내 경비병이 그를 데리러 왔을 때, 그는 경비병에게 이렇게 농담을 던진다. "지금 내가 한 점 차이로 이기고 있는 걸 똑똑히 봤지요?"

세네카는 폭정의 시기에 뛰어난 재치로 명성을 얻은 철학자의 일화에 주목했다. 자기 자신도 정서적으로 불안한 황제 치하에 살면서 삶과 죽음 사이를 아슬아슬하게 걸었기에, 카누스에게 쉽게 공감했을 것이다. 디오 카시우스에 따르면, 걸출한 지혜로 유명한 세네카 역시 카누스처럼 목숨을 잃을 뻔한 일이 있었다. 황제가 참석한 원로원 재판에서 한 사건을 변호한 일로 칼리굴라에게 찍혀 사형 언도를 받은 것이다. 하지만 다행인지 불행인지, 사람들은 그가 폐병을 앓고 있으며 굳이 사형에 처하지 않아도 얼마 못 가 죽을 거라고 변호했고, 다행히 목숨을 건지게 됐다.

불행한 일은 계속 이어졌다. 채 2년이 안 되는 시간 동안, 세네카는 아버지를 잃었고(기원후 39년), 결혼해서 얻은 첫아들도 세상을 떠났다(기원후 40~41년). 아들을 땅에 묻은 지 불과 20일 후에는 칼리굴라의 후계자 클라우디우스에 의해 로마 밖으로 추방당한다.

무슨 이유로 추방당했을까? 정확한 이유는 모른다. 황제가 철학자를 전면적으로 박해하기로 한 걸까? 그런 잔혹한 현실로 괴로워하다가 클라우디우스의 조카딸과 바람을 피운 걸까? 진실은 알 수 없다. 다만 현대의 스캔들처럼 그 시대에도 사실을 왜곡한 소문들이 돌았고, 심지어 서로 상충하는 내용도 있었다. 어쨌든 기원후 41년, 세네카는 간통 혐의로 아들과 함께 로마에서 멀리 떨어진 코르시카섬으로 추방된다. 창창한 앞길이 또 막힌 것이다.

세네카는 이집트에서 10년을 보낸 후, 또 로마 밖에서 8년이라는 긴 세월을 보내야 했다. 유배 초기에는 『폴리비우스에게 보내는 위로』, 『헬비아에게 보내는 위로』 같은 책을 쓰면서 생산적으로 시간을 보냈지만, 점점 고립감이 그를 짓눌렀다. 다른 사람을 위로하는 글을 쓰던 세네카는 얼마 지나지 않아 자기 자신을 위로해야 했다.

그런 처지에 놓이면 누구라도 화가 난다. 세네카도 분노했다. 하지만 그는 분노를 밖으로 배출하지 않고 승화시켜 자기 형제에게 바치는 책을 썼다. 바로 『화에 대하여』다. 이 아름답고 감동적인 책은 저자 자신뿐만 아니라 독자들의 분노까지 누그러뜨린다. "무지한 사람들과 어울리지 마라", "오직 진실만을 말하되, 진실을 다룰 수 있는 자에게만 말하라", "힘든 상황을 내려놓고 떠나라. 웃어라. 앞으로 견뎌내야 할 일이 많을 것이다" 등 세네카는 이 책으로 많은 명구를 남겼다. 스토아 철학사에서 혼잣말의 흔적은 멀리 클레안테스까지 거슬러 올라가는데, 가족, 친구와 생이별하고, 억울하게 간통 혐의까지 받고 추방당해 괴로워하던 세네카 역시 자기 자신에게 혼잣말을 하며 그 시간을 견뎌낸다.

이 시기 그의 편지와 수필에서 가장 많이 다룬 주제는 죽음이다. 어린 시절부터 결핵을 심하게 앓아 자살을 고민했을 만큼, 세네카는 늘 죽음에 관해 생각했고 글을 썼다. 매일이 인생의 마지막 순간인 것처럼 마음을 다잡고, 아무것도 미루지 말며, 인생의 자양분이 되는 책을 읽자고 스스로 다독였다. 그는 그렇게 살아가는 사람에게 하루는 결코 짧지 않다고 말한다. 유배 생활 동안 사업을 빼앗겼다며 슬퍼하는 장인에겐 로마에 곡물을 대는 일보다 삶의 대차대조표를 작성하는 게 더 가치 있다며 위로하기도 했다.

흥미로운 건 세네카가 생각하는 죽음이 일반적이지 않았다는 점이다. 우리는 흔히 죽음이란 현재가 아닌 불확실한 미래의 일이라고 생각한다. 하지만 세네카는 우리가 매일 죽고 있으며, 모두가 한 번 죽으면 다시는 부활할 수 없다고 여겼다. 즉, 삶이 죽음을 향해 달려가는 게 아니라, 삶 자체가 이미 죽음인 것이다. 우리는 이미 여러 번 죽었고, 죽음은 과거와 현재와 미래를 모두 지배하고 있기에, 지금 죽나 내일 죽나 별로 차이가 없다는 것이다.

자신이 손쓸 수 없던 일 때문에 18년이나 되는 시간을 잃어버린 사람이 눈물 콧물 쏟으며 깨달은 지혜였다. 스토아 철학자인 그도 절망의 수렁 앞에서는 나약한 한 인간일 뿐이다. 이토록 아픈 경험을 하고 생의 끝으로 달려가며 쓴 글에서, 세네카는 변덕스럽고 걷잡을 수 없는 운명의 속성을 이렇게 표현했다.

> 태양이 뜨는 날은 고개를 빳빳이 들 수 있지만,
> 태양이 저무는 날은 절로 고개가 숙여진다.
> 승리했다고 자만하면 안 되고,
> 시련이 닥칠지라도 희망을 저버려서는 안 된다.
> 운명의 여신 클로토는 운명의 실타래를 끊임없이 돌리며

운명의 실을 잣는다.

그 누구도 운명의 여신처럼

내일의 운명을 결정짓는 신성한 힘을 가지지 못했다.

신은 인간의 운명을

실타래에 감아 빠르게 빙글빙글 돌린다.

신은 세네카에게 부유한 집안과 훌륭한 스승을 짝지어주었다. 동시에 약한 몸을 주었고, 경력을 막 쌓으려 할 때 두 번이나 로마에서 내쫓았다. 운명의 여신은 세네카에게 제멋대로 굴었다. 우리에게 그러하듯, 세네카에게도 성공과 실패, 고통과 즐거움을 던져주었다. 전혀 예상치 못한 방법으로 말이다.

유배 생활의 끝이 보일 때쯤, 그의 삶은 또 다른 폭풍우에 휘말리기 시작한다.

코르시카섬의 죄인에서 황실의 스승으로

아우구스투스의 증손녀인 소 아그리피나는 열두 살짜리 아들 네로에게 엄청난 기대를 걸고 있었다. 칼리굴라의 후계자인 클라우디우스와 재혼한 후, 아그리피나는 자기 아들 네로를 양자로 들이라고 남편을 설득한다. 그리고 아들이 황궁에 입성하자마자, 코르시카섬으로 유배되었던 세네카를 불러들여 가정교사로 앉혔다. 언젠가 아들이 황제의 자리에 오르길 간절히 바라던 아그리피나는 세네카의 정치적, 수사적, 철학적 재능을 네로에게 물려주고 싶었다.

오랫동안 반체제 인사로 소외되었던 세네카는 쉰셋의 나이에 갑자기 로마 황궁의 중심으로 떠오르게 된다. 야망을 이루기 위한 평생의 노력이 빛을 발하는 순간이었다. 세네카와 그의 가족은 빠르게 기회를 잡을 준비가 되어 있었다.

세네카는 어린 네로에게 무엇을 가르쳤을까? 앞서 세네카의 아버지가 자식이 철학을 통해 다른 실용적인 학문을 배우길 원했던 것처럼, 아그리피나 역시 네로가 철학을 통해 정치 전략을 배우길 원했다. 세네카는 아마 법학과 웅변술을 중심으로, 주장을 펼치고 전략을 세우는 법을 가르쳤을 것이다. 물론 아이들의 머릿에 몰래 채소를 넣는다든지, 약에 설탕에 묻혀주는 것처럼, 스토아학파의 철학도 사이사이에 끼워 넣었을 것이다.

세네카는 어린 네로에게 세상에서 가장 어려운 일, 즉 권력을 잡고 황제가 되는 법을 가르쳤다. 불과 몇 세대 전만 해도 스토아 철학자들은 공화정의 이상적인 가치를 열렬하게 수호했지만, 아우구스투스 집권 이후 정치 체제를 되돌리려는 노력은 대부분 허사로 돌아갔다. 고전학자 에밀리 윌슨Emily Wilson는 폭군의 스승이 된 세네카의 심정을 이렇게 분석한다. "키케로는 진정으로 카이사르와 안토니우스를 무너뜨리길 원했다. 반면, 세네카는 권력자인 황제에게 직접 맞서봤자 자기에게 별로 도움이 되지 않을 걸 알았다. 그래서 네로의 모난 성격을 조금이라도 둥글게 만들고, 자신의 자율성만 보존해도 다행이라 생각했다."

그래도 의문은 남는다. 만약 네로에게 좀 더 희망을 걸고, 더 열심히 철학을 가르쳤다면 역사가 달라지지 않았을까? 세네카는 스토아학파가 최선을 다해 나라를 위해 봉사해야 한다고 생각했다. 또, 어떤 이유에서든 오랜 유배지에서 벗어나기 위해서라면, 무슨 일이라도 기꺼이 했을 것이다. 일종의 '파우스트적 거래'였다.

과연 그가 악마에게 영혼을 파는 일의 진짜 의미를 정말 몰랐을까? 네로는 배움에 뜻이 없었다. 옥타비아누스와 달리, 네로는 황제보다는 음악가나 배우가 되고 싶어 했다. 품성이 잔인했고, 버릇도 없었으며, 주의가 산만했다. 한마디로 지도자 감이 아니었다. 하지만 네로의 가정교사직을 거절하면, 세네카는 다시 코르시카섬으로 돌아가야 했다. 선택지가 없었다.

기원후 54년, 세네카가 법정에서 근무한 지 대략 5년이 되던 해에 아그리피나는 독버섯으로 클라우디우스 황제를 살해한다. 네로는 불과 열여섯의 어린 나이에 황제가 되었다. 세네카는 로마 시민을 설득하는 연설문을 써달라는 부탁을 받는다. 어린아이에게 막강한 권력을 부여하는 게 완전히 미친 일은 아니라는 내용의 연설문이었다. 이때 세네카는 『황제호박화 찬가』라고 불리는 책을 써서 클라우디우스를 저속하게 풍자한다. 자신을 수년 동안 코르시카섬으로 유배 보낸 황제에게 '가운뎃손가락'을 날린 셈이다.

황제가 된 네로는 어렸을 때부터 어머니와 양아버지로부터 못된 짓만 보고 배웠다. 스승이자 멘토로서, 세네카는 그런 행동을 고치려고 애썼다. 네로가 제위에 오르자마자 바친 책 역시, 어떻게 하면 좋은 제왕이 될 수 있는지 길을 제시하는 『관용론』이었다.

세네카는 제자가 좋은 황제가 되길 바랐다. 관용과 자비는 오늘날에는 지도자라면 반드시 갖춰야 할 덕목으로 여겨지지만, 그 당시에는 제법 신선한 조언이었다. 자제와 온유만을 강조한 기존 철학자들과는 달리, 세네카는 권력을 다루는 법에 관해 이야기했다. 특히 힘없는 사람을 어떻게 대하느냐가 그 사람의 진면목을 드러낸다고 주장했다. 그는 통치자가 어떤 상황에서든 관용을 베풀어야 한다고 강조했다. 네로뿐만 아니라 모든 리더가 마음에 새겨야 할 가르침이다. 역사는 리더가 관용을 베풀 때, 세상은 훨씬 나은 곳이 된다는 사실을 증명해 보인다. 하지만 리더에게 관용의 중요성을 이해시키는 일은 결코 쉽지 않다.

참혹한 현실에 눈감다

네로와 세네카의 관계는 흥미롭다. 제자와 스승에서 황제와 그 측근으로, 표면적으로는 분명히 관계가 발전했으나 본질적으로는 퇴화했다. 이들의 관계가 어떠했는지는 1904년 스페인 조각가 에두아르도 바론이 만든 동상에서 가장 잘 드러난다. 네로보다 훨씬 나이가 많은 세네카는 아무 장식도 없는 토가를 입고 다리를 꼬고 앉아 있다. 무릎 위에 놓인 종이는 수수한 모양의 벤치까지 길게 이어진다.

세네카의 손가락은 종이의 한 부분을 가리키는데, 아마 연설문이나 원로원에서 논의 중인 법안을 들고 있는 것 같다. 어쩌면『관용론』일지도 모른다. 그의 몸짓에서는 개방적인 태도가 엿보이는데 세네카는 어린 제왕이 얼마나 중대한 업무를 맡았는지 가르치는 듯하다.

반면, 세네카 맞은편에 앉아 있는 네로는 스승과 정반대 모습이다. 후드를 입고 왕좌에 앉아 있는 네로는 보석으로 치장했고 뒤에는 고급 담요도 놓여 있다. 뚱한 표정을 지으면서 주먹을 쥐고 있는데, 오른손 주먹은 관자놀이에 대고 있다. 시선은 바닥을 향하고, 발목을 교차해 뒤쪽으로 밀어 넣었다. 스승의 말을 귀로는 듣고 있지만, 마음은 딴 곳에 있어 보인다. 아마 네로는 '이딴 강의만 듣지 않아도 뭐든 마음대로 할 수 있을 텐데'라고 생각하는 것 같다.

세네카는 제자의 몸짓을 읽었지만 계속 강의를 이어나간다. 실제로도 그렇게 수 년간 네로를 가르쳤다. 왜 그랬을까? 가르친 내용 중 일부라도, 아니 조금이라도 배우길 바랐기 때문이다. 그는 절대 권력자인 네로의 성품을 바꾸지 못하면, 조국과 시민들이 위험해진다는 걸 알았다. 또한 네로를 선한 길로 인도하는 일이 자신의 본분이라는 것도 알고 있었다. 또, 오랜 유배생활 끝에 얻은 권력과 영향력을 행사할 기회를 놓치고 싶지도 않았을 것이다.

스승으로서 세네카는 최선을 다했지만, 얼마 지나지 않아 네로의 광기가 만천하에 드러난다. 애초부터 가망이 없는 임무였을까? 아니면 그나마 세네카가 노력했기에, 폭군의 길을 조금이라도 늦게 걷게 된 걸까? 알 수 없다. 분명한 건 세네카가 노력했다는 사실뿐이다.

"말을 물가에 데리고 갈 수는 있어도, 물을 먹일 수는 없다"는 오랜 속담처럼, 누구든 조언은 할 수 있지만 그걸 듣고 따르는 건 철저히 본인의 몫이다.

이제 그가 스토아 철학자로서 할 수 있는 건, 네로 곁에서 자기 임무를 다하는 일뿐이다. 세네카는 스토아학파와 에피쿠로스학파의 차이점은 정치 참여 유무에 있다고 밝혔었다. "에피쿠로스학파와 스토아학파는 모든 면에서 다르다. 에피쿠로스학파는 '현자는 비상사태를 제외하고는 공직에 종사하지 않는다'고 주장했지만, 제논은 '무언가가 방해하지 않는 한, 현자는 공직에 종사해야 한다'고 말했다." 세네카는 자신의 공적 임무를 다해야 한다고 믿었다.

세네카는 불도저처럼 야망을 이루기 위해 쉬지 않고 노력했다. 그 무엇도 그를 막을 수 없었다. 처음 몇 년간은 승승장구했다. 세네카와 아그리피나가 임명한 친위대장 섹스투스 아프라니우스 부루스가 손을 잡고 황제를 보필하자, 제국은 제법 잘 돌아가기 시작했다. 기원후 55년, 세네카의 형 갈리오가 집정관으로 임명되었고, 이듬해 세네카도 형을 따라 집정관이 된다.

하지만 운명에 관해 쓴 자신의 시처럼, 세상에 영원한 건 없다. 평화와 안정은 통제할 수 없는 사건으로 인해 쉽게 깨지거나 무너진다. 어머니에게 잔혹한 성격을 물려받은 데다가, 피해망상증까지 않던 네로는 자신의 라이벌을 차례차례 제거하기 시작했다. 어머니가 양부를 죽인 것처럼 독으로 동생을 죽였고, 심지어 어머니를 쫓아내고 죽일 궁리를 했다. 몇 번이나 독살을 시도하고, 보트 사고도 일으켰지만 뜻을 이루는 데에는 실패했다. 그러다 마침내 기원후 59년, 네로는 어머니를 죽이는 데 성공한다.

억눌린 욕망을 분출할 때만 기다리던 네로는 드디어 자유의 몸이 됐다. 타키투스에 따르면, 폭군은 오랫동안 머릿속으로 구상만 해온 범죄를 더는 미룰 수는 없다고 생각했다. 막강한 권력을 쥔 부패한 영혼은 이제 마음껏 타락할 수 있었다. 세네카의 입지가 흔들리는 전환점이었다. 일찍이 아리우스는 아우구스투스에게 이복형제를 죽이라고 조언한 바 있지만, 세네카는 아무리 절대 권력을 가졌어도 모든 라이벌을 제거하는 건 불가능하다는 걸 네로에게 상기시키려 했다. 하지만 네로는 조언을 듣지 않았고, 결국 율리우스-클라우디우스 왕조의 모든 남자를 죽이고 만다.

네로는 로마 외곽에 있던 특별한 전차 경기장에서 전차 경주를 즐겼다. 노예들은 박수치는 데 동원되었다. 황제는 마치 삼류 배우처럼 무대에서 노래하고 춤을 추는 데 시간을 쏟느라 국정을 소홀히 했다. 역사가 가이우스 수에토니우스에 따르면, 네로는 시급한 문제가 생겨도 아무도 극장을 떠나지 못하게 했다고 한다.

세네카는 왜 자리를 박차고 나오지 않았을까? 겁이 났을 것이다. 그는 평생 황제들이 쉽게 사람을 죽이고 추방령을 내리는 걸 지켜봤다. 무자비한 탄압을 다년간 몸소 겪기도 했다. 디오 카시우스에 따르면, 네로의 배다른 형제 브리타니쿠스가 죽은 뒤부터 세네카와 부루스는 공무에 신경 쓰기보다는, 적당히 일하고 목숨을 부지하는 데 급급했다고 전한다.

흠 있는 리더를 모시는 참모처럼, 세네카도 네로를 바꿀 수 있다고 생각했을지 모른다. 그는 항상 사람의 좋은 면을 보려고 했다. 설령 네로만큼 악한 사람일지라도 말이다. 세네카는 이렇게 말했다. "서로 친절하게 대하라. 우리는 악한 사람들 사이에서 살아가는 악한 사람들일 뿐이다. 서로 관대하게 대한다는 약속만이 우리에게 평화를 줄 수 있다."

어쩌면 기록에는 없는, 네로의 무수한 결점 사이에서 일말의 선함을 발견했을 수도 있다. 반대로 네로가 너무 두려워서 그저 자신의 생명과 자리를 지키려 했을 수도 있다. "이미 대가를 받은 이의 눈을 뜨게 하는 건 어렵다"는 말처럼.

철학자의 두 얼굴

세네카는 네로 치하에서 막대한 재산을 축적했다. 불과 몇 년 만에 약 3억 세스테르티우스(현재 가치로 수백억에서 수조 원-옮긴이)를 모았는데, 대부분 네로의 하사금과 브리타니아(지금의 영국) 속주에서 고리대금업으로 모은 것이었다. 세네카는 당시 가장 부유한 스토아 철학자이자 네로를 제외하고 당대 가장 부유한 사람이었을지도 모른다. 기록에 따르면, 세네카는 500개의 상아 다리가 달린 거대한 향나무 테이블도 가지고 있었다. 사람을 막무가내로 죽이는 상사 밑에서 모은 돈으로 『위대한 개츠비』에 나올 법한 호화로운 파티를 여는 모습이 떠오른다. 소박한 삶을 지향하라는 가르침을 물려받은 스토아 철학자의 모습으로 보기엔 무척 괴상한 광경이다.

대부분의 예술작품에서 세네카는 늘씬한 근육질의 풍채로 묘사된다. 하지만 실제 모습과 가장 가까운 것은 3세기에 만들어진 세네카와 소크라테스의 이중 흉상이다. 이 흉상은 세네카를 살찌고 탐욕스러운 모습으로 묘사한다. 세네카는 소크라테스를 존경했다. 무려 서른 명의 폭군에 둘러싸여 살았지만, 그 누구도 소크라테스의 기백을 꺾을 수 없었다며 감탄했다. 둘은 철학자가 즐겨 입던 토가를 좋아하지 않았다는 공통점도 있다. 소크라테스는 양어깨를 낡은 토가로 가리고 있지만, 세네카는 오른쪽 어깨를 드러낸다는 점만 다르다. 행복을 위해선 많은 게 필요하지 않다는 걸 보여주려 한 걸까?

세네카의 재산 규모는 원로원 의원 푸블리우스 수일리우스의 일화를 통해 엿볼 수 있다. 수일리우스는 변호사가 수임료를 받는 걸 금지한 킨키우스법의 부활 배후에 세네카가 있다고 의심했다. 물론 의혹을 제기한 동기가 상당히 의심스러웠고 그 자신도 훗날 심각한 범죄 혐의로 추방당했지만, 어쨌든 세네카의 위선을 비판하는 수일리우스의 주장은 일리가 있었다. 다음과 같은 『행복론』의 글도 수일리우스의 의심을 풀기에는 충분하지 못했던 것 같다.

철학자가 부를 누려서는 안 된다는 주장은 이쯤에서 그만두길 바란다. 지혜롭다고 가난해야 하는 건 아니다. 다른 이로부터 갈취하거나 피가 묻은 돈만 아니라면, 철학자도 얼마든지 재물을 소유해도 무방하다. 해를 끼치거나 남을 속여 얻은 게 아니라 정직하게 번 돈이면 상관없다.

카토와 키케로는 모두 부유했다. 하지만 둘 다 네로만큼 끔찍한 지도자를 섬긴 대가로 재산을 모으지는 않았다. 아리우스와 아테노도루스도 아우구스투스를 보필하며 큰 부를 누렸지만, 적어도 아우구스투스는 자신의 어머니를 살해하지는 않았다. 카토는 친구들에게 이자 없이 많은 돈을 빌려주었고, 재산을 늘리는 데 큰 관심이 없었다.

하지만 세네카는 부를 탐했다. 수사학적 표현을 빌리면, 이렇게 주장한 셈이다. "적절한 정도의 부란 첫째, 필요한 정도로, 둘째, 충분할 만큼 가지는 것이다." 그러고는 분명 얼마가 충분한지 고민했을 것이다. 그는 로마의 식민지 브리타니아에 높은 금리로 4천만 세스테르티우스를 빌려주기도 했다. 아주 적극적인 형태의 고리대금업이었다. 브리타니아는 빚에 허덕였고, 결국 반란이 일어났다. 로마는 군대를 동원해 그것을 진압했다. 세네카는 갈취하거나 피가 묻은 돈이 아니라면 괜찮다고 했지만, 사실 그의 돈에서는 이처럼 피가 뚝뚝 떨어졌다. 왜 스스로 멈추지 못했을까? 세네카의 재능과 영리함 탓으로 돌려야 할까? 이상한 말처럼 들리겠지만, 유능한 야심가 중에는 논란이 있는 방법으로 명성과 재산을 쌓은 사람이 꽤 많다.

세네카는 어릴 때부터 영특한 데다가 좋은 교육을 받았다. 사람들은 그가 시대를 이끄는 인물이 될 거라 기대했다. 세네카는 자신에게 찾아온 모든 기회를 최대한 활용하려 애썼다. 보통 사람이었다면 좌절했을 법한 어려움을 딛고 일어났다. 자신이 겪는 고난에 불평하지 않고 계속해서 앞으로 나아갔으며, 나라를 위해 봉사하려 했다. 타인에게 좋은 영향력을 끼치려고 노력했고, 가르침을 실천에 옮기려 했다. 세네카는 자신이 걷는 길이 어디에 닿는지, 그 길이 옳은 방향인지 단 한 번도 의문을 가지지 않았던 것 같다. 하지만 결국 세네카는 폭군 네로가 다스리는 세상에서 쉴 새 없이 타협하고 만다. 아탈루스가 심어준 양심과의 결투에서 성공에 대한 욕망이 승리했을지도 모른다.

위대한 지성인가 폭군의 스승인가

네로의 폭정은 점점 심해졌고, 결국 세네카조차 손을 뗀다. 물론 대놓고 맞서지는 못했다. 스토아 철학자로서 지조를 지키려고 물러난 것 같지도 않다. 다만 황제에겐 더는 스승이 필요 없고, 자신의 건강도 좋지 않다며 은퇴를 청했다. 헛수고였다. 네로는 여전히 세네카의 도움이 필요하다고 받아쳤다. 위기를 느꼈던 걸까? 세네카는 은퇴하기 위해 자신의 재산까지 헌납하려 했다. 충분히 누릴 만큼 누렸으니, 이제 손을 떼고 물러나고 싶었을까? 아니면 문득 자신의 행보가 두려워진 걸까? 하지만 피가 묻은 돈은 버리기도 쉽지 않다. 그 돈을 없애는 데에도 피가 필요한 법이다. 세네카를 만나고 며칠 후, 황제는 또 다른 적을 살해했다.

기원후 64년, 로마에 대화재가 발생한다. 강한 바람이 불어 불길이 시내로 번졌고 로마의 3분의 2 이상이 불타버렸다. 네로가 직접 화재를 일으켰다는 소문이 돌았다. 수도를 태운 뒤, 자신이 원하는 대로 재건하려 했다는 것이다. 황제의 악명은 이런 음모론이 피어나는 자양분이 되었다. 네로는 비난을 피하려고 빠르게 다음 희생자를 찾았다. 바로 기독교인이었다. 얼마나 많은 사람을 죽이라고 명령했는지 알려진 바는 없지만, 무수한 희생자 가운데는 사도 바울도 있었다. 그는 여러 스토아 철학자처럼 타르수스 출신이었다. 로마에서 선교 활동을 하던 중 체포되었다가 세네카의 형(노바투스. 수사학자 갈리오의 양자가 되어, 「사도행전」에는 갈리오라는 이름으로 나온다) 덕분에 탈출한 적도 있었지만, 결국 대화재 사건 때 참수형에 처해진다.

불타고 피로 얼룩진 수도를 보며, 세네카는 죄책감을 느꼈을까? 사람들은 이제 세네카를 '폭군의 스승'이라고 불렀다. 사실 백번 맞는 말이다. 그게 바로 세네카가 저지른 일 아닌가? 네로가 이렇게까지 잔혹한 폭군이 된 데에는 스승 세네카의 책임도 크지 않은가? 명망 있는 정치가이자 철학자인 세네카의 존재가 네로 정권에 권위와 신뢰를 더해준 것도 사실이다. 그러나 네로의 악행이 심해지면서, 세네카가 타협할 수 있었던 악의 경계선도 점점 희미해지고 있었다.

나오미 미치슨Naomi Mitchison의 소설 『순교자의 피』는 당시 로마에서 이루어진 기독교 박해를 주제로 다룬다. 그 작품에서 세네카는 이렇게 말한다. "우리는 섬기면 안 되는 국가에 평생 봉사했습니다. 그리고 이제는 우리가 한 일의 결과를 명확히 이해할 만큼 나이를 먹었지요."

세네카의 시대로부터 500여 년 전, 중국에서는 공자가 활약했다. 그는 실용적으로 처세하면서 왕자들의 스승이자 고문을 맡았고, 현실에서 자기 철학을 구현하려 했다는 점에서 세네카와 비슷한 점이 있었다. 다만 공자는 다음과 같은 원칙을 철저히 따르면서 균형을 잡았다. "국가가 올바른 길로 갈 때는 봉급을 받아라. 하지만 국가가 타락한 길로 나아갈 때에도 봉급을 받는 건 부끄러운 일이다." 하지만 공자와 같은 결론을 내리기까지, 세네카는 훨씬 더 오랜 시간이 걸렸다. 변명의 여지가 없다. 일찌감치 네로가 어머니를 살해했을 때라도 결단을 내렸어야 했다. 정말로 스토아 철학자로 살려고 노력했다면 말이다.

하지만 세네카는 대화재에도 침묵했고, 이후에도 무려 15년간 네로를 보필했다. 한참 더 시간이 흐른 뒤에야, 세네카는 공자와 비슷한 말을 한다. "손쓸 수 없을 정도로 국가가 부패하고 악이 지배할 때, 현자는 헛되이 수고하거나 불의한 일에 힘을 낭비해서는 안 된다." 이미 오랫동안 이롭지 않은 일을 해온 세네카는 늦게나마 손을 떼는 게 최선이라 생각하며 글쓰기에 온 정신을 집중했다. 재상 자리에서 물러난 후 출간한 『여가』라는 작품에는 이러한 고민이 잘 드러나 있다. "사람은 동료에게 쓸모 있는 존재여야 한다. 가능하면 최대한 많은 이에게 그런 존재가 되어라. 다수에게 유용한 존재가 되지 못한다면, 몇 명에게라도 유용한 존재가 되어라. 몇 명에게도 유용한 존재가 되지 못한다면, 이웃에게라도 유용한 존재가 되어라. 이웃에게도 유용한 존재가 되지 못한다면, 자기 자신에게 유용한 존재가 되어라. 사람은 다른 사람을 도움으로써, 인류의 공통 덕목을 발전시켜 나간다."

세네카는 여러 분야에 관심을 기울였지만, 진정 동료 시민을 위해 애쓰는 일의 중요성은 너무 늦게 깨달았다. 불의에 맞설 때도 수동적이었다. 세네카는 글을 쓰거나, 단순히 집에서 좋은 사람이 되는 방법을 택했다. "나는 세상에, 그리고 다음 세대에 도움이 될 수 있는 생각들을 글로 남기고 있다. 만년에 발견한 옳은 길을 알려주고자 이렇게 외친다. '군중을 기쁘게 하는 일이나, 기회의 신 카이로스가 주는 선물은 피하라!'"

세네카는 글을 쓰면서, 자신이 공무에 종사할 때보다 더 선한 일을 하고 있다고 자화자찬했다. 아마 자신도 말이 안 되는 걸 알고 있었을 것이다. 초기에 그는 친구 루킬리우스를 비롯한 다수의 독자를 향해 철학적인 편지를 썼다. 로마에서 벌어지는 일들에 직접 관여할 순 없었지만, 글로는 적어도 사람들에게 영향을 끼칠 수 있으리라 생각했다. 게다가 글쓰기는 세네카가 갈망하는 불멸의 명성을 얻기에도 좋은 수단이었다. 실제로 그는 자신의 바람처럼, 글로 사람을 감화시키고 불멸의 명성을 얻는 데 성공한다. 오늘날까지 『도덕 서신』을 비롯한 수많은 저서가 다양한 언어로 번역되어 수백만 부씩 팔려 나갔으니까.

키케로와 마찬가지로, 세네카 역시 기원후 62년부터 65년까지 생애의 마지막 3년간 수많은 서신을 쓰고 책을 집필해 문화사에 혁혁한 업적을 세운다. 은퇴한 세네카가 이제야 키케로와 어깨를 나란히 했다며 얼마나 으스댔을지 안 봐도 뻔하다. 그러나 사실 글쓰기에는 또 다른 이점이 있었다. 글에 집중하면, 네로가 휘두르는 폭력적인 현실을 외면할 수 있었기 때문이다. "밤낮으로 이뤄야 할 목표가 있다. 오랫동안 지속해온 해악에 마침표를 찍는 건 내 마지막 임무이자 연구 과제다. 젊었을 때는 잘 살기 위해 노력했다면, 이제는 잘 죽기 위해 노력한다." 안타깝게도 오늘날에는 이 시기에 쓰인 작품 다수가 소실됐다. 에밀리 윌슨에 따르면 정치 연설과 개인적 서한을 비롯해 인도와 이집트에서 집필한 글들의 반 이상이 사라졌다고 한다.

세네카는 글을 쓰며 기쁨을 느꼈다. 자신의 창의력을 펼쳐나갔고, 주변 소음을 못 들을 정도로 철학 공부에 집중했다. 시간이 흐르면서 그는 자기 자신과 친구가 되는 법에 관해서도 썼다. 한 서신에서 그는 철학을 위해 시간을 내는 자만이 진정으로 살아 있는 자라고 말했다. 코르시카섬으로 추방되었을 때에도 그는 매일 글을 썼다. "나는 소크라테스와 토론하고, 카르네아데스와 함께 의문점을 찾고, 에피쿠로스와 평화를 찾고, 스토아학파와 함께 인간의 본성을 정복하고, 견유학파와 함께 인간의 본성을 뛰어넘었다."

세네카는 또한 "철학이란 거울을 보고 자신의 잘못을 닦아내는 것"이라고 말했다. 네로를 보필한 행위를 반성하지는 않았지만. 세네카의 글 중에서 네로와 가장 비슷한 인물이 나오는 작품은 『티에스테스』라는 희곡이다. 마이세나 왕국을 두고 싸우는 두 형제에 관한 어둡고 충격적인 이야기로, 세네카와 네로의 대화를 담은 작품으

로도 보인다. 권력을 추구하는 행위와 권력을 쥐기 위해 저지르는 악
행을 경고하고 있는데, 세네카가 고통스럽게 깨달은 바를 가장 잘 보
여주는 희곡의 구절은 이것이다. "종종 범죄를 저지른 자의 죄는 고
스란히 스승에게로 돌아온다."

실제로도 그랬다. 그 희곡에서 세네카는 "황제 없는 제국이 위대
한 제국"이라고 말하기도 했다. 그는 황제가 권력을 남용하기 시작
하면 제국이 언제든 위험에 빠질 수 있다는 뼈저린 교훈을 얻었다.
세네카는 루킬리우스에게 "자기 자신의 황제가 될 때, 가장 위대한
제국이 탄생하는 법"이라고 말했지만, 직접 이 사실을 깨닫기까지는
너무 오랜 시간이 걸렸다.

세네카는 말년이 되어서야 철학이 천상계나 글 속에 존재하는 것
이 아니란 걸 깨닫게 된다. 타키투스에 따르면, 네로는 정적을 제거
하는 데 즐겨 쓰던 방법인 독살로 스승을 제거하려고 하지만, 세네카
가 음식을 가려 먹는 바람에 계획은 실패로 돌아간다. 그가 늦게나마
풍족한 삶을 멀리하고, 야생 열매로 배를 채우며 시냇가에서 물을 마
시기 시작한 덕분이었다. 하지만 죽음을 유예한 기간은 무척 짧았다.

죽음으로 실천한 철학

기원후 65년, 스토아 철학자이자 원로원 의원인 트라세아 파이투
스가 조카 루칸과 함께 폭군 네로를 암살할 음모를 꾸민다. 세네카는

카토나 브루투스와는 달리 직접적으로 관여하지 않았다. 하지만 적어도 키케로보다는 용기가 있었다. 공모에 관여한 걸로 그동안의 행위를 만회할 수 있을까? 한편, 공모자들이 네로를 죽인 후 그 자리에 세네카를 앉히려고 했다는 말도 있다. 어쨌든 음모가 실패하면, 세네카는 공모자들을 보호하기 위해 자신의 목숨을 걸기로 한다.

이 암살 계획은 실제로 세네카의 운명을 결정지었다. 말년의 히틀러처럼 겁쟁이였던 네로는 폭력배를 보내 세네카에게 자살을 강요했다. 몇 년 전, 세네카는 무릇 지도자라면 관용을 베풀어야 한다는 내용의 글을 제자에게 보낸 적도 있었지만, 관용은 없었다.

세네카의 삶은 모순으로 점철된 복잡한 미로 같다. 하지만 적어도 마지막 순간만큼은, 그동안 잃어버렸던 용기와 명료한 정신을 되찾은 듯했다. 유언을 남기고 싶다는 요청이 거절당하자, 세네카는 친구들 쪽으로 돌아서서 자신이 남길 수 있는 가장 중요한 건 자신의 삶이었다고 말한다. 유언을 들은 세네카의 친구들은 가슴이 저미는 슬픔에 오열했다.

어쩌면 세네카의 일생은, 자신의 말처럼 이 마지막 순간을 위한 연습이었을지도 모른다. 그의 철학은 늘 죽음이라는 주제와 이어져 있었고, 죽음을 마주한 이 순간이야말로 그토록 오랫동안 강조했던 내용을 실천으로 보여줄 기회였다. 그는 통곡하는 친구들뿐 아니라 역사 속의 청중도 부드럽게 꾸짖는다. "지난 수년간, 바른길을 가라고 수많은 격언을 들려주며 공부를 시켰는데, 이렇게 우는 게 스승의 은혜에 보답하는 길이란 말인가? 네로의 잔혹함을 몰랐던 자가 누가 있으랴. 어머니와 형제를 죽인 후에는 후견인이자 스승인 나를 죽이는 일만 남아 있었다."

이 일이 있기 얼마 전에도 세네카는 루킬리우스에게 폭군이나 정복자가 목숨을 빼앗을 순 있어도, 우리의 영혼까지 휘두를 수 없다는 내용의 서신을 썼다. "내 말을 새겨듣게. 태어날 때부터 운명은 정해져 있네. 마지막 순간에 침착하게 대처하고 싶다면, 언젠가 반드시 죽게 된다는 사실을 잊으면 안 되네."

세네카에 따르면, 우리는 태어나면서부터 일종의 사형선고를 받은 셈이다. 그래서 그는 네로가 자신의 죽음을 결정지은 것이 아니라 단지 시간을 조금 앞당겼을 뿐이라고 여겼다. 언젠간 죽음이 찾아오리란 걸 잘 알고 있었던 그는 침착하게 아내 파울리나를 포옹하면서 다독였다. 스토아 철학사에 등장하는 용감한 여성들처럼, 파울리나는 고분고분한 사람은 아니었다. 세네카의 말을 따르는 대신, 남편과 함께 세상을 등지기로 결심했다. 동맥을 끊자, 세네카와 파울리나의 팔에서 피가 흐르기 시작했다. 하지만 경비병이 파울리나에게 달려들어 그의 목숨을 살렸고, 결국 그는 세네카보다 몇 년 더 살았다.

죽음은 세네카가 바라는 것처럼 쉽게 찾아오지 않았다. 변변찮은 식사 때문에 혈류가 느려진 걸까. 첫 번째 자살 시도가 실패한 후, 세네카는 평소 지니고 있었던 독약을 꺼낸 뒤 신에게 잔을 올리며 그것을 들이켰다. 독배를 들이켜는 순간, 그는 무슨 생각을 했을까? 아탈루스가 했던 말을 떠올렸을까? 일찍이 아탈루스는 악한 사람일수록 내면의 악마가 독을 빠르게 빨아들인다고 말했다. 얼마 지나지 않아 네로는 이를 증명하게 된다.

죽음에 관해 수많은 글을 썼지만, 세네카에게 죽음은 그리 쉽게 찾아오지 않았다. 답답해했을까? 아니면 자신의 죽음 이후에 일어날 일들을 천천히 헤아리고 있었을까? 독약마저 효과가 없자, 마침내 세네카는 뜨거운 증기탕에 들어가 질식사로 생을 마감한다.

루벤스나 자크 루이 다비드 같은 화가들은 세네카의 죽음을 여러 양식으로 그려냈다. 그 모든 그림은 세네카 본인이 원했던 모습, 즉 살찐 부자 노인이 아니라 늘씬하고 품위 있는 풍채로 표현했다. 죽음 앞에선 아무리 용감한 사람도 극적인 반응을 보이기 마련이다. 하지만 마침내 완벽한 스토아 철학자가 된 세네카는 되레 차분한 태도로 마지막 순간을 보낸다. 그의 시신은 유지에 따라 별도의 장례 의식 없이 조용히 처리됐다.

타키투스는 세네카에 대해 이렇게 평가한다. 일생 동안 재물을 탐하고 권력을 쥐려고 애썼지만, 적어도 마지막 순간만큼은 지혜로운 스토아 학자답게 삶이 끝을 향해가고 있다는 걸 알았다고.

19장   때로는 불행이 행운이 된다

운

추방령을 반긴 현자, 코르누투스(Lucius Annaeus Cornutus, A.D. 20~A.D. 68)
리비아 출신의 철학자. 폭군 네로 황제의 지시를 거부해 로마에서 추방됐고, 이후 행적은 잘 알려지지 않았다. 몹시 불행한 일이었지만, 이로 인해 다른 많은 철학자와 달리 목숨을 구할 수 있었다.

"모두가 카토 같을 수는 없다."

로마 제국에는 이런 말이 있었다. 오직 소수의 사람만이 카토처럼 엄청난 끈기와 용기를 가질 수 있다는 뜻이다. 또한 이 말은 카토처럼 행동해도 모든 사람이 그만큼 높은 명성을 얻지는 못한다는 뜻으로도 해석될 수 있다. 현대 철학자들은 이를 '도덕적 운'이라는 개념으로 설명한다. 태어난 시대와 처한 상황에 따라, 같은 행동을 하고도 영웅적 존재가 될 수도, 되지 못할 수도 있다.

루키우스 안나에우스 코르누투스는 카토나 아그리피누스처럼 특출 나지는 않은 평범한 사람이었지만, 결코 평범하지 않은 시절을 살았다. 코르누투스는 리비아에서 태어났다. 스토아 철학의 창시자 제논처럼 페니키아인이었지만, 철학사에 미친 영향력은 관리자 제논에 가까웠다. 코르누투스는 세네카 가문의 후원을 받아 로마에 도착했다. 그는 세네카의 조카 루칸을 가르쳤는데, 아마 세네카의 동생 멜라를 통해 인연을 맺은 듯하다.

철자법, 신학, 문법, 수사학, 언어학, 논리학, 물리학, 윤리학 등 다양한 분야를 꿰고 있었던 코르누투스는 제법 로마 지식인들 사이에서 이목을 끌었다. 기원후 48년에 클라우디우스 황제가 코르누투스의 조언을 받아들여 로마 알파벳에 새로운 자모를 추가했을 정도로 학자로서 명성도 자자했다. 모두가 카토처럼 살 수도 없고 인생의 성과란 금방 잊히기 마련이지만, 알파벳에 새로운 자모를 도입한 사람이 된다는 건 꽤 멋진 일이다.

동생과 어머니를 저세상으로 보내버린 황제가 다스리는 시기에 스토아 철학자가 이름을 떨치다니! 꽤나 특이한 일이지만, 어쨌든 네로의 재위 기간 동안 코르누투스는 몸을 낮추고 책에 파묻혀 살았다. 그의 친구이자 시인이었던 페르시우스는 그가 고된 하루를 보낸 뒤 이른 저녁 열매를 따는 일과 탁자에 앉아 차분하게 쉬는 걸 즐겼다고 전한다. 페르시우스와 코르누투스는 같은 목표를 가진 끈끈한 친구 사이였다. 스토아 철학자의 삶은 삭막해서 기쁨도 우정도 즐거움도 없을 거라는 편견의 말을 들을 때마다, 그 반례로 이 아름다운 우정이 떠오른다.

추방당해서 오히려 목숨을 건지다

∞

기원후 62년, 페르시우스는 젊은 나이에 비극적으로 삶을 마감한다. 그리고 700권에 달하는 크리시포스 전집과 많은 재산을 친구 코르누투스에게 남긴다. 그는 책만 있으면 된다며, 다른 유산은 페르시우스의 자매들에게 돌려준다.

이토록 평온한 삶을 바랐던 그였지만, 네로의 시대엔 무해한 책벌레 철학자조차 예민한 황제의 기분을 상하게 할 수 있었다. 코르누투스는 네로의 귀를 당나귀 귀에 비유한 페르시우스의 시 구절을 편집하느라 애를 먹기도 했다. 아그리피누스라면 타협할 생각조차 하지 않았을 것이다. 하지만 코르누투스에게는 선택의 여지가 없었다. 카이사르는 유머 감각이 있었고, 아우구스투스는 예술을 좋아했지만, 네로는 아니었다. 어느덧 그런 황제가 통치하던 시절은 너무나 오랜 과거의 일이 됐다.

자신의 양아버지 클라우디우스처럼, 네로도 종종 코르누투스에게 조언을 구했다. 특히 네로는 로마 제국의 역사를 다룬 대서사시를 쓰려 했는데, 무려 400권 분량의 책으로 풀어내려는 웅장한 계획이었다. 코르누투스가 너무 길다고 말하자, 네로의 심복 한 명이 물었다. "크리시포스는 그보다 더 많이 쓰지 않았습니까? 당신도 700권에 달하는 그 전집을 직접 갖고 있고요. 그런데 어떻게 그런 말을 할 수 있습니까?" 그러자 코르누투스는 인간의 품성을 바르게 할 목적으로 쓰인 크리시포스의 철학책과 네로의 서사시는 비교할 수 없다고 대답했다. 그는 자신의 말이 불러올 파장을 알았을까? 어쩌면 학문에 심취해 있느라 변덕스러운 폭군을 현명하게 대하는 방법을 잘 몰랐을 수도 있다. 알고서 그랬든 모르고 그랬든 결과는 마찬가지였으리라. 네로는 무례하고 오만한 철학자를 즉시 죽이고 싶었지만, 애써 화를 참고 그를 로마에서 추방했다.

디오 카시우스에 따르면, 코르누투스는 기원후 66년에서 68년 사이에 어느 이름 없는 섬으로 추방된다. 정확히 언제 어디로 추방되었는지, 이후에는 무슨 일이 있었는지 기록을 더 이상 찾을 수 없다. 코르누투스가 독재에 저항하는 형태는 폭군에 직접 맞선 카토나 네로의 암살 음모를 꾸미는 이들처럼 영웅적이지는 않았다. 또한 세네카처럼 문제가 많았던 정치판을 쥐락펴락하지도 못했다. 그러나 충분히 스토아 철학자다운 태도였다.

만약 세네카가 그때까지 궁정에 남아 있었다면, 코르누투스와 네로의 의견 충돌이 있었을 때 코르누투스 편을 들었을 것이다. 세네카 입장에서는 어린 시절 티베리우스가 스승 아탈루스를 추방한 것처럼, 자신의 제자가 조카의 스승을 추방한 격이었으니까. 네로는 이제 정적을 죽이는 데 그치지 않고, 스승과 자기 주변 사람들까지 공격하기 시작했다. 점점 분별력을 잃고 있는 게 분명했다.

코르누투스는 루틸리우스처럼 로마에서 먼 곳으로 추방당해 세상에서 점점 잊혔다. 어쩌면 많은 사람이 쉽게 목숨을 잃고, 정의가 산산이 조각나고 있는 혼란스러운 조국에서 빠져나올 수 있어서 더없이 행복했을지도 모른다.

피할 수 없다면,
가능한 잘 죽는 법을 택하라

황제가 될 뻔한 철학자, 플라우투스(Gaius Rubellius Plautus, A.D. 33~A.D. 62)

티볼리 출신. 황실의 피가 흘렀던 첫 번째 스토아 철학자. 아우렐리우스 이전에
최초의 철인 황제가 될 수도 있었으나, 네로의 견제를 받아 로마에서 추방되었
다가 피살됐다.

몇 세대 동안 스토아학파는 권력의 중심에 머물렀다. 아테네에서
스토아 철학자들은 최고의 외교관이자 빛나는 스승의 역할을 맡았
고, 로마 공화정 시기에는 장군과 집정관을 지냈다. 그리고 아리우스
와 아테노도루스 이후, 스토아 철학자들은 황제의 고문 역할을 했다.
하지만 그중에 군주는 없었다.

기원후 33년에 태어난 가이우스 루벨리우스 플라우투스는 황실
의 피가 흐르는 최초의 스토아 철학자다. 어머니 율리아의 할아버지

가 바로 티베리우스 황제였고, 그가 아우구스투스의 후손을 입양했기에 플라우투스 역시 제위 계승 후보 자리에 올랐다.

재산도 있고 좋은 혈통을 지녔음에도, 플라우투스는 검소하고 조용하게 살았다. 철학을 공부한 덕분에 성숙했고, 전통 규범(모스 마이오룸)의 살아 있는 화신으로 불릴 정도로 권세를 탐하거나 재물을 남용하지 않았다. 그를 만난 모두가 존경심을 표할 정도였다. 증조부인 티베리우스뿐만 아니라, 그 이후의 황제들과도 상당히 대조적이다.

드디어 스토아 철학자가 최초로 황제의 관을 쓰게 됐을까? 플라톤이 오래전부터 염원했던 '철학자 왕'이 드디어 탄생하게 됐을까? 불가능한 일은 아니었지만, 그리 쉬운 일도 아니었다.

존재 자체로 폭군의 미움을 사다

카토의 강직한 태도가 의도치 않게 적을 만든 것처럼, 존재 자체로 부패와 폭정을 비판하는 덕목을 타고난 이들이 있다. 바로 플라우투스가 그랬다. 혈통뿐 아니라 기질 면에서도 그는 언젠가 반드시 네로와 충돌할 운명이었다. 두 남자는 황실 혈통이라는 점만 빼고 모든 면에서 달랐다. 한 명은 어머니의 끔찍한 음모로 황제가 됐고, 다른한 명은 계속해서 학문에 정진하며 내면의 나침반에 따라 올바른 삶을 살았다. 한 명은 목표를 이루기 위해 수단과 방법을 가리지 않았고, 다른 한 명은 부정한 일에는 손도 대지 않았다.

편집증이 심했던 네로가 고결한 사촌을 경쟁자로 여긴 것은 그리 놀랍지 않다. 네로를 황제로 만들기 위해 남편까지 살해한 어머니가 이제는 자신의 동생 브리타니쿠스를 황제로 밀겠다고 협박하자, 네로는 배다른 동생을 살해했다. 그 뒤, 어머니가 플라우투스와 결혼해 황제를 바꿀 거라는 소문이 돌자, 네로는 플라우투스를 제거할 계획을 세웠다. 그 정도는 많은 사람이 예상할 수 있었다. 사실이든 아니든, 네로는 가장 위협적인 정적과 함께 귀찮은 어머니를 로마에서 추방할 구실도 얻게 됐다. 하지만 그는 거기서 멈추지 않고, 마침내 자신을 낳아주고 황제로 만들어준 여자를 죽이겠다는 끔찍한 마음까지 먹는다.

스토아학파는 미신이나 초자연적 징후에 대한 근거 없는 믿음을 경계했다. 하지만 세네카는 제자인 네로에게 미신을 멀리하라는 가르침을 주는 데 실패했다. 기원후 60년 8월부터 12월 사이, 그 누구도 본 적 없는 엄청나게 밝은 혜성이 로마 상공을 가로질렀다. 로마 시민들은 큰 변화, 즉 네로가 폐위되고 새로운 인물이 제위에 오를 징조라고 믿기 시작했다. 혜성이 상공을 가로지를 무렵, 타키투스에 따르면 수블라콰이움^{Sublaquaeum}(지금의 이탈리아 서비아코)의 거대한 호숫가 저택에서 만찬을 벌이고 있던 네로의 테이블에 번개가 내리쳤다고 한다. 그곳은 플라우투스의 탄생지와 가까웠기 때문에, 네로와 손님들은 플라우투스가 황제가 될 거라는 징조로 받아들였다.

네로는 즐겨 쓰던 것과는 다른 방법을 쓴다. 플라우투스를 독살하는 대신, 그가 아시아에 있는 그의 할아버지 드루수스 곁으로 떠나준다면 로마가 훨씬 더 평화로워질 것이라는 편지를 쓴 것이다. 네로로서는 꽤나 자제력 있는 행동이었다. 아마 세네카가 영향력을 발휘했을 것이다.

목숨의 위협을 느끼고 있던 플라우투스는 거절할 수 없는 제안이라고 판단했다. 그래서 아내 안티스티아와 자녀들, 친한 친구 몇 명을 데리고 시리아로 망명했다. 이때 위대한 스토아 철학자 무소니우스도 함께 시리아로 건너갔다. 플라우투스는 망명지에서 철학을 공부하며 최대한 바쁘게 살려고 노력했다.

키케로가 인용해서 유명해진 '다모클레스의 검 이야기'는 이 상황에 제법 잘 들어맞는다. 옛날 시라쿠사에 다모클레스라는 사람이 살았다. 그는 항상 왕을 부러워했는데, 어느날 왕이 그를 불러 하룻동안 자기 자리에 앉을 수 있도록 허락했다. 수많은 신하를 내려다보며 우쭐해하던 다모클레스는 문득 왕좌 위에, 한 올의 말총에 매달린 검이 있다는 걸 알게 됐다.

이처럼 권좌는 늘 위태롭다. 황제인 네로는 언제나 위협을 느꼈다. 플라우투스는 황제가 아니었지만, 폭군이 다스리던 시기에 많은 이들에게 주목받는 건 충분히 위험한 일이었다. 하지만 스토아 철학은 이처럼 어지럽고 위험한 상황에서 주의를 잃지 않고 정말 중요한 것에 집중하는 법을 가르친다.

당시 세네카와도 사이가 틀어진 네로는 불안에 휩싸였다. 이때 폭군 곁에는 탐욕스런 야심가들이 득세하기 마련이다. 오포니우스 티겔리누스는 그 전형이었다. 그는 정적을 제거하고 로마를 혼돈의 상태로 계속 유지하기 위해 네로의 편집증을 부추겼다. 타시투스에 따르면, 티겔리누스는 네로에게 이렇게 속삭였다고 한다. "플라우투스는 돈이 너무 많은 탓인지 평화를 찾는 마음도 사라진 것 같습니다. 고대 로마인 흉내를 내며 과시하는 걸로 만족하지 못하고, 스토아 철학자처럼 오만하고 사이비 교주처럼 사상을 선동하며 정치적 야욕을 부린다고 합니다."

네로가 가장 듣고 싶어 하던 말이었다. 많은 사람이 플라우투스를 따르자, 네로는 당연히 플라우투스도 자기처럼 야망을 품고 있을 거라 생각하고 그를 죽이려는 마음을 먹는다. 사실 모두가 네로와 유사한 두려움을 갖고 있다. 종종 누군가가 끔찍하게 싫어지는 이유는 그가 못나서가 아니라, 내가 가지지 못한 것을 가지고 있기 때문이다.

가장 큰 두려움은 바로 텅 빈 두려움

〰〰

아이러니하게도 네로 본인은 플라우투스를 증오하게 된 진짜 이유를 몰랐지만, 세네카는 오래전부터 이런 일을 예상했던 듯하다. 세네카의 『오이디푸스』에는 이런 구절이 있다. "가장 큰 두려움은 텅 빈 두려움이다."

플라우투스는 왕좌를 탐내지 않았지만, 장인 안티스티우스 베투스는 달랐다. 그는 사람들에게 군대를 모아 무기를 들고 일어서자는 편지를 보냈다. 네로가 보낸 암살자들이 아시아에 도착하기까지는 시간이 꽤 걸렸고, 그동안 플라우투스가 자기 자신을 지키기 위해서 군대를 일으킨다는 소문이 돌았다. 혁명의 기운이 감도는 것 같았지만, 플라우투스는 그럴 사람이 아니었다. 그는 군대를 동원할 돈도, 능력도 있었지만 그러지 않기로 했다. 피비린내 나는 전쟁을 일으켜 수많은 사람의 목숨을 잃게 하는 것보다, 차라리 홀로 폭군의 희생자가 되는 편을 선호했던 것 같다. 어쩌면 무소니우스가 전쟁을 하지 말자고 설득했을지도 모른다. "가능한 한 잘 죽는 법을 택하게. 곧 죽어야 할지도 모른다고 생각하면 잘 죽지 못할 수도 있다네."

사람들은 내전을 일으키자고 호소했지만, 플라우투스는 흔들리지 않고 죽음을 준비했다. 이 스토아 철학자는 황제가 되기는커녕 서른 살까지도 살지 못했다.

아그리피누스처럼 플라우투스는 죽음의 위협이 일상을 방해하지 않게끔 했다. 기원후 62년 어느 조용한 오후, 평소처럼 운동을 하기 위해 옷을 벗었을 때 네로가 보낸 자객이 도착했다. 그들은 존엄을 지키려 한 플라우투스의 자살도 허락하지 않았다. 암살 임무를 띤 백인 대장은 이 젊은 철학자를 칼로 찔렀고, 궁정 환관은 그의 숨이 끊어진 걸 확인하기 위해 죽는 장면을 지켜보았다. 그 둘은 플라우투스의 잘린 머리를 증거로 가져갔다.

네로의 잔혹함은 이제 가학적인 수준이었다. 플라우투스의 잘린 머리를 청중 앞에 들고, 자기 자신을 삼인칭으로 지칭하며 그는 말했다. "네로, 이따위 코를 가진 남자를 왜 두려워한 거지?" 플라우투스를 계속해서 비하하고 모욕하면서, 네로는 원로원에 그가 로마를 위협했다고 호소했다. 루틸리우스를 음해한 사람들이 썼던 전술을 떠올려보자. 악한 자는 자신이 저지른 죄를 선한 이에게 덮어 씌운다. 네로는 자신이 더러운 일을 저질렀다고 인정할 용기가 없었고, 되레 평화를 수호했다고 인정받길 원했다.

원로원은 네로를 기쁘게 하려고 그의 중상모략을 눈감아주었고, 이미 사망한 플라우투스의 이름을 왕위 계승 순위에서 지워버렸다. 몇 주가 지나지 않아, 네로는 아내와 이혼하고 플라우투스에게서 압류한 부동산을 위자료로 던져준 뒤 재혼을 준비했다. 이 끔찍한 일이 일어난 뒤에도, 무슨 이유 때문인지 세네카는 여전히 성취욕과 명예욕에 목말라 하며 몇 년 더 재상 자리를 지킨다. 반면 로마에 남아 있던 스토아 철학자 트라세아는 아그리피누스와 함께 네로의 새로운 결혼식에 불참했다. 눈엣가시 같던 플라우투스가 죽었음에도, 네로는 곧바로 또다른 두려움에 잠식당한다.

21장 그 무엇도 우리의 영혼까지 해칠 순 없다

정신

당당한 원칙주의자, 트라세아(Thrasea Paetus, A.D. 14~A.D. 66)

로마 귀족 계급의 스토아 철학자. 강직하고 고결한 말과 행동으로 네로에게도 인정을 받았다. 친모를 살해하는 등 점점 폭주하는 폭군에 맞서다가 결국 자결하라는 명을 받는다.

트라세아 파이투스는 시대를 잘못 타고난 사람이었다. 아우구스투스가 죽을 무렵, 이탈리아 파도바에서 태어난 그는 부유한 귀족 가문 출신이었다. 로마의 스토아 철학자들이 대개 그랬던 것처럼 존경받는 훌륭한 스승에게 수사학과 법학, 삶의 원칙을 배웠다.

급변하는 시기, 다른 스토아 철학자들이 적응할 방법을 찾거나 영리하게 한 발짝 멀리서 사태를 관망할 때, 이미 트라세아는 원로원 의원이 된 지 오래였다. 카토가 용기와 헌신을 보여준 지는 벌써 수

십 년이나 지났지만, 역사와 철학을 향한 사랑이 너무 깊었던 트라세아는 공화정 시대의 인물들이 생생하게 살아 있는 것처럼 느꼈다. 일찍이 제논은 철학을 통해서 죽은 자와도 소통할 수 있다는 신탁을 받았다. 트라세아도 마찬가지였다.

세네카는 후대 철학자에게 "마음속에 '카토' 한 명을 정해라"라고 말한 적 있다. 즉, 자신을 성찰하고 행동을 바로잡을 수 있는 내면의 멘토를 두라는 조언이었다. 트라세아는 어린 시절부터 카토를 자신의 멘토로 정했고, 훗날 그에 대한 글까지 남긴다.

키케로의 글로 볼 때, 트라세아는 스키피오 서클에 영감을 받은 것 같다. 트라세아의 집은 시인과 철학자, 정치가의 사교장이 되었다. 카토와 스키피오가 그랬듯이 그의 저녁 식사는 덕과 의무, 그리고 사랑하는 조국의 걱정스러운 국정을 길게 토론하는 자리였다.

어느 날 저녁, 세네카부터 헬비디우스까지 이 책의 후반부에 나오는 많은 스토아 철학자들이 트라세아의 집에 모였다. 아마 그들보다 앞선 시대를 살았던 스토아학파의 유령들도 그 자리에 참석했을 것이다.

트라세아의 부인도 의기양양하게 탁자에 앉았다. 그 역시 포르키아처럼 스토아 철학을 진지하게 따랐고, 남다른 가풍 속에서 자랐다. 기원후 42년에 트라세아의 장인과 장모는 황제에게서 자결하라는 명을 받았는데, 장모가 먼저 목숨을 끊으면서 남편에게 이런 말을 남겼다고 한다. "보세요. 하나도 안 아파요."

헛된 희망에서 손을 떼는 법

트라세아를 둘러싼 주변 환경, 즉 어린 시절 부모와 스승에게 받은 영향력과 그의 철학자 친구들, 공익을 향한 자신의 열렬한 헌신을 고려할 때, 황제가 누구든 트라세아와 사이가 좋기는 어려웠다. 하물며 네로와 잘 지내는 건 불가능에 가까웠다. 트라세아 삶의 발자취는 네로 같은 황제를 본능적으로 거부했다. 트라세아는 로마의 현실을 받아들일 수 없었고, 그것을 거부하는 데도 전혀 두려움을 느끼지 않았다.

원로원 의원으로 경력을 쌓은 후, 트라세아는 루틸리우스나 카토처럼 원로원 내 영향력을 이용해 강탈 사건의 기소를 맡았다. 57년, 로마에 온 킬리키아 사절들은 총독이었던 코수티아누스 카피토가 강탈 행위를 일으켰다고 고발한다. 트라세아는 사절들 편을 들었다. 타키투스에 따르면, 카피토는 수많은 악행으로 얼룩진 사람이었고, 재판에서 자신을 열심히 변호했지만 결국 유죄 판결을 받고 의원직을 내놓아야 했다.

정상적인 상황이라면 카피토의 경력은 거기서 끝났어야 하지만 네로가 다스리는 로마는 제정신이 아니었다. 불과 몇 년 만에 카피토는 의원직을 회복했고, 네로를 비판한 시인 등을 상대로 소송을 걸기 시작했다. 원로원은 시인에게 사형을 선고했고, 이를 중재하려던 사람은 트라세아뿐이었다. 그는 네로에게 자비와 자제를 촉구했다. 네로는 그의 말을 따랐으나, 그 시인을 처벌하지 않고 놔두는 게 마냥 기쁘지는 않았던 것 같다.

트라세아는 귀찮을 정도로 네로를 설득했고, 그 끈기에 황제는 마지못해 철학자의 의견을 존중해주었다. 한번은 누군가 트라세아가 황제에게 불리한 판결을 내렸다고 그를 비판했다. 황제의 칭찬을 기대하고 한 말이었을 것이다. 하지만 네로는 그를 아첨꾼이라고 꾸짖으면서 이렇게 말했다. "트라세아는 훌륭한 판사다. 물론 그만큼 훌륭한 친구였으면 좋았을 텐데…."

카토와 카이사르가 성격 차이로 부딪칠 수밖에 없었던 것처럼, 트라세아와 네로도 마찰을 피하지 못했다. 한 명은 절제하고 원칙을 지키며 사는 원로원 의원이었고, 다른 한 명은 불안정하고 자존심이 상하는 걸 참지 못하는 '카이사르'였다. 한쪽은 끊임없이 절제와 타협을 요구했지만, 다른 한쪽의 선택지에는 그런 게 없었다.

기원후 59년, 마침내 네로가 친모를 살해했을 때, 트라세아는 그 사실을 믿을 수가 없었다. 세네카는 눈감아주려는 것처럼 보였지만, 트라세아와 동료 의원들은 황제의 터무니없는 변명을 받아들이지 않았다. 네로는 자신을 살해하려 한 배신자를 죽였다는 서한을 원로원에 보냈다. 하지만 편지에 담긴 진실은 네로가 친모를 죽인 모친 살해범이라는 것이었다. 트라세아는 역겨워서 견딜 수 없었다. 즉시 자리를 뜨고 투표를 거부했다. 그 서한에 어떤 의미가 있는지, 누군가의 기분을 거스른 건 아닌지 두려워하지 않았다. 그는 용감했고, 뻔뻔한 타락과 악을 그럴듯하게 포장하는 걸 거부했다.

카토는 필리버스터로 카이사르와 폼페이우스에게 맞설 수 있었지만, 이번엔 상황이 달랐다. 로마는 이미 명목상으로만 공화정일 뿐, 사실상 네로는 절대 권력을 가진 자였다. 이제 트라세아가 할 수 있는 건 자신의 도덕적 권위와 영향력을 통해 사람들에게 "이건 정상이 아니다"라고 호소하는 방법뿐이었다.

네로가 자신의 새 아내 포페아에게 신성한 영예를 수여하는 안을 투표에 부쳤을 때도 트라세아는 기권했다. 약자를 수탈해 막대한 부를 축적한 타락한 귀족 클라우디우스 티마르쿠스의 재판에서는 그를 추방할 것을 강력하게 주장했다. 타키투스에 따르면, 트라세아의 연설은 만장일치로 큰 호응을 받았다. 애초부터 공익을 위해 봉사할 생각이 없던 황제와 그 주변의 부패한 권력자에게 맞서 트라세아가 할 수 있는 유일한 일이었다. 3년간 그는 공개적으로 황제와 맞섰고, 네로 역시 대놓고 트라세아를 밀쳐내기 시작했다. 기원후 63년, 네로의 딸이 태어나 축하하기 위해 타키투스와 동료 원로원 의원들이 방문했을 때에도, 네로는 트라세아만 집으로 들이지 않았다.

스토아 철학은 희망이 없을 때는 손을 떼라고 말한다. 세네카가 손을 떼야 한다는 걸 깨달았을 때는 이미 너무 늦은 뒤였다. 자신이 네로에게 힘을 실어준 덕에, 황제는 무시무시한 괴물이 되어 있었기 때문이다. 트라세아는 세네카와 달랐다. 트라세아를 쫓아내자는 네로의 주장에 원로원이 동의했을 때, 그는 국가가 더는 자기편이 아니라는 걸 깨달았다. 이후 3년간 반 은퇴 상태에 들어간 그는, 카토에 관한 글을 쓰고 철학을 공부했다. 언제든 사형 선고가 내려질 수도 있었지만, 전혀 아랑곳하지 않았다.

나 자신이 되는 것만큼 소중한 것은 없다

〰〰〰

타키투스에 따르면, 네로는 단지 핑곗거리를 찾고 있었다고 한다. 몇 년 전 트라세아가 원로원에서 추방했던 카피토가 네로를 도왔다. 기원후 65년, 트라세아가 포페아의 국장을 치르는 걸 거부하자, 네로와 카피토는 기분이 상했다. 아내를 죽인 것이 남편일 가능성이 컸다는 걸 생각하면 아이러니한 일이지만, 어쨌든 이 세상에서 모든 미덕을 완전히 지우는 게 소원인 듯한 네로를 위해 카피토가 앞장섰다. 로마에서 네로를 두려워하지 않는 거의 유일한 사람, 트라세아를 고발한 것이다. 카피토는 음험하게 중얼거렸다. "내분을 원하는 국가가 황제와 트라세아를 소환하고 있군. 카이사르와 카토가 맞붙었던 것처럼 말이야."

간악한 말이었지만, 카토에 빗댄 건 트라세아에게 최고의 칭찬이기도 했다. 삶이 그렇다. 음모를 계획하는 사람은 자신이 가진 두려움을 드러내면서, 역으로 최고의 찬사를 보내기도 한다. 트라세아는 네로가 자신을 옥죄면서 즐거워하지 못하도록 직접 서한을 보냈다. "고발하는 이유를 열거해주시면, 제가 변호하도록 하지요."

네로는 겁먹은 트라세아가 자비를 구하고 충성을 맹세할 것을 기대하며 편지를 열었다. 하지만 편지에는 무고한 사람의 당당한 도전이 담겨 있었다. 그게 바로 트라세아의 본모습이었다.

스토아 철학자뿐만 아니라, 모든 사람에게 나 자신이 되는 것만큼 소중한 건 없다.

카피토의 비유에 따르면, 이제 '카이사르'와 '카토'의 갈등은 돌이킬 수 없는 상황으로 치달았다. 네로는 트라세아의 목을 베라고 지시했고, 쇠락한 원로원은 폭군 편에 섰다. 동료 스토아 철학자인 아룰레누스 루스티쿠스만이 원로원의 포고를 막고 트라세아의 목숨을 구하겠다고 말했다. 하지만 트라세아는 그에게 이 일에 연루되지 말 것을 부탁한다. 그는 젊은 동료에게 이렇게 말했다. "자네는 이제 막 정계에 입문하지 않았나. 이 시대에 정치를 통해 무엇을 할 수 있을지, 어떤 길을 걸어야 할지 잘 생각해보게."

훗날 아룰레누스 루스티쿠스는 트라세아의 용기와 모범을 찬양하는 책을 써서 도미티아누스 황제에게 살해된다. 그리고 좀 더 시간이 흘러, 그의 손자인 유니우스 루스티쿠스는 마르쿠스 아우렐리우스의 철학 스승이 된다.

트라세아는 이제 그 누구의 보호도 필요 없었다. 카토처럼 자신의 문 앞에 찾아온 운명을 담담하게 받아들이기로 했다. 수년 전 열린 여론 조작용 재판에서 루틸리우스가 침묵했듯, 트라세아는 일부러 자기 자신을 변호하지 않았다. 원로원은 트라세아를 죽이고, 사위 헬비디우스 프리스쿠스를 추방하기로 결의했다.

원로원 결의에 관한 소문이 돌기 시작했을 때, 트라세아는 정원에서 오랫동안 함께 시간을 보냈던 친구들과 앉아 있었다. 에픽테토스에 따르면, 견유학파의 데메트리오스와 영혼의 불멸에 관해 깊이 있는 대화를 나눴던 트라세아는 다소 냉소적인 태도를 보이며 체념했다고 한다. "내일 추방당하는 것보다 차라리 오늘 죽는 게 낫다."

네로는 세네카에게 베푼 호의를 트라세아에게도 베풀었다. 트라세아는 죽는 방법을 택할 수 있었다. 드디어 평생 너무나도 생생한 존재로 느꼈던 과거의 위대한 인물들과 직접 대화를 나눌 기회가 찾아왔다. 소크라테스, 키케로, 카토, 그리고 최근에 세상을 떠난 세네카. 트라세아는 소크라테스의 마지막 말을 떠올리며 이렇게 말했다. "네로가 날 죽일 순 있지만, 결코 해칠 수는 없다네."

트라세아는 사랑하는 사람들에게 모두 떠나달라고 부탁했다. 잘 지내라고 작별 인사를 건넸다. 그리고 남편과 함께 세상을 뜨려는 아내에게 헬비디우스의 추방으로 남편을 잃게 될 딸을 위해서라도 제발 자신을 따라 죽지 말라고 간청했다. 여기서 또다시, 트라세아가 세네카보다 공감 능력이 높았다는 사실이 증명된다.

네로의 신하들이 죽음을 명하자, 테레사는 견유학파의 데메트리오스와 사위 헬비디우스와 함께 침실로 갔다. 얼마간 철학에 관해 이야기하거나, 폭정에 맞서 싸우라는 조언을 했을지도 모른다. 결국 트라세아는 할 일을 끝마치기로 하고 데메트리오스와 헬비디우스에게 양팔의 정맥을 그어달라고 부탁했다.

피를 흘리면서, 트라세아는 1년 전 세네카의 죽음을 떠올렸다. 그리고 유피테르 신에게 해방의 기도를 바쳤다. 자신의 사형 판결을 전하러 온 젊은이에겐 이렇게 말했다. "당신은 용기 있는 사람을 본보기로 삼아, 정신을 드높여야 하는 시대에 태어났습니다." 그리고 데메트리오스 쪽으로 몸을 돌려 마지막 말을 남겼지만, 그 말들은 역사의 심연으로 허무하게 사라지곤 한다.

네로는 자신의 과도한 탐욕을 저지하려 했던 또 한 명의 적을 제거했다. 하지만 세네카가 네로에게 경고했듯, 죄를 저지른 자는 벌을 받는 법이다. 아무리 많은 사람을 죽여도 천하무적이 될 수는 없다.

폭군의 비참한 최후

제멋대로 날뛰는 폭군은 서서히 지지층을 잃어갔다. 어느 순간 주변을 둘러보니 아무도 남아 있지 않았다. 세네카의 음모는 적발됐고, 거슬리는 이들도 하나둘 제거했지만, 이번엔 민심이 왕에게서 등을 돌리기 시작했다.

죽음을 앞둔 공모자들도 네로가 오랫동안 피해왔던 진실을 말하기 시작했다. 사브리우스 플라부스는 네로에게 이렇게 말했다. "저보다 더 충직한 군인은 없습니다. 폐하께서는 만인의 사랑을 받을 자격이 있었죠. 하지만 어머니와 아내를 죽이고, 스스로 전차 운전사, 배우, 방화범이 된 뒤로 폐하를 좋아할 수 없게 됐습니다." 자신을 암살하려 한 또 다른 군인에겐 이런 이야기를 들었다. "이 일이야말로 제가 폐하를 도울 수 있는 유일한 방법이었습니다."

아룰레누스 루스티쿠스의 투쟁은 네로 편에 있던 사람들 모두가 그에게 등을 돌리고, 원로원 내부마저 삐걱대기 시작했다는 징후였다. 하지만 네로는 아랑곳하지 않았다. 그의 말년은 살인으로 가득 찼고, 더 제멋대로 행동하기 시작했다. 갑자기 노래 대회를 열어 자신이 우승하도록 조작하지를 않나, 지쳐가는 시민은 아랑곳하지 않은 채 제국 곳곳을 돌아다니며 칭찬을 구했다.

결국 군대가 반기를 들었다. 굳게 믿고 있었던 군대마저 반기를 드니, 네로는 정신이 번쩍 들었다. 이제 충성스러운 심복의 보호를 받으면서 로마를 탈출할 수도 없게 됐다. 하루는 왕의 친위대원 한 명이 네로에게 의미심장한 말을 던진다. "죽는 게 그렇게 끔찍한 일입니까?"

어느 날 아침, 네로가 일어나보니 친위대 대부분은 자리에 없었다. 고전학자 제임스 롬 James Romm은 네로가 잡힐 경우 무슨 일이 일어났을지 이렇게 묘사한다. "나무의 갈라진 부분에 목을 고정해서 죽을 때까지 단단한 돌로 친 뒤, 갈기갈기 찢긴 시체는 로마 최악의 범죄자들을 처형한 타르페아절벽에 내팽개쳤을 것이다."

세네카의 교훈을 무시하고 트라세아를 자살로 몰았으며, 플라우투스 등 수많은 무고한 사람을 죽인 네로가 마지막으로 살해할 자는 바로 본인이었다. 그는 단검 두 개로 자기 자신을 살짝 찔러보았다. 그러고는 망설이다가 칼을 다시 칼집에 넣었다. 조금이라도 시간을 벌고 싶었다. 자신이 죽은 뒤에 제발 참수만은 하지 말아 달라고도 부탁했다. 플라우투스의 잘린 머리를 들어 올려 고인을 조롱하고 능욕했던 사람치고는 뻔뻔한 부탁이었다. 마침내 죽음을 피할 수 없단 걸 알게 된 네로는 단검으로 자기 목을 찔렀다.

네로의 악함과 무능은 자살로 끝맺는다. 가장 고통스러운 방법을 택했지만 자살에 실패하자 해방 노예이자 마지막까지 네로 편이었던 에파프로디토스가 한 걸음 다가와 칼을 더 깊게 꽂았다. 마침내 네로의 시대는 막을 내렸다. 목구멍으로 피가 차오르는 것을 느끼며, 네로는 어처구니없는 말을 남겼다. "이게 바로 충성이다."

바로 그때, 잠시 자리를 떴던 군인들이 네로에게 사형선고를 내리기 위해 돌아왔다. 백인 대장이 출혈을 막으려 하자, 네로는 웃으며 말했다. "너무 늦었어."

그렇게 네로의 숨이 멎었다. 플라우투스, 바레아 소라누스, 세네카, 트라세아 등 수많은 스토아 철학자가 권력자의 광기 때문에 세상을 떠나야 했다. 네로의 사망 소식을 들은 사람 중에서 그가 더 나은 최후를 맞아야 했다고 동정하는 이는 한 사람도 없었다.

트라세아는 네로에게 사람을 죽일 수는 있지만, 결코 해칠 수는 없다고 했다. 사실이다. 단 하나의 예외만 제외하고 말이다. 네로는 계속해서 자신을 해쳤고, 최악의 리더십이 무엇인지 보여주었다. 서른 해 남짓의 생은 차라리 죽는 편이 훨씬 나았던 삶이었다.

카토와 트라세아라는 이름은 오늘날까지 용기와 지혜, 겸손과 정의를 상징한다. 그렇다면 네로는? 탐욕, 무능, 과대망상, 악을 대표하는 이름이다.

시인 윌리엄 블레이크는 이렇게 노래했다. "가장 강력한 독은 카이사르의 월계수 왕관 속에 들어 있다."

4부

그래서
어떻게
살
것인가

정의 · 실천 · 자유
의무 · 성찰

22장 행동이 당신을 보여준다

불의에 맞선 로마의 수호자, 헬비디우스(Helvidius Priscus, A.D. 25~ A.D. 75)

평민 출신으로 어린 시절 귀족 가문에 입양되었다. 이후 공직에 올라 네로를 포함해 무려 다섯 황제를 섬긴 입지전적 인물로, 어떤 압력에도 결코 굴하지 않고 신념을 지키는 것으로 유명했다. 결국 베스파시아누스 황제에게 미움을 받아 처형됐다.

한미한 출신의 어린아이가 커서 높은 관직에 오르는 이야기는 빤하지만 감동적이다. 에이브러햄 링컨부터 헨리 클레이, 앙겔라 메르켈 등 보잘것없는 배경을 딛고 성공한 이들은 자기처럼 어려운 처지에 있던 사람을 그냥 지나치지 못한다.

스토아 철학자 중에서는 헬비디우스 프리스쿠스가 그들의 명단에 오를 만하다. 헬비디우스는 이탈리아 남부 삼니움 지방 클루비에 마을에 주둔하던 한 군인의 아들로 태어났다. 그야말로 평범한 평민 출신이었지만, 자라면서 로마의 주요 인물로 부상해 무려 다섯 황제가 로마를 통치하는 동안 공직에 종사했다.

처음 정계에 입문한 날짜로 짐작할 때, 그는 기원후 25년 또는 그 이전에 태어난 게 확실하다. 분명 어린 시절부터 아주 열심히 공부하는 성실한 학생이었을 것이다. 타키투스에 따르면, 또래 친구들이 여가 활동에 시간을 쏟는 동안 헬비디우스는 비범한 재능을 살려 열심히 공부했다고 한다. 학계에 남을 수도 있었지만, 그는 가난한 집안을 생각해 공직에 입문했다. 그의 어린 시절 교사들은 스토아 철학자였다고 하는데, 스승에게 도덕적으로 옳은 것과 그렇지 않은 것들을 배웠을 것이다.

끝나지 않는 전투를 하는 이유

세네카의 형제 갈리오와 스키피오처럼, 총명했던 헬비디우스는 부유하고 힘 있는 가문으로 입양되었다. 시리아 총독 콰드라투스 밑에서 군단장을 지낸 헬비디우스 프리스쿠스(부자의 이름이 같다)에게 입양된 것으로 보인다. 어떻게 어린 헬비디우스가 이 가문과 인연을 맺었는지는 확실하지 않다. 가족 중에 양부와 함께 군대에서 복무한 이가 있었을 수도 있고, 전도유망한 아이가 자식 없는 부부의 마음을 사로잡았을 수도 있다.

어쨌든 그는 이제 평범한 시골 아이가 아니라 명문가의 촉망받는 인재가 되었다. 세네카의 말처럼, 운명의 여신은 기를 죽이기도 하지만, 행운을 가져다주기도 한다. 중요한 건 각자가 처한 상황에서 올바르게 대처하는 것이다. 스토아 철학을 배운 헬비디우스는 경제적으로 풍요로워진 상황에서도 검소함을 지켰다.

그리스 아하이아의 재무관 자리를 꿰찬 헬비디우스는 가장 잘나가는 치안판사였고, 강인한 성품의 원로원 의원이자 스토아 철학자 트라세아의 딸 파니아와 결혼할 정도로 성품이 출중했다. 그야말로 성공 가도를 달리는 젊은이였다. 타키투스에 따르면, 헬비디우스는 장인 트라세아로부터 자유정신을 배웠고, 로마 시민이자 원로원 의원으로서, 남편이자 사위로서, 그리고 친구로서 의무를 다하는 법을 배웠다. 그릇된 방식으로 얻은 부를 경멸하며, 옳은 길만을 따르고, 두려움에 흔들리지 않는 법도 배웠다. 로마 변방의 시골 마을 출신인 헬비디우스는 일약 촉망받는 정치인이 되어 로마의 아름다운 집에 신혼살림을 차렸다.

이후 56년까지 호민관직을 맡는 동안 헬비디우스는 젊은 재무관 올부트로니우스 사비누스를 규탄하고 가난한 사람의 손을 들어주면서 더욱 유명해졌다. 올부트로니우스는 권력을 이용해 가혹하게 세금을 거두어 부를 축적한 인물이었다. 헬비디우스는 충분히 설득력 있는 판결을 내렸고, 네로 역시 앞으로는 더 까다롭게 재무관을 뽑을 것이라고 선언했다. 선뜻 마음이 내키지 않았을지라도 말이다.

다른 스토아 철학자와 마찬가지로, 그가 탄탄대로를 벗어나 정권과 갈등을 빚을 때까지 어떤 경력을 쌓아왔는지는 자세하게 알려진 바가 없다. 갈등은 기원후 66년 장인 트라세아가 황제를 제거하려는 음모를 꾸민 혐의로 기소되면서 시작된다. 헬비디우스는 장인을 변호했다. 아마 즉석 발언이나 글을 통해서였을 것이다. 하지만 얼마 지나지 않아 트라세아는 사위에게 자살을 도와달라고 부탁한다. 그리고 그의 피가 채 마르기도 전에, 슬픔에 잠긴 아내와 두 자녀를 데리고 마케도니아로 추방된다.

2년 후, 네로가 죽고 즉위한 갈바 황제는 헬비디우스를 다시 로마로 불렀다. 광기를 피해 망명지에 계속 남기로 한 루틸리우스와 달리, 헬비디우스는 희망을 잃지 않고 로마로 돌아왔다. 악몽 같은 네로의 폭정이 끝나고 새 황제가 즉위하면 상황이 나아지리라 생각했을 것이다. 그는 로마에 돌아오자마자 트라세아와 자신을 무고했던 에피루스 마르셀루스에 대한 탄핵안을 내놓았다. 하지만 그 일에는 마르셀루스 외에도 많은 원로원 의원이 연루되어 있었고, 황제는 자신이 유리할 때만 트라세아 편을 들었다. 어쨌든 헬비디우스는 처형당한 반역자의 사위였다. 이는 로마의 정세가 안정되었으리라 생각한 헬비디우스의 희망이 헛된 것임을 보여주는 일화다. 결국 그는 탄핵안을 철회해야 했다. 이 사건 이후 불과 몇 달 뒤 갈바가 살해됐고, 한 해에 네 명의 황제가 바뀐 '네 황제의 해'가 시작됐다.

오토는 황제가 된 지 겨우 3개월 만에 세상을 떠났다. 무척 짧은 기간이었으나 헬비디우스가 갈바의 시신을 매장하는 일에 대한 허가를 받기에는 충분했다. 이후 헬비디우스는 법무관직을 맡았지만, 얼마 되지 않아 새로운 황제 비텔리우스와도 갈등을 겪는다. 기원후

70년에는 원로원과 황제 중 누가 황제의 지출을 통제해야 하는지 논의하다가 새로운 황제 베스파시아누스가 아닌 원로원의 편을 들어 궁지에 몰린다. 다른 사람 눈에는 헬비디우스가 소신을 지키기 위해 끝나지 않는 전투를 하는 것처럼 보였다.

답은 이미 역사에 있다

입법권을 확보하기 위한 갈등은 있을 수 있다. 하지만 문제는 그가 스토아 철학자답게 황제의 권위를 쉽게 인정하지 않았다는 점이었다. 다른 사람들의 눈엔 건방져 보일 정도의 태도가 긴장을 고조시키는 원인이 됐다. 트라세아로부터 노력 없이 얻은 것에 존경을 표할 가치가 없다고 배운 탓일까? 아니면 군대의 힘으로 제위에 오른 이를 인정할 수 없었을까? 어떤 이유에서든, 헬비디우스는 베스파시아누스를 존중하지 않았다. 황명 대신 본명을 불렀고, 황제가 시리아에서의 전쟁에서 승리해 명성을 떨쳤을 때도, 헬비디우스는 그를 떠받들지 않은 유일한 원로원 의원이었다. 심지어 법무관으로서 내린 모든 명령에서도 황제의 칭호를 사용하는 걸 거부했다.

단순히 무모한 사람이었던 걸까? 아니면 진지하게 그를 받들고 싶지 않았던 걸까? 자신이 인정할 수 없는 사람이 무력으로 국가를 다스리는 상황에 지쳤을까? '무례함'은 갈수록 심해졌다. 수에토니우스에 따르면, 헬비디우스는 이제 대놓고 황제에게 대들기 시작한다.

에픽테토스도 한 대화록에서 헬비디우스를 전혀 겁이 없던 자로 묘사한다.

> 베스파시아누스가 헬비디우스의 원로원 출입을 막자, 그는 이렇게 답했다.
> "제 원로원 의원직을 박탈하는 건 폐하의 손에 달렸지만, 제가 의원인 동안에는 반드시 원로원에 들어가야겠습니다."
> "그럼 들어가되 한마디도 하지 말라."
> "제 의견을 묻지 않으시면, 아무 말도 하지 않겠습니다."
> "하지만 반드시 경의 의견을 물어야 한다면?"
> "그럼 저는 옳다고 생각하는 걸 말할 것입니다."
> "그렇다면 자네를 사형에 처할 것이야."
> "제가 언제 영원히 죽지 않겠다고 말한 적이 있습니까? 폐하는 폐하의 임무를 다하고, 저는 제 임무를 다할 것입니다. 폐하의 임무가 저를 죽이는 거라면, 제 임무는 죽는 것입니다. 하지만 저는 두려워하지 않을 것입니다. 폐하의 임무가 저를 추방하는 거라면 제 임무는 담담하게 떠나는 것입니다."

스토아학파가 주장한 그대로다. 너는 네가 맡은 일을 하고, 나는 내가 맡은 일을 한다. 너는 악한 일을 하더라도, 나는 선한 일을 한다. 그 외엔 무슨 일이 일어날지라도 모든 걸 순리에 맡겨라. 헬비디우스는 이런 접근법이 세상에서, 적어도 로마에서는 효과적이지 않다는 걸 알았을 것이다. 그는 묵묵히 자신이 할 수 있는 일을 하기로 결심한다. 캄피돌리오 광장의 유피테르 카피톨리누스 신전 공사를 감독하며, 수많은 이의 땀과 노력의 결실을 완성시킨다.

타키투스는 헬비디우스를 공익을 위한 인물이자, 평화로운 시대를 향해 때로는 전진하고 때로는 후퇴하는, 고독하지만 결코 희망을 잃지 않는 인물로 그린다.

물론 헬비디우스의 운명은 그렇게 순탄하지 않았다. 베스파시아누스는 헬비디우스를 다시 추방하기로 했다. 그의 영향력을 견제하기 위해, 황제는 그를 로마에서 멀지 않은 곳으로 유배 보내 계속 감시했다. 마치 감옥에 사형수를 가둔 것처럼.

과연 얼마 지나지 않아 황제는 헬비디우스를 처형하라는 명령을 내렸다. 그의 아내는 남편의 삶을 기리는 행사를 열었다. 최고의 스토아 철학자답게, 헬비디우스는 말이 아닌 행동을 유산으로 남기고 떠났다. 에픽테토스는 헬비디우스의 용기에 영감을 받았고 마르쿠스 아우렐리우스는 그를 모범으로 삼았다.

소신 있는 의정활동으로 유명한 로버트 버드 의원은 입양 가정에서 자라며 힘든 어린 시절을 보냈다고 한다. 그가 국가 안보를 핑계로 과도하게 권한을 행사하려는 대통령을 저지하기 위해 한 말이 있다. "헬비디우스 프리스쿠스가 계속 자기 생각을 말하자 베스파시아누스 황제는 그를 사형에 처했습니다. 부드러움이 중시되는 시대에서도 용기는 배워야 할 가치입니다. 지금 미국 상하원에는 대통령이 한쪽에 투표하라고 촉구하면, 겁에 질려 그가 시키는 대로 행동할 의원들이 있습니다. 그것이 자신의 신념에 어긋난다고 할지라도 말이죠. 위대한 용기를 가진 사람을 찾아보기 힘든 오늘날, 로마의 헬비디우스를 기억하고 모범으로 삼읍시다."

사람들이 버드 의원에게 왜 그런 연설을 했는지 이유를 묻자, 버드 의원은 이렇게 답했다. "외람되지만 그 질문은 요점을 빗나갔습니다. 수천 년의 역사에 이미 답이 있습니다. 저는 이 나라의 헌법과 제도를 수호하기 위해 연설을 했습니다. 제가 만약 오늘 이 연설을 하지 않았다 해도, 미래의 상원 의원이 될 누군가가 책에서 헬비디우스의 이야기를 찾아낼 겁니다."

고난을 피할 수 없다면, 좀 더 가치 있는 결정을 하라

23장

실천

만인에게 평등했던 철학자, 무소니우스(Gaius Musoninus Rufus, A.D. 20-30?~A.D. 101)

에트루리아 볼시니 출신의 철학자. 정계에서 활동하는 대신 스토아 철학을 연구하고 가르치는 데 매진했다. 부당한 권력에 맞서 수차례 유배되었음에도 신념을 꺾지 않았으며, 신분과 성별을 가리지 않고 제자를 받았다. 노예 출신 스토아 철학자 에픽테토스의 스승이다.

카토는 타협을 모르는 위대한 철인이었지만, 그가 맞선 황제는 단한 명이었다. 두려울 게 없던 트라세아였지만, 그의 친구인 가이우스무소니우스 루푸스 역시 용기로는 결코 뒤지지 않았다. 트라세아가네로 치하에서 겪은 시련이 사소해 보일 정도로, 무소니우스는 아주굴곡진 삶을 살았다.

티베리우스 황제 시절, 지금의 이탈리아 북부에 위치한 에르투리아 볼시니의 기사 계급 가정에서 태어난 무소니우스는 철학자이자 교사로서 빠르게 명성을 쌓았다. 그동안 뛰어난 스토아 철학자들은 수없이 탄생했지만, 무소니우스는 당대를 넘어 역사상으로도 뛰어난 학자로 평가된다. 지혜, 용기, 절제, 정의만 고집하는 고결한 정신 덕에 당대 사람들 사이에서는 '로마의 소크라테스'로 불렸다. 유스티누스, 알렉산드리아의 클레멘스, 마르쿠스 아우렐리우스 등 많은 철학자와 위인이 존경할 정도로 그의 명성은 시대를 초월했다.

무소니우스는 겸손했다. 로마 사회에서 가장 높은 자리를 꿰찼던 세네카나 키케로와 달리, 원로원 의원이 되거나 부를 쌓으려고 하지 않았다. 부와 인맥을 갖춘 가문과 결혼하지도 않았고, 명예나 권력을 추구하지도 않았다. 그것들이 특별히 중요하다고 생각하지 않았던 것 같다. 칭찬과 박수는 관객과 철학자 모두에게 시간 낭비라고 생각했다. "철학자가 타이르거나 설득하거나 책망하거나 철학을 주제로 토론할 때, 청중은 동요되어선 안 된다. 자신의 열정을 절제하지 못하고 흔해 빠진 칭찬을 뱉거나 소리를 지르거나 몸짓을 섞어가며 말의 리듬이나 수사적 장식 따위에 흥분한다면, 화자와 청중 모두 시간을 낭비하는 셈이다. 그런 강연은 플루트 연주를 듣고 있는 것과 다를 바 없다."

무소니우스는 청중의 환호가 아닌 침묵이야말로 성공한 철학자의 표상이라 생각했다. 침묵은 청중이 실제로 화자가 내뱉는 심오한 질문들과 씨름하고 있다는 걸 뜻하기 때문이다. '로마의 소크라테스'는 쇼맨십이 아니라 무거운 가르침으로 많은 청중을 끌어들였을 것이다. 사람들을 열광시키는 대신 그들이 굳게 믿고 있던 명제에 의문을 던져 사색과 침묵을 이끌었을 것이다.

여성 교육을 최초로 주창한 사람은?

철학자로서 무소니우스가 주창한 가장 도발적인 생각은 무엇일까? 바로 여자도 남자처럼 교육을 받아야 한다는 것이다. 지금까지 전해지는 스물한 개의 가르침 중에는 여성의 사회적 지위를 높일 것과 여성도 철학자가 될 능력이 있다는 내용이 담겨 있다. 그 시대에는 일반적 관점이 아니었지만, 옳은 일은 원래 드문 법이다.

여자는 완전한 인간이 아니라 재산에 지나지 않다고 여겨진 시기에, 스토아 철학자가 이런 주장을 펼친 건 사실 놀라운 일은 아니다. 스토아학파의 핵심은 독립적 사고에 있기 때문이다. 실제로 스토아학파는 아주 일찍부터 성 평등을 주장했다. 3세기 전, 클레안테스는 『미덕에는 남녀가 없다는 논지에 관하여』라는 책을 썼다.

스토아 철학자 무소니우스는 시대를 앞서서 정의의 본질을 꿰뚫어 보는 능력이 있었다. "남자뿐만 아니라 여자도 덕을 지향하고자 하는 마음과 본성을 지니고 있다. 여성도 남성만큼 고귀하고 정의로운 행위에 기뻐하며 악한 행동을 거부한다. 남성은 철학을 실천하면서 어떻게 하면 잘살 수 있을지 답을 찾아도 되는데, 여성은 왜 안 된다는 건가?"

결혼에 대한 견해도 현대적이었다. 건강할 때도 병들었을 때도, 부부는 어떤 일이 있든 완전한 동반자관계를 이뤄야 하며, 남편과 아내는 서로 사랑해야 한다고 주장했다. 좋은 결혼은 서로가 헌신하며 더 잘하려고 노력하는 것이라고 믿었다. 또한 브루투스와 포르키아의 아름다운 결합에 관해 이야기했다. 그들은 어떻게 하면 서로 다른 두 영혼이 함께 인생의 역경을 헤쳐 나갈 수 있는지 고귀한 미덕을 실천해 서로에게 영감을 주었던 부부였다.

무소니우스의 결혼 생활은 어땠을까? 알 수 없다. 하지만 경험하지 않고 결혼의 장점에 대해 감동적인 글을 쓰기란 어려울 것이다. 더욱이 용기와 미덕을 중시하는 인생의 동반자 없이, 그의 앞에 닥칠 역경을 견뎌내기란 불가능했을 것이다.

무소니우스 가르침의 핵심은 근면과 인내였다. 수 세기 전 육체노동으로 돈을 벌어 철학을 공부했던 클레안테스와 여러 면에서 비슷했다. '철학자에게 적절한 생계 수단은 무엇인가'라는 제목의 강의에서, 무소니우스는 근면하고 착실하고 윤리적으로 일한다면 그게 무슨 일이 됐든 철학자의 품위를 훼손하지 않는다고 말했다.

무소니우스에게 역경은 삶의 일부였다. 미덕과 선을 추구하면서 수월하고 씩씩하게 살아가려면, 피할 수 없는 고난을 기꺼이 견디는 사람도 있음을 기억하라고 말했다. 악한 욕망을 이루기 위해 무절제하게 행동하는 이들, 자신의 이익만을 탐하는 사람들, 헛된 명성을 좇는 사람들은 온갖 고통과 고난 앞에 쉽게 고꾸라지고 스스로 굴복한다. 철학자 역시 그런 고통과 고난을 겪겠지만, 결코 무릎 꿇지 않아야 한다. 피할 수 없다면, 좀 더 가치 있는 일을 하며 고난을 잘 견디는 법을 배우는 편이 낫지 않을까?

이처럼 덕을 추구하고 역경을 인내하는 게 그의 철학적 가르침의 골자였다. "남의 아내를 탐하는 대신 자신의 욕망을 다스리려 노력하는 게, 돈이 없어 힘들어하는 대신 덜 욕망하는 법을 훈련하는 게, 나쁜 평판에 시달리는 대신 애초부터 악명을 얻을 행동을 하지 않는 게, 타인을 시샘하고 괴롭히는 대신 어떻게 하면 질투를 하지 않을지 고민하는 게, 아첨꾼 같은 가짜 친구에게 예속되는 대신 때론 쓴 소리를 해줄 진정한 친구를 곁에 두려 애쓰는 게 더 낫다는 걸 왜 아무도 인정하지 않는가?"

다른 스토아 철학자처럼, 무소니우스도 인생은 본질적으로 고난과 시련으로 가득 차 있다고 생각했다. 그래서 인생의 고초에 관한 많은 글과 말을 남겼다.

최악의 상황에서도 기회는 있다

무소니우스는 네로, 베스피아누스, 도미니티아누스 등 폭력적인 권력자에 반발했던 스토아 철학자들의 모임, 소위 '스토아 반대파 연합'에 몸담으면서 처음으로 곤경에 빠지게 된다. 모임의 일원인 플라우투스가 네로에게 요주의 인물로 찍혔기 때문이다. 60년, 무소니우스는 친구 플라우투스와 함께 시리아로 망명한다. 운명의 장난은 시작에 불과했다.

무소니우스는 플라우투스에게 용기를 가지고 죽음을 기다려야 한다고 충고했다. 결국 네로의 분노가 플라우투스의 목숨을 앗아갔을 때에도, 무소니우스는 곁에 있었을 것이다. 무소니우스는 로마로 귀환했지만, 얼마 지나지 않아 벌어진 가이우스 칼푸르니우스 피소의 네로 암살 음모가 실패하고 만다. 65년의 일이다. 세네카는 기소되었고 무소니우스는 귀아로스라는 외딴 섬으로 추방됐다. 철학자는 자기 집에서 1,120킬로미터나 떨어진 그곳에서, 자신이 친구에게 건넨 조언처럼 용기 있게 죽음을 기다리는 게 맞는지 고민했다.

트라세아에겐 자결하라고 조언해놓고, 왜 자신은 목숨을 끊지 않는가? 무소니우스는 눈앞의 고난과 맞설 수만 있다면, 그보다 더 큰 불행을 선택할 이유는 없다고 여겼다. 우리는 자기 자신을 단련할 수 있다. 운명의 여신이 던진 고난이 무엇이든 흔쾌히 받아들일 수 있도록 말이다. 무소니우스는 살아서 할 일이 남아 있다고 생각했다. 만인에게 쓸모 있는 사람은 더 큰일을 위한 경우를 제외하고 죽음을 택할 권리가 없다. 자신에게 주어진 의무를 해내고 올바른 길을 좇을 수 있는 한, 죽음이 아닌 삶을 택해야 한다고 여겼다.

귀아로스섬은 사람이 거의 살지 않는 척박한 불모지로 1970년대까지도 귀양지로 쓰였다. 그런 곳에서도 무소니우스는 사람들에게 도움이 되고자 했다. 한 기록에 따르면 그가 섬에서 지하수를 발견했고, 동료 주민들에게 무한한 감사 인사를 받았다고 한다. 철학자는 추방이 악이나 고난이 아닌, 일종의 시험이라고 믿었던 게 분명하다. 마음만 먹으면 덕에 한 발자국 더 가까이 다가갈 기회였다. 그래서 무소니우스는 다시 가르침과 글쓰기에 전념하고, 지중해를 건너 자신을 보러 온 철학자와 고관들에게 조언을 아끼지 않았다.

보통 사람이라면 암울한 시간을 보낼 동안, 무소니우스는 다른 사람에게 귀감이 될 만한 모범을 보이며 오히려 점점 유명해졌다. 그의 유명세는 티아나의 현자 아폴로니우스와 주고받은 한 가상의 편지에서도 살펴볼 수 있다. 거기서 아폴로니우스는 귀아로스섬에서 무소니우스를 용감하게 구출하는 걸 꿈꾼다고 말한다. 그런데 무소니우스는 그럴 필요가 없다고 답장한다. 진정한 철학자는 자신의 무죄를 직접 증명하려고 노력하기에, 결국 해방은 자기 손에 달려 있다는 것이다. 아폴로니우스는 그가 소크라테스처럼 죽게 될까 걱정이 된다고 답장하지만, 무소니우스는 자신은 그렇게 죽을 생각이 없다고 말했다. "소크라테스는 자기 자신을 변론할 준비가 되어 있지 않아서 죽었다. 하지만 나는 나를 변론할 준비가 됐다."

다른 대화록은 무소니우스의 투혼을 묘사한다. 트라세아의 최후를 지켰던 견유학파의 데메트리오스는 쇠사슬에 묶인 채 곡괭이를 들고 운하를 파고 있는 무소니우스를 발견한다. "데메트리오스, 자네가 그리스를 위해서 운하를 판다면 마음이 아플 것 같나? 내가 운하를 파는 대신 네로처럼 수금을 연주하고 있었다면 보기 좋았겠는가?"

그가 귀아로스섬에서 유배 생활을 하는 동안, 운하는 이미 건설되고 있었기에, 이 둘이 마주친 것이 사실은 아닐 것이다. 하지만 무소니우스가 왜 유명해졌는지 알 수 있는 대목들이다.

물이 부족한 섬사람을 위해서 우물을 파든, 그리스의 이익을 위해서 운하를 파든 무소니우스는 개의치 않았다. 고된 망명 생활도 진정한 철학자의 의지를 꺾을 수는 없었다. 편안하게 누리던 것들이 모조리 사라졌는데 힘들지 않았을까? 무소니우스는 여전히 자신이 가지고 있는 것에 대해 생각하기로 했다. 바로 태양, 물, 공기 같은 것들 말이다. 로마의 안락한 편의시설과 친구와의 만남, 여행의 자유가 그리워질 때마다 동료들에게 "로마에 있을 땐 정작 그 모든 걸 즐기지도 않았고, 매일같이 사람을 만나지도 않았다" 하고 상기시켰다. 그러고는 다시 귀아로스섬에서 자신이 가장 잘하는 일, 즉 선한 일을 할 기회를 찾으며 시간을 보냈다.

스토아주의자는 최악의 상황에서도 항상 기회가 있다고 믿는다. 추방처럼 그 어떤 역경을 겪어도 마찬가지다. 눈앞에 닥친 상황을 자신이 선택했다고 믿으면, 오히려 상황을 개선할 수 있다.

훗날 무소니우스는 견유학파 철학자 디오게네스에 관해 이렇게 말했다. "유배 생활을 거치면 평범한 사람도 철학자가 된다. 디오게네스는 자신이 태어난 시노페에서 그럭저럭 사는 대신 그리스에서 그 누구보다 더 열정적으로 덕을 실천했다. 편안하고 사치스러운 생활 습관으로 정신적으로 약했던 사람들 역시 유배 생활 동안 강인해진다. 한마디로 더 인간다운 삶을 살게 된 것이다. 만성 질병이 치유된 사람도 있었다. 안락한 생활을 영위하던 사람들은 앓던 통풍이 낫기도 한다. 나 역시 검소하게 사는 데 익숙해지자 건강을 회복했다. 이처럼 유배 생활은 몸과 마음을 단련시키기 때문에, 해가 되지 않고 오히려 도움이 된다."

세상을 지혜롭게 살아갈 힘과 기술은 어디서 나온 걸까? 무소니우스는 사람은 누구나 이성을 이용해 자기 병을 치료하는 의사가 될 수 있다고 믿었다. 명료한 사고와 문제의 핵심을 파악하는 능력을 바탕으로 철옹성 같은 정신을 배양하라고 주장했다. 그는 잠깐 동안 정신을 들게 하지만 궁극적으로 병을 고치진 못하는 후자극제에도 관심이 없었다. 그는 유배 생활 동안 터득한 자신만의 삶의 방법을 고수했다.

로마에서 높은 지위에 올랐을 때도 무소니우스는 추위, 더위, 갈증, 굶주림에 개의치 않았고 딱딱한 침대에서 잠을 잤다. 불편함에 익숙해졌고, 이를 통해 인내심을 키우고 심지어 행복해지는 법을 터득했다. 불편함을 견디게 되면 신체는 더 튼튼해지고, 시련을 견디기 쉬워지며, 어떤 일에도 단호하게 대처할 수 있게 된다. 유배 생활을 할 때나, 편안한 삶을 누릴 때나, 무소니우스는 몸과 마음이 준비된 자였다.

왕과 귀족, 노예의 스승이 되다

기원후 68년, 갈바가 네로에 이어 제위에 오르자, 무소니우스는 로마로 돌아와 다시 철학 강의를 이어나갔다. 그 후로 10년간 무소니우스의 위상은 더욱 높아졌고, 이 시기에 오랫동안 네로 황제의 곁을 지킨 비서 에파프로디투스의 노예였던 에픽테토스가 그의 제자가 된다. 선생이 학생보다 더 편한 삶을 살고 결단력이 약했다면, 과연 고단한 삶을 살았던 학생에게 손 내밀 수 있었을까?

역시 배울 준비가 된 사람에게 스승은 저절로 나타나는 법이다. 사실 스승도 쟁쟁한 학생이 있어야 능력을 최고로 발휘할 수 있다. 무소니우스는 제자들의 의지와 결단력을 시험하기 위해 그들을 집으로 돌려보내는 습관이 있었다. 무소니우스가 에픽테토스에게 '돌려보내기 전술'을 시험하자, 30년 동안 주인이 시킨 일만 하고 시키지 않은 일은 하지 않았던 에픽테토스가 스승에게 도전장을 내밀었다. "돌은 아무리 높이 던져도 본연의 성질 때문에 땅에 떨어집니다. 마찬가지로 총명한 사람은 더 멀리 밀쳐낼수록, 그의 목적에 더 가까이 다가가는 법입니다."

무소니우스는 부를 축적하기 위해 저지르는 부패를 혐오했다. 그래서 종종 탐욕스러운 부자들을 조롱했다. 언젠가 무소니우스는 철학자 행세를 하는 사기꾼에게 1천 세스테르티우스를 줬다. 그런데 누군가 그 남자는 거짓말쟁이여서 그런 선물을 받을 가치가 없다며 끼어들었다. 무소니우스는 웃으며 이렇게 말했다. "그렇군요. 그럼 거짓말쟁이에게 걸맞은 걸 줬을 뿐이겠네요."

두 번이나 고통스러운 유배 생활을 겪었으니, 무소니우스가 쉬엄쉬엄 일했을 거라 예상한 사람들도 있다. 세네카와 키케로도 그랬기 때문이다. 유배지에서 돌아온 지 몇 달 만에 황제가 세 번이나 바뀌었고, 로마는 앞날을 알 수 없는 불안감과 두려움으로 가득 차 있었지만, 무소니우스는 올바르게 사는 법을 숨기려고 하지 않았다. 사실 누가 권력을 쥐든 무소니우스는 개의치 않았다.

비텔리우스가 정권을 잡던 시절, 베스파시아누스 군대의 위협이 거세지자 무소니우스는 갈등을 미연에 방지하기 위해 특사 역할을 맡는다. 그런데 함께 파견된 아룰레누스 루스티쿠스가 그들과 실랑이를 벌이다 크게 다칠 상황에 놓이게 된다. 무소니우스는 싸움을 막기 위해 몸을 던졌다가 군대에 짓밟혀 죽을 위기에 처한다.

군대는 무소니우스의 간청을 무시하고 야유했다. 거리는 곧 피로 뒤덮였다. 비텔리우스는 전임자 갈바가 죽은 곳으로부터 멀지 않은 곳에서, 분노한 폭도들에 의해 팔다리가 찢겼다. 베스파시아누스가 권좌를 계승했고, 로마는 또다시 강성 지도자 휘하에 놓였다.

베스파시아누스는 비텔리우스를 편들은 무소니우스를 아니꼽게 보았을까? 아니면 권위에 복종하지 않는 스토아 철학이 황권에 위협이 된다는 이유로 추방할지 죽일지를 고민했을까? 하지만 그 무엇도 무소니우스를 막을 수는 없었고, 그 무엇도 옳은 것을 향한 신념을 무너뜨릴 수 없었다. 카토가 그랬던 것처럼, 무소니우스 역시 언제나 정의를 추구했다.

비텔리우스와 베스파시아누스의 싸움에서 목숨을 걸고 탈출한 무소니우스는 머지않아 동료 스토아 철학자와 대립한다. 70년 무렵, 무소니우스는 네로에게 스토아 철학자들에 대한 정보를 넘기고, 원로원 의원 바레아 소라누스의 처형을 도왔다는 이유로 푸블리우스 에그나티우스 셀러를 기소한다. 스토아학파를 배신한 이를 쫓아내고, 동시에 셀러 편을 든 견유학파의 데메트리오스와도 대립하게 된 엄청난 사건이었다. 부정이 판치던 시절이었지만, 그는 어렵사리 정의를 실현해낸다. 전해지는 무소니우스의 글에서 그가 기소한 이유를 알 수 있다. "힘든 순간은 지나가도 그 선함은 남는다. 쾌락의 순간은 지나가도 불명예는 계속 남는다."

무소니우스는 아무리 어렵더라도 옳은 일을 해야 한다고 말했다. 반대로 어떤 보상이 따라오더라도 스토아 철학자라면 옳지 않은 일을 해서는 안 된다.

무소니우스는 셀러에게 맞서게 되면 대가를 치를 것을 알고 있었을 것이다. 비록 네로가 욕을 먹는 황제였어도, 황제의 정보원을 공격하는 일은 황권에 위협이 되니 말이다. 1년 후, 베스파시아누스는 스토아학파를 뿌리뽑기 위해 모든 철학자를 전면적으로 추방한다. 무슨 일인지 무소니우스는 추방 목록에서 제외되었으나, 얼마 지나지 않아 그도 3년간 유배된다.

무소니우스는 추방됐지만, 그의 행위는 로마에 큰 발자취를 남겼다. 왜 그런 선택을 했을까? 구체적인 이유는 정확히 전하지 않지만, 충분히 무소니우스다운 행동이었다. 어쩌면 그에게 직접 물었어도 그저 어깨를 으쓱하고 말았을지 모른다. 그렇다면 화는 났을까? 당연히 화가 났을 것이다. 고작 폭군의 명령 때문에 세 번이나 로마에서 쫓겨나야 했으니까.

하지만 이때도 무소니우스는 철학에서 답을 찾았다. "우리가 폭군보다 더 악해졌는데 폭군을 어떻게 비난할 수 있겠는가? 우리의 내면에도 폭군의 충동이 내재해 있다. 단, 충동에 빠질 기회가 그만큼 없었을 뿐이다."

어쩌면 과거 유배 생활의 긍정적인 점을 떠올렸을지도 모른다. 그래서 무소니우스는 이런 말도 했다. "상황이 어렵다고 짜증 내지 말라. 원하지 않은 일이 많이 일어났어도, 삶은 결국 더 나은 방향으로 흘러가지 않았는가."

또다시 쫓겨난 그는 시리아에서 사람들에게 철학을 가르쳤다. 스토아 철학자다운 자세로, 악조건을 최대한 활용하려 했다. 물론 로마를 광기로 몰아넣은 황제들에게 영향력을 미치거나 그들이 성품을 갈고닦는 걸 도울 순 없었지만, 기꺼이 가르침을 받고자 하는 왕족 학생들은 로마 밖에서도 찾을 수 있었다. '왕도 철학을 공부해야 한다'라는 제목의 강의에서, 그는 자신이 자문한 시리아 왕의 이름을 직접 언급한다. 무소니우스는 해방 노예든 유대의 왕 헤로데 1세의 손자든, 힘 있는 사람이든 힘없는 사람이든 차별을 두지 않고 같은 내용을 가르쳤다. 지위와 관계없이, 정의, 절제, 지혜, 용기의 네 가지 덕목만으로 모두가 더 나은 사람이 될 수 있다는 걸 경험을 통해 깨달았기 때문이다.

무소니우스는 통치자와 시민을 파멸로 이끄는 것이 방종이라고 가르쳤다. 그래서 절제의 힘과 과도한 욕망의 위험성, 정의를 좇는 일의 필요성을 상세히 알려주었다. 모두 직접 터득한 교훈이었다. 무능한 황제들로 인해 시리아로 추방된 그였기에, 경험에서 우러나오는 가르침은 상당히 설득력이 있었을 것이다. 왕은 완전히 몰입하여 아무 말 없이 그의 가르침을 듣고 있었을 것이다. "애초에 좋은 사람이 아닌데 좋은 왕이 될 수 있을까요?" 무소니우스가 자문자답한다. "아니요, 불가능합니다. 하지만 좋은 사람이라면 철학자라고 불러야 하지 않을까요? 철학은 이상적인 선을 추구하는 학문이기 때문입니다."

강의를 마무리할 즈음, 어린 왕은 철학자에게 매료되었다. 그를 눈엣가시처럼 여기고 잔인한 행동을 일삼았던 로마 황제들과는 달리 감사의 의미로 재물, 권력, 유흥 등 원하는 걸 모두 주겠다고 했다. 철학자는 웃으며 답했다. "저는 아무것도 바라지 않습니다. 유일하게 원하는 건 단 하나, 제 강의에서 배운 내용을 충실하게 따르는 것입니다. 가르침을 실천하는 것만이 저를 기쁘게 하고 자기 자신에게도 도움이 될 것입니다."

78년, 베스파시아누스의 아들 티투스는 무소니우스를 다시 로마로 불러들였다. 그는 1년 만에 황제가 되었지만, 재위한 지 3년도 못되어 죽었다. 티투스의 뒤를 이은 도미티아누스도 철학 대신 폭력과 무자비함, 편집증을 택했다. 무소니우스는 외부적인 역경에 굴하지 않고 자신이 할 수 있는 일, 잘하는 일을 했다. 제자 에픽테토스가 자기처럼 강인한 스토아 철학자가 되도록 훈련시키는 일이었다.

존엄하게 죽는 법

스토아학파와 폭군은 언제나 공존하기 어렵다. 결국 93년, 도미티 아누스는 과거에 트라세아를 도왔다는 명목으로 아룰레누스 루스티쿠스에게 사형을 선고했다. 헬비디우스 프리스쿠스의 아들도 살해했다. 그 후에는 25년 전 네로의 자결을 도왔다며, 에픽테토스의 주인이었었던 에파프로디투스를 죽였다. 심지어 에픽테토스를 비롯한 모든 철학자를 로마 땅에서 내쫓았다. 만약 무소니우스가 이때까지 살아 있었다면, 네 번째 유배 생활을 했을지도 모른다.

수많은 폭군 치하에서 살았던 걸 생각하면, 무소니우스가 80대까지 목숨을 부지할 수 있던 건 놀랍다. 수많은 사람이 그를 무너뜨리기 위해 셀 수 없이 많은 음모를 꾸몄지만 모두 실패했다. 몇 번이나 조국 땅에서 쫓겨났지만, 아무도 그에게서 '추방을 견디는 능력'까지 뺏을 순 없었다. 누구도 그에게 의연함을 앗아갈 수 없었으므로, 무소니우스는 숨을 거두는 그날까지 로마든 그 어떤 불모지든 어디서나 자신이 옳다고 믿었던 신념을 따랐다.

"철학의 핵심은 이성을 활용해 옳고 바른 것을 찾아내고 실천에 옮기는 것이다." 무소니우스는 이런 말을 남겼다. 말에 그치지 않고 그 내용을 삶에서 직접 실천했다는 것이 더 빛나는 지점이다.

망명자이자 교사로서, 남편이자 아버지로서, 최선을 다해 살았던 무소니우스도 어느덧 죽음을 앞두고 있었다. 오래 살았지만, 단순히 장수하는 건 그의 목표가 아니었다. 그는 이렇게 말한다. "운명은 너

나없이 모두를 죽음으로 데려가니, 축복받은 자는 늦게 죽은 자가 아니라 잘 죽은 자다."

마지막 순간이 다가왔을 때, 무소니우스는 이미 마음의 준비를 끝낸 뒤였을 것이다. 그는 잘 죽을 준비가 되어 있었다. 수많은 동료 스토아 철학자의 끝을 목격하며, 떠날 때는 떠나야 하고 할 일이 남았을 때는 어떤 고난에도 버텨야 한다고 조언했던 그는 마침내 자신의 차례가 다가온 걸 알고 있었을 것이다. 그는 매일을 인생의 마지막 날인 것처럼 살지 않으면, 결코 잘 살 수 없다는 자세를 견지하며 살아온 생이었다.

무소니우스는 존엄하고 침착하게 세상을 떠났다. 생전에 많은 이에게 감화를 끼치고, 무수한 역경에 의연히 맞섰던 것처럼.

24장

결코 빼앗길 수 없는
나만의 것을 찾아라

자
유

노예 출신 철학자, 에픽테토스(Epictetus, A.D. 55~A.D. 135)

네로 황제의 비서였던 에파프로디투스의 노예였으나 해방된 뒤 무소니우스의
제자가 되어 스토아 철학을 접한다. 인생은 한 편의 연극과 같아서 개개인은 자
신에게 부여된 역할과 의무에 충실해야 한다고 여겼으며, 어느 것에도 예속되
지 않을 자유(리베르타)를 강조했다.

수많은 철학자가 자유를 탐구했지만, 진정한 자유가 무엇인지 직
접 보여준 대표적 인물을 꼽자면 단연 에픽테토스다.

제논부터 트라세아까지, 무려 반세기 동안 스토아 철학자는 자유
를 주제로 글을 썼다. 또한 추방의 위기를 감수하면서까지 전제 정치
에 저항했다. 하지만 그들이 특권층이었다는 사실이 곳곳에서 은근
히 드러난다. 제논의 가족이 판매한 염료는 노예들이 등골 빠지게 일
해서 얻은 것이었고, 세네카와 마르쿠스 아우렐리우스도 수많은 노

예를 소유했다. 포시도니우스와 파나이티오스는 평생 단 하루도 노동하지 않았다. 그들 대부분 부자였고 유명했으며 권력을 누렸다.

당연히 그들이 말하는 자유도 추상적인 수준에 그쳤다. 실제로는 단 한 번도 쇠사슬에 묶여 살아본 적이 없기 때문이다. 세네카가 노예에 대해 이야기한 적이 있기는 하다. 주인이 노예를 책임지고 잘 관리하려면, 노예의 주인이 되기 전에 자신의 주인이 되라고 말이다. 묘하게 뽐내는 듯한 말투다.

대부분의 스토아 철학자들은 그래도 자신은 노예에게 '인간적'인 대우를 해줬다고 자랑스러워했을지 모르지만, 에픽테토스는 출발점부터 달랐다. 그에게 자유는 추상적이고 비유적인 개념이 아니라, 매일 힘들게 씨름하고 쟁취해야 하는 현실 그 자체였다.

삶이라는 무대의 연극배우

에픽테토스는 태어났을 때부터 노예였다. 그의 이름조차 그리스어로 '획득한 것'을 뜻한다. 미천한 태생이었지만 타고난 끈기, 사물을 보는 날카로운 관점, 온전한 자급자족으로 단련한 강인함 등이 에픽테토스라는 인물을 만들었다. 그의 삶과 의지는 훗날 철인 황제에게 이어져 역사에 불변의 족적을 남겼으며, 오늘날까지 그의 이름은 가장 어려운 상황에서도 진정한 자유를 좇는 인간 의지의 표상이다.

그는 현재 터키 남부 지역 히에라폴리스에서 노예 여성의 아들로 태어났다. 히에라폴리스는 로마 제국의 속주로 잔인한 법령들이 적용된 곳이었는데, 그중 하나가 아엘리아 센티아 법 Lex Aelia Sentia 으로, 서른 살이 되지 않은 노예를 해방시키지 못하게 금지한 법이다. 한 명도 아닌 두 명의 스토아 철학자를 재상으로 둔 황제가 이런 법령을 통과시켜서, 위대한 철학자의 시간을 30년이나 빼앗아갔다는 건 불편한 아이러니다.

어린 시절, 에픽테토스는 에파프로디투스에게 팔려갔다. 그는 네로의 비서로 세네카와 함께 황궁에서 근무했으며, 해방 노예 출신이었다. 황제 곁에는 늘 스토아 철학자가 있었지만, 사람이 다른 사람을 소유하는 게 옳은 일인가라는 질문은 하지 않았던 것 같다. 용기, 정의, 절제, 지혜라는 덕목은 그 순간 어디에 있었을까?

에픽테토스는 불공평한 운명을 탓할 시간이 없었다. 살아가는 것 자체만으로도 너무 벅찼기 때문이다. 할 수 있는 일과 하면 안 되는 일이 엄격하게 정해져 있었다. 노동의 결실은 빼앗겨야만 했고 몸은 혹사당했다. 로마인들은 노예들을 거칠게 다뤘는데, 그런 로마인 눈에도 에픽테토스의 첫 번째 주인은 잔인했다. 노예를 마치 쓰고 버리는 그릇이나, 타다가 쓸모가 없어지면 안락사시키는 말처럼 대했다.

후대의 작가들은 에픽테토스의 주인을 폭력적이고 비열한 존재로 묘사한다. 극단적으로 말해 어른이 될 때까지 살아남은 것만으로도 거의 기적에 가까웠다. 언젠가는 에픽테토스의 다리를 온 힘을 다해 비튼 적도 있다고 한다. 벌을 주기 위해서? 아니면 변태적인 희열을 느끼려고? 말을 듣지 않는 어린아이를 복종시키려고 그런 걸까?

알 수 없다. 결국 다리가 부러졌는데도 에픽테토스는 소리를 내지 않고 눈물도 흘리지 않았다고 한다. 그저 주인을 쳐다보면서 조용히 말했다. "보십시오. 제가 경고하지 않았습니까?" 이 이야기를 들으면 몸서리치게 된다. 에픽테토스에게 공감이 되어서일까? 아픔이 생생하게 전해지는 것 같아서일까? 아니면 그런 상황에서도 눈 깜빡하지 않았던 에픽테토스의 무심함과 극기심에 경외감이 들어서일까?

에픽테토스는 평생 다리를 절었다. 이 고통스러운 사건 때문인지, 아니면 다른 사건 때문인지 알 수 없지만, 노예 생활 중에 다리를 다친 건 분명하다. 하지만 그 어떤 시련도 에픽테토스를 무너뜨릴 수 없었다. 그래서 이런 말도 남겼을 것이다. "절뚝거림이 다리엔 장애가 될지언정 내 의지까지 절뚝거리게 하지는 못한다."

스토아 철학자는 일어난 일 자체를 없던 일로 만들 순 없지만, 그 일에 어떤 반응을 할지는 우리가 결정할 수 있다고 믿었다. 에픽테토스도 그런 내면의 힘을 이용해서 장애를 극복하기로 마음먹었다. 그저 신체적인 결함으로만 보기로 한 것이다. 이렇게 관점을 '선택'한다는 것이야말로 에픽테토스 철학의 핵심이었다.

에픽테토스는 삶에서 일어나는 일들을 완벽하게 통제할 수 있는 사람은 없다고 생각했다. 그에게 인생은 한 편의 연극과 같다. 그래서 그는 온 힘을 다해 연기했다. "가난한 사람, 장애인, 총독, 아니면 일개인을 자연스럽게 연기해서 극작가를 기쁘게 할 수 있다면, 잘 연기하는 게 각자가 해야 할 일이다. 배역을 선택하는 것은 우리의 영역이 아니다."

철학은 고통을 잘 느끼는 것이다

❧

네로의 황궁에서 에픽테토스는 로마의 화려함과 광기, 그리고 숱한 모순을 낱낱이 보았을 것이다. 훗날 그는 자신에게 150만 세스테르티우스밖에 남지 않았다며(오늘날의 가치로 환산하면 적어도 32억 원이다) 에파프로디투스에게 도움을 청한 한 남자의 이야기를 들려준다. 비꼬려는 거였을까, 진짜 당황해서였을까? 어쨌든 에픽테토스의 주인은 이렇게 답했다. "여보게, 어떻게 지금까지 그런 비참한 상황을 혼자 끙끙 앓고만 있었나?"

두 번째 주인인 에파프로디투스를 지켜보기도 쉽지 않았을 것이다. 자신의 의지대로 살아갈 수 있는데도 주인은 네로의 환심을 사기 위해 심지어 황제의 구두 수선공에게도 아첨을 떨었다. 에픽테토스는 집정관이 되기 위해서 뼈를 깎는 노력을 하는 후보들도 보았다. 또, 정기적으로 건네지는 호화로운 선물과 성대한 행사들, 그 틈에서 한자리를 얻기 위해 몇 년 동안 기를 쓰는 사람들도 보았다. 저런 게 자유란 말인가? 분명 에픽테토스는 자신에게 되물었을 것이다. "권력과 명예를 얻기 위해, 다른 이가 소유한 노예들의 손에 입을 맞춘다. 이렇게 자신의 욕망에 예속된 자들은 이미 노예와 다름없다."

로마의 부자는 오늘날의 부자와 크게 다르지 않았다. 이미 많은 재산을 가졌어도 더 많은 걸 바라는 욕심 때문에, 권력을 가진 자도 돈 앞에서 무릎을 꿇었다.

"자유는 땀 흘린 대가로 받는 상이다. 자유란 외부의 압력이나 우연한 사건에 영향을 받지 않는 것, 그 어느 것에도 예속되지 않는 상태를 말한다." 세네카는 자유에 대해 이렇게 말했다. 에파프로디투스는 해방 노예 출신이었지만 박식했고, 그의 집에서 에픽테토스도 세네카의 책을 접했을 것이다. 하지만 정작 그런 책을 쓴 이가 광기 어린 황제를 위해 일하는 걸 보면서 어떤 생각이 들었을까? 그의 작품을 읽고 스토아 철학에 입문했을 수도 있지만, 어쨌든 글과 다른 세네카의 행동을 보고 깨달은 바가 많았을 것이다. 자유란 자유인의 신분이나 법적 지위만 의미하는 게 아니었다. 자유란 곧 정신적 지위고, 삶의 방식이다. 세네카는 에픽테토스처럼 노예가 아니었지만, 네로의 손아귀에서 결국 벗어나지 못하고 자살을 강요받는 등 자유로운 삶을 살지 못했다.

에픽테토스는 황궁에서 자신이 목격한 일들에 경악했고, 그들과는 다르게 살기로 했다. 풍요롭지만 불안하게 사는 것보다, 굶더라도 차분하고 자신감이 넘치는 마음 상태로 사는 게 낫다고 생각했다. 스토아 철학자 아그리피누스는 폭군 치하에서도 자신만의 길을 가면 얼마든지 자유로울 수 있다는 정반대의 예시를 보여주며 감화를 끼쳤을 것이다. 나중에 에픽테토스는 이렇게 말했다. "자유의지를 가진 사람은 그 누구에게도 예속되어 있지 않다." 세네카보다는 아그리피누스를 묘사하는 말처럼 들린다.

언제인지 확실치 않지만, 어느 순간 에픽테토스는 정식으로 철학에 입문했다. 무소니우스가 세 번째 추방 생활을 마치고 로마로 돌아왔을 때 제자가 됐으니, 대충 시기를 예측할 수 있다. 주인 몰래 강의를 들으러 갔을까? 아니면 주인이 죄책감을 느껴 강의에 가는 걸 허락했을까? 어쨌든 에픽테토스는 철학을 공부할 방법을 찾았다. 깐깐하기로 유명한 무소니우스조차 그를 막을 수 없었다. 무소니우스는 학생들이 강의에 귀를 기울이는 징후가 침묵이라고 여겼다. 무소니우스를 만났을 때 20대였던 에픽테토스는 훗날 스승의 논지를 확장해, 학생이 강의를 칭찬한다면, 그 강의는 생각할 거리를 주지 못한 것이라고 했다.

무소니우스는 쉽게 답을 찾을 수 있는 질문을 던지지 않았다. 훌륭한 스승답게, 학생들이 스스로 자기 자신과 삶의 본질을 진정으로 이해하도록 만들었다. 그는 듣는 이의 지성에 침투하려고 하는 스승이 좋은 스승이라고 말했는데, 무소니우스 역시 에픽테토스의 지성에 침투했기에 훌륭한 제자가 탄생한 것으로 보인다.

에픽테토스는 무소니우스의 강의가 정곡을 찌르는 동시에 개인을 저격하는 방식으로 이루어졌다고 전한다. 어느 날, 에픽테토스는 실수를 저질러 변명하려 했다. "제가 캄피돌리오 광장에 불을 지른 것도 아니지 않습니까." 무소니우스는 고개를 저으며, 그에게 핀잔을 주었다. "이번에 자네가 태운 게 바로 캄피돌리오 광장이야."

항상 최선을 다하라고 제자를 엄하게 채찍질하는 스승의 모습이다. 실수를 저질렀을 때, 비논리적이고 일관성이 없는 변명을 늘어놓는 것만으로도 철학을 제대로 주입하는 데 실패했다는 뜻인데, 실수마저 축소하려 하다니? 무소니우스에게 이건 로마를 태워 잿더미로 만드는 일만큼 나빴다. 이런 엄격한 스승 밑에서, 에픽테토스는 철학이 단순히 재미있는 학문이 아니라 매우 진지한 학문이라는 걸 깨닫게 됐다.

훗날 에픽테토스는 제자들에게 철학자의 강의실은 병원과 같다고 설명한다. 즉, 환자가 병원에 가는 경우에는 이미 아픈 상태이니, 병원에서 나올 때도 즐거운 상태가 아니라 고통을 느끼며 나와야 한다는 것이다.

노예에서 최고의 철학 강사로

무소니우스는 노예가 아니었지만, 스승과 제자는 인간이 처한 상황에 관해 긴 대화를 나눴다. 두 사람 모두 인간이 겪을 수 있는 최악의 상황을 겪었기 때문이다. 무소니우스는 몇 번이나 외지로 추방당했고, 에픽테토스는 인생의 3분의 1을 예속된 채 살았다. 그런데도 운명을 탓하거나 씁쓸해하지 않았고, 고통스러운 사건을 겪으면서 오히려 자신이 가진 유일한 힘을 깨달았다. 바로 마음과 감정을 통제하는 능력이었다. "누군가 내 몸을 아무 사람에게나 쥐버린다면 분명 화가 날 것이다. 그런데 정작 우리는 왜 내 마음과 생각, 감정을 남의 장단에 놀아나도록 맡겨버리는가?" 육체적이고 신분적인 예속과 정신적인 예속 중에 어떤 게 더 부끄러운 걸까? 이 둘 중 지금 바로, 내 의지로 멈출 수 있는 예속은 무엇일까?

30대의 어느 시점에, 에픽테토스는 법적으로 자유인이 된다. 물론 정신도 자유로웠다. 이제 인생은 에픽테토스에게 새로운 질문지를 내밀었다. 우리가 성인이 되었을 때 생각해보아야 하는 질문들이기도 하다. 무엇으로 생계를 이을 것인가? 이 자유를 어떻게 써야 하는가? 어떤 인생을 살아갈 것인가?

에픽테토스는 철학에 온전히 헌신하는 길을 택했다. 원로원 의원, 장군, 고문관, 부유한 상속인 등 철학을 활용해 다른 직업을 가졌던 다른 스토아 철학자들과는 달리, 에픽테토스는 오로지 학문을 업으로 삼은 최초의 스토아 철학자다. 그의 삶은 아테노도루스나 카토보다, 클레안테스나 제논의 삶에 더 가까웠다.

얼마 되지 않아, 많은 사람이 에픽테토스를 따르기 시작했다. 하지만 93년, 도미티아누스가 로마에서 철학자들을 몰아낼 때 에픽테토스의 학당 역시 추방을 피해가지 못했다. 에픽테토스는 망명지로 그리스의 도시 니코폴리스를 선택한다. 직업으로서 대중에게 철학을 가르친다는 건, 바로 제논과 클레안테스가 기반을 닦은 그리스 스토아 철학으로의 회귀를 의미했기에 그리스를 망명지로 선택한 건 적절했다. 그리고 황궁의 스토아 철학과 명백히 거리를 두기 시작했다. 정계 변화에 연루될 필요도 없고, 황제의 광기를 억누르기 위해 헛된 고생을 하지 않아도 됐으며, 거대한 제국의 일개 부품으로 전락해 원하지 않은 일을 하지 않아도 됐다. 에픽테토스는 황궁 대신 진실을 찾을 수 있는 곳에서 자기 일을 하기로 했다.

그러나 이런 선택이, 그가 책임이나 현실을 회피했다는 걸 의미하지는 않는다. 그는 단지 정치적 술수를 쓰거나, 헛된 부와 명예를 구하는 데 관심이 없었다. 무언가 진정으로 가치 있는 것을 얻어서 그걸 삶에 적용하고, 또 다른 사람에게 전달하는 지혜를 추구했다. 이탈리아 반도의 작은 도시에서 시작된 로마의 선조들이 뜻을 두고 거대한 제국을 세운 것처럼, 우리도 열심히 주어진 일을 해나간다면 끝내 무언가를 이룰 수 있음을 보여주려 했다.

에픽테토스가 교사로서 보여준 깊은 통찰력은 노예로 살았던 과거의 경험에서 비롯되었다. 오늘날은 모든 인간이 태어난 순간부터 자유롭고 평등하다는 걸 당연하게 여기지만, 에픽테토스는 매일 자기 몸조차 마음대로 쓸 수 없다는 걸 느껴야 했다. 하지만 스토아 철학을 공부한 뒤, 인간이 해결해야 하는 인생의 최고 과제가 통제할 수 없는 일과 선택하고 통제할 수 있는 일을 식별하고 분류하는 것이라는 깨달음을 얻게 됐다. 우리 손에 달린 것과 달려 있지 않은 것을 구분하게 되면, 우리가 할 수 있는 일에 집중하자는 결론이 나온다. 이런 믿음이 있었기에 에픽테토스는 고된 노예 생활을 견딜 수 있었다. 이미 일어난 일 자체는 어쩔 수 없지만, 그에 대한 태도와 감정, 그리고 생각과 선택은 우리 손에 달려 있다. 그는 이렇게 말한다. "당신이 내 발에 쇠사슬을 묶을 수는 있습니다. 하지만 유피테르 신마저도 선택의 자유를 박탈할 수는 없습니다."

에픽테토스는 모든 사물에 양면이 있다고 했다. 한쪽만 보면 답이 안 보이던 것도 다른 쪽을 보면 쉽게 해결된다. 아무리 바람직하지 않은 상황일지라도, 처한 조건과 관계없이 우리는 상황을 어떻게 바라볼지 선택할 수 있다. 매일 여러 사람과 상대하면서 그들의 어떤 면을 바라볼지 결정하는 일이, 결국 우리 자신이 어떤 인생을 살지, 어떤 종류의 사람이 될지를 결정한다.

그러므로 힘들고 잔인했던 시절, 눈물겨운 역경을 극복한 위대한 철학자의 가르침을 듣기 위해 로마에서 8천 킬로미터나 떨어진 곳에 사람들이 몰려들었다는 사실은 결코 놀랍지 않다. 에픽테토스의 강의를 들은 제자들의 마음은 얼마나 풍요롭고 강인해졌을까? 제국 전역의 부모들이 자녀가 인생에 대해 제대로 배울 수 있도록 에픽테토스에게로 보냈다. 그가 노예였다면 거들떠보지도 않았을 텐데 말이다.

권력을 가진 자들도 에픽테토스를 공경했다. 어느 날, 젊은 황태자 하드리아누스가 니코폴리스를 거치던 중 에픽테토스를 만났다. 하드리아누스가 얼마나 오래 그의 강의를 들었고 어떤 질문을 했는지는 모르지만, 기록에 따르면 그는 에픽테토스를 매우 존경했다고 한다. 훗날 하드리아누스는 권좌에 오른 뒤 보이지 않는 곳에서 에픽테토스를 지원했다. 로마 황제들의 전기인 『히스토리아 아우구스타』에 따르면, 하드리아누스는 자신과 의견이 맞지 않는 철학자들의 자격을 박탈해버렸지만, 에픽테토스만은 존경했다고 한다. 에픽테토스의 가르침은 훗날 철인 황제가 될 젊은 마르쿠스 아우렐리우스에게도 전해진다.

행복과 자유의 비밀

에픽테토스가 세상에서 일어나는 모든 일을 통제할 수 없다는 '무력함'에 초점을 맞춘 건, 그 시대의 권력 구조를 잘 간파하고 있어서가 아니다. 무엇이 우리를 근본적으로 인간답게 만드는지 잘 알고 있어서다. 세상에는 손쓸 수 없는 일이 너무나 많다. 하지만 모든 걸 통제하려는 시도를 멈춘다면, 역설적으로 진정한 행복과 자유의 가능성을 찾을 수 있다.

그는 주변에 좋은 사람들이 있고 풍족한 돈이 있어야만 행복해지는 게 아니라고 말한다. 중요한 건 세상을 직시하는 일이다. 우리를 화나게 하는 것은 사건 그 자체가 아니다. 그것을 바라보는 우리의 판단과 감정이다. 사물을 바라보는 눈이야말로 우리가 경험하는 현실을 결정한다. 에픽테토스는 자신이 허락하지 않는 한, 어느 누구도 '나'의 기분을 나쁘게 하거나 좌절시킬 수 없다고 믿었다. "누군가 한 대 치거나 욕을 했다고 해서 마음의 상처를 받고 모욕당했다고 느낀다면, 그것은 어디까지나 네가 그 일을 모욕적이라고 생각했기 때문이다. 누군가 때문에 화가 난다면, 내 정신도 그 공범임을 기억하라. 그러므로 기분이 좋지 않다고 충동적으로 반응하면 안 된다. 감정이 들기 전에 잠시 멈추면, 평정을 유지하기가 쉬워진다."

우리 모두 어릴 때부터 반드시 새겨야 할 내용이다. 황제나 리더가 될 사람이라면? 더 말할 것도 없다. 그렇다면 우리가 통제할 수 없는 상황이란 무엇이고, 어떻게 대처해야 할까? 에픽테토스가 노예

시절에 그러했듯이, 사람은 인내심과 평정심으로 외부 상황에 대처해야 한다. 로마의 수필가 아울루스 겔리우스는 다음과 같이 에픽테토스의 말을 전한다.

에픽테토스는 인간에게 두 가지 결점이 있다고 했다. 그중에서도 가장 혐오스럽고 최악인 것은 인내력과 자제력의 부족이다. 참고 견뎌내야 할 안 좋은 상황을 인내하지 못하거나, 삼가야 하는 행동이나 즐거움을 절제하지 못하는 것이다. 그래서 끈기와 인내라는 두 단어를 마음에 받아들여 삶의 지침이자 규율로 사용한다면, 잘못을 저지르지 않고 매우 평화로운 삶을 살 것이다.

끈기와 인내는 상황과 관계없이 자유를 창조해내는 근본 가치다. 에픽테토스는 부유한 학생들을 많이 가르쳤지만, 예전의 자신처럼 가난하고 불우한 학생들도 보았을 것이다. 또, 기구한 운명을 타고난 사람도 보았을 것이다. 만약 무소니우스의 가르침을 따랐다면, 여자도 제자로 받았을 것이다. 그는 황제와 미래의 원로원 의원이 될 학생들에게도 같은 메시지를 전했다. "손에 주어진 것을 최대한 활용하는 법이 무엇인지, 그리고 주어진 배역을 어떻게 멋지게 연기할지 생각해보라."

삶에서 주어진 조건을 받아들이는 능력과 삶을 바꾸지 않아도 안분지족할 수 있었던 자세가 바로 에픽테토스에게 내재한 힘이었다. "부와 직위에 대한 욕망뿐만 아니라, 평화, 여가, 여행, 그리고 배움에 대한 욕망도 우리의 품위를 떨어뜨리고 예속시킬 수 있다. 외부적인 가치와 관계없이, 내가 부여한 가치에 내가 예속된다. 집착하는 대상이 곧 나의 걸림돌이다."

에픽테토스는 우리가 외부 가치가 아닌 내부 가치에 초점을 맞춰야 한다고 여겼다. 스토아 철학은 다른 사람이나 적과 맞서 얻은 승리가 아니라, 바로 자기 자신과의 싸움에서 승리하는 게 가장 위대하고 인상적이라고 말한다. 개인의 한계, 성질, 자존심, 사소한 욕망 따위를 딛고 올라서서 충동을 다스릴 수 있는지 여부가 삶을 결정하고, 그런 타고난 조건을 어떤 결과물로 빚어내느냐가 중요하다.

하지만 주어진 조건의 한계를 딛고 최상의 결과를 뽑아낼 수 있는 사람은 소수뿐이다. 기본적인 본능만을 따라 계속 불평하고 징징대는 사람들보다, 자신의 욕구를 지배하려고 노력하는 사람들의 삶은 얼마나 풍요로울까? 에픽테토스는 이렇게 말했다. "지금부터 매일매일 발전하는 성숙한 어른으로 살아가라. 뭐가 되었든 최선을 다하는 걸 꼭 지켜야 할 법칙으로 삼고 절대로 어기지 마라. 힘든 일이든 즐거운 일이든, 중요한 일이든 하찮은 일이든. 어떤 일을 할 때면 지금 올림픽 경기에 출전 중이라고 생각하라. 경기의 시작을 미룰 수는 없다. 그리고 순간의 방심과 실수로 여태까지 공들여 쌓은 탑이 무너질 수도 있다는 걸 기억하라."

태어날 때부터 많은 것을 박탈당해 현세적 소유로부터 자유로워진 경험에서 우러나오는 가르침이다. '그 누구도 나에게서 아무것도 빼앗아갈 수 없다'라고 자신에게 말하는 듯하다.

어느 날 저녁, 에픽테토스의 집에 도둑이 들었다. 도둑은 비싼 철제 등불을 훔쳐, 복도에 있는 사당까지 등불을 훤히 피우며 달아났다. 에픽테토스는 분노와 실망감을 느꼈지만, 스토아 철학자라면 그런 감정에 휘둘리면 안 됐다. 그래서 잠시 멈춰 자신을 돌아보고, 그 상황을 다르게 바라보는 방법을 찾았다. 에픽테토스는 자신에게 이렇게 되뇌었다. "친구여, 내일은 도기 등불을 발견할 것이야. 사람은 가진 것만 잃어버릴 수 있는 법이지."

오직 가진 것만 잃을 수 있다. 소유한 것들에 본연의 가치보다 더 큰 가치를 부여하지 마라. 이런 교훈을 망각할 때, 삶은 고통스럽게 이를 다시 일깨워준다.

가득 찬 잔에는 더 따를 수 없다

〰〰

에픽테토스는 검소하기로 유명했다. 그가 세상을 떠나자 그를 존경하던 한 사람은 에픽테토스의 값싼 도기 등불을 3천 드라크마(현재 가치로 1억 5천만 원 정도-옮긴이)에 사기도 했다. 아마 그의 물건이라면 무엇이든 상관하지 않고 돈을 지불했을 게 분명하다.

에픽테토스는 물질주의를 거부했지만, 자신이 강조했던 의도가 왜곡되어 누가 더 검소한지 경쟁하는 행동은 주의했다. "검소한 생활이 몸에 뱄다고 할지라도 너무 자랑하지 말라. 설령 물만 마셔도 매번 떠들 필요는 없다. 참을성을 기르고 싶다면 남들에게 보여주기 위해서가 아닌, 자기 자신을 위해서 하라."

자기계발은 좋은 일이다. 더 나은 사람이 되기 위한 노력은 늘 가치가 있으니까. 단, 다른 사람의 칭찬이나 인정을 받기 위해서가 아니라, 자기 자신을 위할 때만 그렇다.

에픽테토스는 친자식은 없었지만, 어린 고아를 입양해 키웠다. 에픽테토스는 아들에게 잘 자라는 인사를 할 때에도 스스로 '아들이 내일 죽을 수도 있어'라고 속삭여야 한다고 말했다. 이 무슨 불길한 말인가? 하지만 죽음은 자연스러운 과정이다. 따라서 이 말은 전혀 불길한 게 아니다. 만약 그런 말이 불길하다면, 다 익은 곡식을 추수하는 일도 불길한 것이 될 것이다.

물론 사랑하던 아들을 보며 이런 생각을 하는 건 쉽지 않은 일이다. 하지만 에픽테토스는 삶이 얼마나 잔인한지 직접 겪어 잘 알고 있었다. 소중한 아들도, 친구도, 학생도, 건강도, 결국에는 자신의 소유물이 아니라는 걸 스스로 계속 일깨우고 싶었다. 세상에서 일어나는 대부분의 일은 자기 손에 달려 있지 않다. 스토아학파는 딱 한 가지를 강조했다. '무언가를 가지고 있는 동안 소중히 여기되, 그것은 누군가가 내게 잠시 맡겨놓은 것이고 언제든지 되돌려달라고 할 수 있다는 걸 받아들여라.'

에픽테토스가 철학을 실천한 이유도 이와 궤를 같이한다. 그에겐 로마의 귀족들처럼 변증법이나 궤변술을 배울 여유가 없었다. 그저 더 나은 사람이 되는 방법과 현실을 살아가며 생길 수 있는 일들에 실용적으로 대처할 수 있는 전략을 원했다.

이런 자세 때문에 다른 스토아 학자들과 어쩔 수 없이 불화도 빚었다. 덕을 쌓기 위해 어떤 노력을 기울여야 하느냐는 물음에 에픽테토스는 이렇게 말했다. "물 흐르는 대로 살아라. 크리시포스의 작품을 읽는다고 해서 저절로 덕이 쌓이는 건 아니다. 덕은 지식을 넘어 삶에서 실천하는 행위를 뜻한다."

중요한 건 실천이다. 책을 읽거나 외우는 것도 아니고, 인상적인 글을 써서 출판하는 것도 아니다. 덕이란 더 나은 사람, 더 나은 사상가, 더 나은 시민이 되기 위해 계속 노력하는 것이다. 에픽테토스는 그저 많이 읽고 쓴다고 해서 그 사람을 근면한 사람이라고 말할 수 없다고 했다. 밤새 덕에 관한 글을 쓰며 노력한다고 해도 무엇을 위해 노력하는지 모르면 부지런하다고 말할 수 없다. 결국 내가 세운 원칙에 따라 살고 싶다면, 살면서 그 원칙을 계속 지켜야 한다. 또한 그것이 자연과 조화를 이룰 수 있도록 살아가야 한다.

사상가이자 교사로서 에픽테토스는 겸손을 강조했다. 이미 알고 있다고 생각한다면 배울 수 없다고 여겼다. 겸손의 중요성을 알려주는 선불교의 우화가 하나 생각난다. 앉아서 차를 마시는 스승과 제자가 있었다. 스승은 잔이 넘칠 때까지 차를 따랐다. "잔은 사람의 마음과 같네. 잔이 가득 차면 차를 더 따를 수 없어."

에픽테토스는 철학에 입문하기 위해선 무언가를 안다는 자만심을 버려야 한다고 말했다. 자만심을 버리지 못하면 아무리 크리시포스의 책과 안티파트로스와 아르케데무스의 작품을 고생해서 읽더라도 결코 발전할 수 없다.

에픽테토스는 매일 아침 자기 자신과 대화를 나누며, 어떤 점이 발전했는지 확인하고, 앞으로 닥칠 일을 단단히 준비했는지 평가했다. 그리고 철학적인 내용의 일기를 쓰거나 구절을 암송했다. 매일 밤낮으로 철학을 공부하고, 쓰고, 소리 내 읽고, 자기 자신과 다른 사람들에게 이야기하고 그 가르침을 실천했다.

로마의 다른 지식인들이 후원자에게 굽실거리면서 자리를 얻고 부를 쌓는 동안, 에픽테토스는 거울을 보며 스스로 의무와 책임을 묻고, 부족한 부분을 채우려 애썼다. 에픽테토스는 평정심을 얻기 위해 부족한 것은 무엇인지, 또 무엇을 실천할지 끊임없이 묻고 탐구했다. 내 잘못은 없는지, 불친절하거나, 비사회적이거나, 무정하게 굴진 않았는지, 또 평정을 찾기 위해 할 일 중 아직 하지 못한 일이 있는지 생각했다.

철학을 나의 일부가 되게 하라

에픽테토스는 135년 무렵에 세상을 떠났다. 비록 언제 어떻게 세상을 떠났는지는 알려지지 않았지만, 그의 유산은 오늘날까지 길이길이 빛나고 있다.

소크라테스와 카토처럼, 에픽테토스 역시 생전에 책을 쓰지는 않았다. 하지만 그의 가르침은 멀리 뻗어나갔다. 마르쿠스 아우렐리우스는 스승 유니우스 루스티쿠스에게 에픽테토스의 강의 사본을 빌렸다. 하드리아누스 황제는 에픽테토스의 가르침을 공부했고, 언젠가 왕위를 이을 후계자도 같은 지혜의 샘물을 마시길 바랐다.

에픽테토스가 글을 쓰지는 않았지만, 하드리아누스 밑에서 집정관을 지냈던 전기 작가이자 에픽테토스의 제자인 아리아노스는 스승의 가르침을 필기해 여덟 권의 책으로 정리했다. 그 덕분에 에픽테토스의 가르침은 후세에 계속 전해질 수 있었다. 책 이름은 『편람』으로, 한 손에 들고 다닐 수 있는 책을 뜻한다(국내에는 『에픽테토스의 자유와 행복에 이르는 삶의 기술』, 『에픽테토스의 인생을 바라보는 지혜』라는 이름으로 출간돼 있다 – 옮긴이). 각 권의 제목은 아리아노스가 정했는데, 스토아 철학과 에픽테토스 가르침의 핵심이 잘 드러난다.

에픽테토스의 책을 번역한 고전학자 앤서니 아서 롱Anthony Arther Long은 제목이 왜 '편람'이 됐는지 이렇게 설명한다.

오래전 편람을 뜻하는 엥케이리디온encheiridion은 손에 쥐는 칼이나 단검을 뜻했다. 아리아노스는 스승의 가르침을 담은 책 제목이 자기 자신을 방어하거나 보호할 수 있다는 의미를 함축하기를 바랐다. 또한, 항상 가르침을 '손에 쥐고 다녀라'라고 한 에픽테토스의 훈고에도 걸맞았다. 1501년, 에라스무스는 라틴어로 『기독교 군인의 편람』을 발표했는데, 이는 명백한 오마주다.

셰익스피어의 『줄리어스 시저』에서 카스카는 모든 노예가 자유의 원천이 될 만한 무기를 손에 쥐고 있다고 말한다. 브루투스는 바로 그 무기를 사용해 시저(카이사르)의 통치에서 자유로워진다. 그로부터 4세대가 지나 태어난 에픽테토스는 실제로 노예 출신이었고 잔인한 폭정을 겪었다. 하지만 자유로워지기 위해 사람을 죽일 필요는 없었다. 그 대신, 에픽테토스는 한 손에 잡히는, 자유라는 더 심오한 무기를 창조했다.

아이티의 독립운동가이자 흑인 해방 지도자 투생 루베르튀르도 열렬하게 자유를 추구하는 에픽테토스의 모습에 감화됐다. 그리고 그는 프랑스 나폴레옹으로부터 아이티의 독립을 이끌었다. 1965년 제임스 스톡데일 대령은 베트남전쟁 참전 중 상공에서 격추당해 포로가 되자, 스탠포드대학교 재학 시절 배운 에픽테토스의 가르침으로 무장한다. 그는 자기 자신에게 이렇게 되뇌었다. "나는 이제 에픽테토스의 세계로 들어간다." 2천 년 전의 가르침은 포로 생활 속에서도 자유를 찾고, 최악의 상황에서 꿋꿋이 견딜 수 있는 무기가 되었다.

다음 세대가 에픽테토스에게 감사와 경의를 표할 수 있는 유일한 방법은 그가 강조한 것처럼 덕을 실천하는 것이다. 어떤 사람이 되겠다고 말만 하지 말고, 직접 그런 사람이 되는 것이다. 마지막으로 에픽테토스가 남긴 말을 되새겨보자.

"철학을 설명하려 들지 말고 나의 일부가 되게 하라."

25장 그냥 해야 할 일을 하라

의무

철인 황제를 탄생시킨 스승, 유니우스 루스티쿠스(Junius Rusticus, A.D. 100~A.D. 170)

로마 출신. 마르쿠스 아우렐리우스의 스승이자 친구였다. 마르쿠스가 황제로 즉위한 후, 주요 공직을 맡았으며 로마의 시장이 된다. 공정하게 공무를 보았으나 기독교 철학자 유스티누스를 박해해 명성에 오점을 남긴다.

기원후 66년, 트라세아가 사형선고를 받을 위기에 처하자, 아룰레누스 루스티쿠스는 반대를 무릅쓰고 그를 구하려 했다. 트라세아는 용기 있는 젊은이에게 이렇게 말했다. "나를 구하기에는 너무 늦었지만, 어떤 정치인이 될지 생각하기엔 늦지 않았네."

유니우스 루스티쿠스의 조부인 아룰레누스 루스티쿠스의 일화를 보면, 이들이 대대로 신의를 얼마나 중시했는지 알 수 있다. 또, 얼마나 작은 사건이 역사를 바꿔놓을 수 있는지도 보여준다.

유니우스 루스티쿠스는 조부가 살해된 지 채 10년이 지나지 않은, 100년 무렵에 태어났다. 그는 마르쿠스 아우렐리우스에게 스토아 철학을 소개함으로써, 궁극적으로 세계 최초의 철인 황제를 탄생시켰다. 마르쿠스 아우렐리우스는 조부 아룰레누스가 용감하게 저항했던 네로와는 정반대의 지도자였다.

루스티쿠스는 폭력적인 세상에서 벗어나기 위해 책과 이론에 파묻혀 살았다. 집에서 평화롭게 자기 이론을 구상하는 걸 좋아했기에, 어쩌면 '글쟁이 철학자'로만 남았어도 만족했을 것이다. 하지만 소카토가 대 카토를 보고 배웠듯이, 아룰레누스의 이야기를 듣고 자란 루스티쿠스에겐 불타는 사명감이 있었고 자연스레 고귀한 길을 걸었다. 우리도 이처럼 세상에 머무르는 짧은 순간 동안 적극적으로 사회에 이바지할 의무가 있다.

철학자가 세상에 이바지하는 법

루스티쿠스가 선택한 사회에 이바지하는 법은 군인이 되는 것이었다. 30대 초반에는 하드리아누스 황제 통치하에 집정관을 지냈다. 언젠가 그는 에픽테토스 밑에서 공부했던 아리아누스에게 가르침을 받은 적 있다. 도널드 로버트슨^{Donald Robertson} 같은 현대 학자들은 루스티쿠스가 에픽테토스의 강의에 참석해 위대한 현자의 가르침을 자신의 언어로 정리해두었으리라 추측한다. 훗날 이 필사본은 루스티쿠스의 서재에 있다가 어린 마르쿠스 아우렐리우스의 손에 들어갔고, 그의 삶의 방향을 완전히 바꿔버린다. 책을 주고받는 행위는 단순한 교류였지만, 종종 절묘한 때에 이루어진 만남은 세상을 바꿔놓기도 한다.

20대 초반에 루스티쿠스는 공식적으로 마르쿠스 아우렐리우스의 스승이 되었다. 마르쿠스는 훗날 스승에게 중요하고 중요하지 않은 것을 구별하는 법부터 위엄을 지니는 법, 그리고 명확하고 효과적으로 글 쓰는 법까지 많은 것을 배웠다고 회상한다.

훌륭한 인품을 갖추기 위해서는 성품을 갈고닦아야 하며 그에 합당한 노력을 게을리하지 말아야 한다는 것을 루스티쿠스로부터 배웠다. 또한 교묘한 언변에 휘둘리지 말 것, 사람들을 혼란에 빠뜨리기 위해 꾸민 거짓 이론에 속지 말 것, 막연한 추측에 근거해 글을 쓰지 말 것, 잘잘못을 따지는 훈계를 삼갈 것, 감언이설이나 미사여구를 멀리할 것, 사람들에게 금욕주의자나 자선사업가처럼 보이려고 하지 말 것, 평상복과 외출복은 가려서 입을 것, 고상한 취향을 잃지 말 것, 누군가에게 서한을 보낼 때는 루스티쿠스가 어머니에게 쓴 편지처럼 담백하게 작성할 것, 어떤 사람이 내게 화를 내거나 잘못한 경우에도 화해할 뜻을 비칠 때는 기꺼이 받아들일 것, 책은 피상적으로 한 번 훑어보는 것으로 만족하지 않고 주의 깊게 정독할 것, 유창한 언변으로 청산유수처럼 말하는 사람들의 말은 주의해서 듣고 성급하게 동의하지 말 것 등을 배웠다. 그의 서재에 있던 책으로 에픽테토스의 가르침도 알게 되었다.

마르쿠스는 루스티쿠스에게서 그야말로 모든 것을 배웠다. 바로 세네카가 네로에게 가르치려 했으나 가르치지 못한 것들이었다. 네로와 마르쿠스는 놀라울 정도로 달랐다. 네로는 10대 때 아버지가 죽은 뒤 세네카와 가깝게 지냈다. 마르쿠스는 스물다섯에 어머니를 잃은 뒤 루스티쿠스 밑에서 공부를 시작했다. 네로가 권좌에 올랐을 때, 세네카는 정치에 깊게 관여했다. 기원후 161년, 마르쿠스가 황제가 되었을 때, 스승은 치안판사이자 고문관이 되었다. 루스티쿠스는 세네카처럼 집정관직도 맡았지만, 그와 달리 제자에게 마주하기 어려운 진실도 계속 알려주려 했던 것 같다. 젊은 황제는 가끔 루스티쿠스에게 화를 냈지만, 스승과 제자는 언제나 화해했다. 잔소리나 꾸지람 때문에 서로 격하게 화를 내거나 후회할 일을 하지 않았다는 건, 두 사람 모두가 노력한 결과다.

네로는 반항적인 학생이었다. 그는 권력을 잡아 자기 마음대로 할 수 있을 때를 기다렸다. 자신이 젊었을 때 스승에게 품은 존경심은 시간이 흐르면서 원망과 혐오로 바뀌었다. 세네카는 언젠가는 나아지겠지 하는 마음에 네로를 받아주었고, 한편으로 그런 제자를 통해 자신이 그렇게 갈망하던 권력을 탐했다.

네로와는 다르게 마르쿠스는 스승으로부터 진정한 가르침을 받고 싶어 했다. 그래서 스승보다 훨씬 높은 지위에 올랐을 때도, 계속해서 제자로 남았다. 『히스토리아 아우구스타』에 따르면 마르쿠스는 항상 손등에 입을 맞추는 인사로 스승에게 경의를 표했고 다른 누구보다 존경했다고 한다. 사적인 일이든 공무에 관해서든 조언을 구했고, 한번 제자는 영원한 제자라고 생각했다. 스승 역시 자기보다 신분이 훨씬 높은 제자에게 직접 다가갔다.

플루타르코스는 얼마나 많은 정치인이 다른 사람에게 지배당하는 게 싫어서 남들을 지배하려 들었는지를 이야기한다. 황제는 절대 권력을 가졌지만 철학자이자 고문관인 루스티쿠스를 본인 위에 뒀기 때문에 위대한 인물로 거듭날 수 있었다. 다른 왕들이 권력을 휘두르며 내리막길을 걷는 동안 어떻게 마르쿠스는 변함없이 선정을 베풀 수 있었을까? 그 답은 루스티쿠스 같은 지혜로운 윗사람을 공경하고 원만한 관계를 유지했다는 데서 찾을 수 있다.

마르쿠스가 황제가 되자마자, 루스티쿠스는 주요 공직을 맡아 국가를 위해 봉사했다. 162년, 첫 번째로 집정관이 된 지 30년 후에는 두 번째 집정관직을 맡았다. 5년간 실질적인 로마의 시장으로서 경찰, 법률 집행, 공공사무를 관장하고 도시의 식량 문제를 관리했다. 로마에 뿌리 깊게 박힌 부패 풍토를 고려할 때, 책임감이 강하고 믿을 만한 사람에게만 맡길 수 있는 자리였다. 전하는 이야기에 따르면 그의 공무는 매우 공정했다고 한다.

판결 하나로 '악인'이 되다

루스티쿠스의 이름이 후대까지 알려진 이유는 하나 더 있다. 바로 기독교 철학자 유스티누스와의 충돌이다. 165년, 사소해 보이는 한 법정 사건이 루스티쿠스의 책상 위에 놓였다. 당시 유스티누스와 견유학파 철학자 크레센스는 심각한 갈등을 빚었고, 일반 시민들도 편이 갈려 목소리를 높였다. 크레센스는 유스티누스와 여섯 제자가 실제로는 무신론자라고 기소했고, 결국 유스티누스는 심문을 받게 되었다.

사실 유스티누스는 사마리아의 한 스토아 철학자 밑에서 공부했으나 기독교 신앙을 따르기 위해 학파를 떠났다. 유스티누스는 스토아 철학과 기독교 사상의 유사성에 관한 글을 남겼고, 루스티쿠스의 철학 역시 잘 알고 있었다. 이 때문에 스토아 철학자이자 판사인 루스티쿠스가 당연히 자신에게 유리한 판결을 내려주리라는 희망에 차 있었다. 그는 한 세기 전 세네카의 동생이 코린트에서 내린 공정한 판결도 알고 있었다. 바로 사도 바울에 대한 재판이었다.

하지만 그때와 상황이 많이 달라졌고, 루스티쿠스 역시 단순히 글만 쓰는 철학자가 아니었다. 그의 임무는 공동체의 평화를 지키는 것이었다. 그가 보기에 기독교는 로마의 신과 로마 제국의 우월성을 인정하지 않는, 사회에 분열을 일으키는 위험하고 광기에 찬 종교였다. 공정하게 법을 집행하던 루스티쿠스였지만, 이때 그는 잠시 권력에 취해 본분을 잊은 듯하다. 당시 마르쿠스는 전쟁에 나가 있었고 루스티쿠스를 견제할 사람은 아무도 없었다.

나오미 미치슨Naomi Mitchison은 『순교자의 피』에서 당시에는 마치 파시즘 시대처럼 소수 종교를 박해했다고 말한다. 그는 철학자 나우시파네스의 눈으로 스토아 철학자와 기독교인 간의 충돌을 설명한다. "기독교인은 로마의 체제에 반한다는 이유로 박해를 받고 있었다. 로마는 유일신의 존재를 계속해서 부정했다. 로마인은 종교에 관해서는 아주 너그러웠는데, 그들의 신은 개인이 절대적으로 섬기는 신이라기보다는 사회적 창조물에 가까웠기 때문이다. 하지만 정치적 목적으로 로마 제국은 다른 종교를 핍박했고, 핍박해야만 했다. 용기 있는 자들은 박해를 받았다."

우리는 대개 늘 옳은 일을 하고 있다고 생각한다. 하지만 실제로 끔찍한 일들은 옳은 일을 한다는 명목에서 시작된다. 현대적 색채를 담아 유스티누스의 재판 과정을 묘사한 『유스티누스 행전』을 통해 당시 상황을 살펴보자.

루스티쿠스는 팔을 걷어붙이고 유스티누스의 행적을 본격적으로 조사한다. 유스티누스는 자신의 신념이 현 권력자, 즉 로마 제국에 위협적으로 보인다는 걸 인정했다. 유스티누스가 이를 인정하고 변론했으나, 루스티쿠스는 "로마인들이 큰 실수를 하고 있다"는 유스티누스의 말이 기분 나빴던 것 같다. 재판은 통제할 수 없는 방향으로 흘러갔다.

"교만은 패망의 선봉이고, 불명예는 불의와 도덕적 실패의 앞잡이다." 세네카는 네로에게 바치는 『관용론』에서 이렇게 썼다. 힘 있는 사람이 힘없는 사람을 상대로 내리는 결정이 그 사람을 보여준다는 책의 핵심 내용은 루스티쿠스와 유스티누스가 처한 상황과 딱 맞아떨어진다. 당시 루스티쿠스는 황제의 스승이자 제국의 권력자로 사법 체계를 쥐고 흔드는 사람이었다. 유스티누스는 사회에서 신봉하는 신앙을 거스르는 믿음을 갖고 있었지만 힘없고 평범한 사람이었다. 대부분의 평범한 사람처럼 유스티누스도 관용을 얻을 자격이 있었지만, 이는 참작되지 않았다. 무죄로 판결 날 수도 있던 사건의 판도는 급격하게 달라졌다.

루스티쿠스는 유스티누스의 '죄'를 눈감아주지 않았다. 그는 로마가 허락하지 않은 신을 열렬히 신봉하는 유스티누스의 신앙심에 당황했다.

"즉, 자네 말은 채찍질을 당하고 목이 베었다 하더라도 반드시 천국에 간다는 거요?"

"그런 고난을 받으면 하느님의 나라에 들어갈 수 있습니다. 선한 삶을 산 모든 이에게 천국의 문은 영원히 열려 있습니다."

루스티쿠스는 마르쿠스에게 어떤 사람이 화를 내거나 잘못을 저질렀을 때도 화해할 뜻을 비친다면 기꺼이 받아들이라고 가르쳤다. 그런 태도는 어디로 사라진 걸까? 좀 더 관용을 베풀었다면 얼마나 좋았을까?

"빨리 중요한 본론으로 들어갑시다. 다 함께 모여 한마음으로 신께 제사를 올리십시오." 루스티쿠스는 반성하고 법을 따르면 풀어주겠다고 말했다. 루스티쿠스는 아그리피누스, 카토, 트라세아, 헬비디우스가 받은 선택지를 똑같이 유스티누스에게 제시했다. '적당히 어울려 평범하게 살아라.' 부당한 판결을 받은 트라세아는 형벌을 피할 기회가 있었지만, 루스티쿠스의 조부 아룰레누스의 도움조차 거부했다. 그리고 100년 뒤, 루스티쿠스는 완전히 반대편 자리에 앉아 있었다. 폭군이 스토아 철학자에게 부당한 복종을 요구한 게 아니라, 스토아 철학자가 힘없는 기독교인에게 신념을 내려놓으라며 복종을 요구하고 있었다.

"올바르게 생각하는 사람은 진정한 숭배에서 거짓 숭배로 옮겨가지 않습니다."

그저 로마인이 밥 먹듯이 하는 일, 즉 진심을 담지 않고 반성하는 척만 했어도 풀려날 수 있었다. 그러나 유스티누스는 타협하고 목숨을 부지하는 것보다 신념을 지키고 죽음을 택했다. 루스티쿠스는 마침내 권력을 사용하기로 했다. 신들에게 제사를 올리는 것을 거부하고, 황제의 명령에 순종하지 않는 자들은 채찍질하고 사형에 처한다는 명을 내린 것이다.

마르쿠스 아우렐리우스의 이름으로 내려진 명에 따라 유스티누스는 잔인하게 구타당하고, 피부가 찢어질 때까지 채찍질을 당하다가 결국 참수됐다. 이 사건은 흠잡을 데 없었던 루스티쿠스와 마르쿠스 아우렐리우스 시대의 오점으로 남았다. 유스티누스가 유연하게 대처하지 못했다고 해도, 막강한 권력을 가진 두 명의 스토아 철학자가 제논과 크리시포스가 주장했던 '심파테이아'를 떠올릴 순 없었을까? 과연 만장일치란 가능한 일일까? 특히 종교의 경우, 의견이 다른 사람은 꼭 있지 않던가? 사회에 다소 분열을 가져온다 할지라도, 공동체의 일원으로서 자신의 소임을 다할 수 있다는 걸 몰랐을까?

루스티쿠스도 처음 유스티누스의 재판을 맡았을 때는 자기 자신에게 이렇게 말했을지도 모른다. '그래, 저런 사람도 세상에 존재할

수 있지. 솜방망이로 때린 후 풀어주자.'

하지만 그러기엔 눈앞에 놓인 사건의 흑백을 가리는 데, 스토아 철학자의 온 관심이 집중되어 있었다. 유스티누스는 로마인의 중요한 관습인 제사법을 따르지 않았다. 법은 시민이 법에 복종하지 않을 때 어떤 처벌을 내려야 하는지 명확하게 규정해두었다. 165년, 결국 루스티쿠스는 기독교 역사에 길이 남을 사형 집행을 명령했다.

공공의 의무를 다한 충실한 로마 시민

이 사건은 그 당시엔 거의 주목받지 못했다. 로마는 당시 파르티아 제국과 전쟁 중이었고, 국경에선 게르만족과의 갈등이 고조되고 있었다. 제국에는 전염병이 들끓었고 수백만 명이 죽었다. 법을 위반해 처형된 한 사람의 이야기는 역사에서 금방 잊힐 것처럼 보였다.

하지만 역사의 흐름은 예측 불가능하다. 유스티누스의 죽음은 그해 목숨을 잃은 수많은 사람 사이에 묻힐 것처럼 보였지만, 사건의 파장은 상상 이상으로 컸다.

스토아 철학자 다수가 노예 제도에 의문을 제기하지 않았듯이, 당시로선 종교적 자유란 전혀 상상할 수 없는 개념이었다. 하지만 적어도 스토아 철학자라면 죽음의 위협에도 타협을 거부하고 순교의 길을 당당히 택한 이의 용기를 높게 샀어야 하지 않을까.

루스티쿠스는 유스티누스의 존재가 공공질서를 어지럽히고, 권력을 위협한다고 생각했다. 아이러니하게도 편집증적인 황제가 루스티쿠스의 조부 아룰레누스를 죽인 이유와도 같다.

루스티쿠스도, 유스티누스도 해야 할 일을 했다. 비록 더 큰 그림을 보지 못한 탓에 비극이 일어났고, 루스티쿠스는 기독교를 박해한 악인으로, 유스티누스는 신념을 위해 자기 목숨까지 희생한 성인으로 기억되고 있지만 말이다.

역사에 남을 법정 사건으로부터 3년이 지나고, 루스티쿠스는 시장직을 내려놓는다. 그리고 2년 뒤 사망한다. 마르쿠스는 로마에서 수백 킬로미터 떨어진 곳에서 피비린내 나는 전쟁을 벌이고 있었지만, 자신의 스승이자 친구였던 루스티쿠스를 잊지 않고 영예를 수여하라고 원로원에 명했다. 『히스토리아 아우구스타』에 따르면 로마 곳곳에 루스티쿠스를 기리는 동상이 세워졌다고 한다. 논쟁거리를 만들거나 설교를 늘어놓지 않고, 오직 자기 품성을 갈고 닦으며 공공의 의무를 다했던 철학자이자 충실했던 한 로마 시민을 위한 것이었다.

26장 옳은 일을 하라, 내머지는 중요하지 않다

성찰

스토아 철학의 위대한 실천자, 마르쿠스 아우렐리우스(Marcus Aurelius, A.D. 121~A.D. 180)

'팍스 로마나'라고 불리는 로마 제국의 전성기를 연 오현제의 마지막 황제. 외적의 위협과 전염병 유행이라는 위기에 맞서, 헌신적인 태도로 자신의 정치적 책임을 다했다. 최초의 철인 황제로 불리며, 스토아 철학적 성찰이 담긴 일기인 『명상록』을 남겼다.

플라톤이 철인정치론을 주장한 이래, 사람들은 언젠가 지혜로운 철인 지도자가 탄생하길 소망했다. 비록 철학자의 현실 참여를 지지하는 스토아학파가 수 세기 동안 권력의 중심에 있었지만, 그 누구도 통수권을 쥘 만큼 최고 권력에 가까이 다가가진 못했다. 오랜 시간 동안 로마 시민은 자신의 욕구보다 공익을 더 우선시하는 사람이 권좌에 오르길 바랐다. 하지만 지난 세기의 군주들은 절대 권력은 언제든 타락의 길을 걸을 수 있음을 증명했을 뿐이다. 카이사르부터 옥타비아누스, 티베리우스, 클라우디우스, 네로, 트라야누스, 베스파시아누스 그리고 도미티아누스까지, 장점도 있었지만 도덕적으로 분명한 결함이 있는 지도자들의 통치가 이어졌다.

기독교인이 구세주가 나타나길 기도하듯, 철학자 군주가 부패와 타락에서 로마를 구할 그날이 과연 찾아오긴 할까? 121년 4월 26일, 영국의 시인 매슈 아널드의 말을 빌려 표현하면 거의 불가능한 기대와 책임을 안고 태어난 한 소년은 철인 황제를 탄생시키려는 스토아학파의 오랜 노력이 가치 있었다는 걸 증명했다.

황제와 노예가 공유한 단 하나의 철학

훗날 장성해서 '마르쿠스 아우렐리우스'로 불릴 소년 마르쿠스 카틸리우스 세베루스 안니우스 베루스의 어린 시절을 두 마디로 정의하자면 성실성과 장래성이다. 아버지 베루스는 그가 세 살 때 세상을 떠나 마르쿠스는 조부모 손에 자랐는데, 할아버지는 눈에 넣어도 아프지 않을 손자를 궁정에서도 자랑하고 다녔다.

어린 나이부터 마르쿠스는 정직하기로 유명했고 학업에서도 출중한 성과를 거두었다. 하드리아누스 황제는 마르쿠스의 잠재력을 꿰뚫어 보고 주시했다. 그는 마르쿠스와 사냥 다니는 걸 좋아했는데, '진실한'이라는 뜻의 이름 베루스^{Verus}를 살짝 바꿔서 '아주 진실한 사람'이라는 뜻의 베리시무스^{Verissimus}라는 별명을 붙여주었다.

하드리아누스는 어떻게, 무엇을 보고 마르쿠스의 잠재력을 알아차렸을까? 마르쿠스는 누가 보기에도 똑똑했고, 좋은 가문 출신이며, 잘생기고 성실했다. 하지만 로마에 그런 아이들은 꽤 많았을 것이다. 어릴 때 똑똑하고 성실하다고 해서, 모두가 국가의 수장감이 되는 건 아니다.

열 살 무렵부터 마르쿠스는 철학을 공부하기 시작했다. 수수한 옷차림이었고, 냉철한 면모로 절제에 능했으며, 스스로 단련하기 위해서 바닥에서 자는 습관을 들이기도 했다. 마르쿠스는 자기 성격을 "곧고 중용을 알고 정직하고 분별력이 있으며 협조적이고 무심하다"고 평가했다. 아들이 없어 후계자 선택에 골머리를 앓았던 하드리아누스는 선임자의 사례를 떠올렸다. 아들이 없던 트라야누스 황제로부터 후계자로 선택된, 바로 자기 자신의 사례 말이다. 어린 마르쿠스와 함께 멧돼지를 사냥하면서, 하드리아누스는 분명 그에게서 용기와 침착함, 동정심과 단호함을 발견했을 것이다. 그래서 마르쿠스의 열일곱 번째 생일이 되자, 하드리아누스는 특별한 계획을 세운다. 그를 로마의 황제로 만들기로 결심한 것이다.

왜 마르쿠스를 선택했는지 정확한 이유는 모르지만, 어떤 계획이었는지는 잘 알려져 있다. 138년 2월 25일, 하드리아누스는 마르쿠스를 양자로 들이는 조건으로, 능력 있고 평소 신임이 두터웠던 쉰두 살의 안토니누스 피우스에게 행정관직을 준다. 그리고 천천히 마르쿠스에게 제위를 계승하기 위한 일들을 진행했다. 가장 먼저 교사를 붙여주었는데, 마르쿠스는 황실 일원이 된 후에도 직접 교사의 집으로 찾아가서 가르침을 받았다. 그리고 자신의 재력과 지위가 전혀 바뀌지 않은 것처럼, 예전 삶의 방식을 고수했다.

몇 달 후 하드리아누스가 세상을 떠나고 안토니누스가 즉위하게 되자, 마르쿠스 역시 로마 제국에서 단 열다섯 명만 선택된 자리에 오를 준비를 차근차근 시작했다. 물론 네로가 권좌에 오른 방법과는 전혀 달랐다. 결과는 어땠을까?

마르쿠스는 왕자 대부분과는 달리 권력을 갈망하지 않았다. 자신이 황실에 공식적으로 입양됐다는 걸 알게 되었을 때, 그는 기뻐하기는커녕 크게 슬퍼했다고 한다. 왕이 아닌 작가나 철학자가 되고 싶었을까? 마르쿠스는 어머니의 집을 떠나 황궁으로 가야 한다는 걸 알았을 때, 가슴이 철렁했다고 한다. 일생에 한 번 올까 말까 한 기회인데 왜 그렇게 낙담하는지 묻자, 마르쿠스는 지금까지 황제들이 저지른 악행을 줄줄이 읊었다.

최고의 지도자 중에는 무조건 자신만만하고 스스로 고평가하는 사람보다, 자신이 좋은 성과를 많이 이뤄내지 못했을까 걱정하는 경우가 많다. 그런 고민을 할 줄 아는 사람만이 쉽지 않은 과제에 도전하고 결국 그 일을 해낸다. 황제의 자리에 오를 것을 걱정하던 소년은 이 무렵 상아로 만든 어깨를 가지는 꿈을 꿨다. 맡은 책임을 잘 해낼 수 있다는 신의 계시였다.

열아홉 살에 마르쿠스는 로마 제국에서 가장 높은 공직인 집정관에 올랐다. 스물네 살이 되던 해에는 집정관에 재선출되었고, 마흔 살이 되던 해인 161년에 권좌에 올랐다. 네로와 도미티아누스, 베스파시아누스 같은 폭군들이 오른 바로 그 자리였다.

하드리아누스의 엄청난 추진력으로 어린 나이부터 일찌감치 후계자로 선택받은 게 궁극적으로 마르쿠스 아우렐리우스를 더 나은 사람으로 만들었다. 어떻게 폭군들과 다른 길을 갈 수 있었는가? 인류 역사상 최고의 성군 중 하나가 된 비결은 무엇인가? 이 질문에 대한 대답은 오로지 하나다. 바로 스토아 철학이다.

마르쿠스는 좋은 군주가 되기 위해 의식적으로 노력했다. 권력이 만들어내는 악의와 위선, 권력자들 특유의 무자비함을 늘 인식하고 자기는 그러지 않으리라 마음먹었다. 마치 노인이 젊은이를 가르치듯, 그는 자기 자신에게 이런 글을 썼다. "황제 행세를 하려 들지 말고 황제 노릇에 물들지 않도록 조심하라. 권력에 물들면 폭군이 되기 쉽다. 그러니 늘 소박하고, 선하며, 순수하고, 진지하며, 단호하고, 정의를 수호하고, 신을 경외하고, 친절하고 애정이 넘치는 자세로 자신에게 주어진 임무를 과감하게 행하라. 철학이 추구하는 이상적인 사람으로 남기 위해 애써라."

마르쿠스가 감당해야 할 인생의 고난은 황위 계승뿐만이 아니었다. 지병을 앓던 그에겐 고통이 반복적으로 찾아왔다. 스물여섯 살에 아버지가 되었지만, 운명은 그에게 믿을 수 없을 정도로 잔인했다. 마르쿠스는 아내 파우스티나와 열세 명의 자녀를 두었는데, 다섯 명을 제외하고는 모두 어린 나이에 요절했다.

재위 기간이었던 161년부터 180년까지는 안토니우스 역병이 돌았다. 극동에서 발생한 전염병은 오늘날의 코로나바이러스 감염증처럼 국경을 넘어 전 세계에 퍼져나갔고, 15년간 최소 500만 명의 생명을 앗아갔다. 엎친 데 덮친 격으로 국경에서는 무려 19년간 전쟁이 끊이지 않았다. 디오 카시우스에 따르면, 마르쿠스는 뛰어난 성품에도 불구하고 재위 기간 내내 건강 문제와 계속된 전쟁 등 수많은 어려움을 겪었다고 한다.

하지만 이런 외부적 고난은 스토아 철학자에게 걸림돌이 되지 않았다. 뜻하지 않은 재난, 재앙, 전쟁이 우리의 생명이나 삶을 위협할 수 있다. 하지만 이런 상황일수록 우리가 지켜야 할 것은 바로 전쟁과 재앙, 그리고 인생의 좌절에 대처하는 태도다. 난관 앞에서 절망하고 자기 인격을 저버리는 것이야말로 진정한 해악이기 때문이다.

유니우스 루스티쿠스가 필사한 에픽테토스의 강의록이 마르쿠스의 손에 들어간 건 그야말로 운명적 사건이었다. 에픽테토스와 마르쿠스는 모두 운명의 시련을 겪었다는 공통점이 있었다. 비록 한 명은 황제였고, 다른 한 명은 노예로서 신분은 극명히 대조되었지만, 두 사람은 모두 하나의 철학을 공유했다. 사실 노예가 황제에게 감화를 주었다는 건 모순적이지도 않고 이상한 일도 아니다. 신분이나 지위, 권력과 관계없이, 우리는 같은 인간으로서 많은 공통점을 공유한다. 모두가 운명 앞에 벌거벗은 무방비 상태로 놓여 있다는 점에서도 말이다.

계속된 고난을 이겨내다

한 사람이 어떤 사람인지 알고 싶다면, 그가 자신이 맡은 역할을 어떻게 수행했는지 보면 된다. 에픽테토스의 은유를 빌리면, 에픽테토스도 마르쿠스도 '우주'가 결정한 어려운 역할을 맡았다. 그들은 노예, 그리고 왕이라는 역할을 스스로 선택하지 않았지만, 자신의 운명 안에서 최선을 다했다.

161년, 양부가 세상을 떠났을 때 마르쿠스가 했던 첫 번째 행동을 생각해보자. 옥타비아누스는 황제가 되었을 때, 스토아 철학자이자 황제의 고문인 아리우스로부터 카이사리온을 제거하라는 조언을 들었다. "카이사르가 너무 많으면 보기 좋지 않은 법입니다"라는 섬뜩한 농담과 함께 말이다. 네로는 너무 많은 경쟁자를 없애버렸기 때문에, 세네카는 어떤 왕이라도 모든 경쟁자를 없애는 건 불가능하다는 걸 상기시켜야 했다. 마르쿠스 아우렐리우스는 어땠을까? 그에겐 아홉 살 차이가 나는, 한때 선대 황제로부터 '일순위 후계자'로 꼽힌 양동생 루키우스 베루스가 있었다.

마르쿠스는 어떻게 처신해야 했을까? 당신이라면 어떻게 했을지 생각해보라. 마르쿠스는 이 어려운 문제를 손쉽게, 또 품위 있게 풀어나갔다. 그는 양동생을 공동 황제로 지명했다. 즉, 절대 권력을 쥐자마자 첫 번째로 한 일이 권력의 반을 동생에게 나눠준 것이다. 영국의 왕이었던 조지 3세는 미국의 초대 대통령 조지 워싱턴이 대통령직에서 물러났다는 소식을 듣고 세계에서 가장 훌륭한 사람이라며 경탄했다. 권력의 반을 흔쾌히 내주는 일은 동서고금을 막론하고 경외심을 불러일으킨다. 비록 실권은 자신이 쥐고 있었지만, 동생을 공동 황제로 앉힌 일은 앞으로 철인 황제 마르쿠스 아우렐리우스의 치세가 어떨지 상징적으로 보여주었다.

앞서 언급한 것처럼, 당시 로마에는 안토니우스 역병이 대유행했다. 거리 곳곳에는 시체가 널브러져 있었고, 도시 전체에 죽음의 기운이 감돌았다. 황제가 도시를 벗어난다 해도 그 누구도 비난하지 않았을 것이다. 오히려 전염병이 유행하는 지역을 뜨는 게 더 신중한 행동이었을지도 모른다. 하지만 마르쿠스는 제2차 세계대전 당시 나치의 런던 대공습에도 도시를 지켰던 영국 왕실처럼 로마에 머물렀다. 시민에게 두려움을 내보이지 않았고, 자신의 안전보다 국정이 더 중요하다며 시민을 안심시켰다.

전염병과 끝없는 전쟁으로 국고가 바닥났을 때에도, 마르쿠스는 다시 한 번 갈림길에 섰다. 쉬운 길도 있었다. 세금을 많이 징수할 수도 있었고, 속주로부터 돈을 더 걷을 수도 있었고, 아예 문제해결을 후계자에게 미룰 수도 있었다. 그러나 디오 카시우스에 따르면 그는 기꺼이 어려운 길을 갔다. "포룸에서 황실 장식품을 팔아 금으로 바꿨다. 바바리아 봉기가 잠잠해진 후, 황실 장식품을 자발적으로 반환한 사람에게 판매가를 쳐주었지만 그럴 의사가 없는 사람들에게는 강요하지 않았다."

황제로서 로마의 예산을 마음대로 집행할 수도 있었지만, 손을 대지 않았다. 언젠가 그는 원로원 의원들에게 이렇게 말했다. "우리 가족은 소유한 게 거의 없다네. 내가 사는 집도 그대들 것이지 않은 가."

고난은 끝이 아니었다. 재위 말년, 시리아 속주 총독이자 마르쿠스가 가장 신뢰했던 장군 아비디우스 카시우스가 반란을 일으키면서 철인 황제는 다시 시험대에 올랐다. 충분히 화날 만했다. 명예, 정직, 동정, 관대함, 존엄성 등 자신이 평생 믿었던 가치들이 위협받는 순간이었으니까.

하지만 놀랍게도 마르쿠스는 쿠데타 시도를 위기가 아닌 기회라고 판단했다. 그는 이 문제를 잘 해결하고 올바르게 대처하는 걸 직접 보여주겠다며 동방의 속주로 향했다. 잘못을 저지른 사람을 용서하고, 우정을 배반한 이와 친구로 남으며, 신뢰를 깨뜨린 사람에게 계속해서 신뢰를 줄 수 있다는 걸 보여줄 기회였다.

하지만 한 암살자가 황제에게 잘 보이기 위해서 카시우스를 살해하고 만다. 이때 친구이자 배신자였던 이의 죽음을 대하는 태도에서, 마르쿠스가 얼마나 비범한 사람인지 드러난다. 디오 카시우스에 따르면, 마르쿠스는 카시우스의 죽음에 몹시 침통해 잘린 머리를 쳐다보지도 못했다고 한다. 그래서 카시우스의 머리를 들고 오지 말고 그냥 묻어주라는 명을 내렸다. 그리고 쿠데타 시도를 적극적으로 도운 여러 원로원 의원을 비롯해 카시우스의 측근들도 너그럽게 처분했다. 마르쿠스는 반역자들을 응징하라고 요청하는 원로원 의원들에게 이렇게 호소했다. "내 치세가 피로 얼룩지지 않도록 원로원 의원들께 간곡하게 부탁하네. 그런 일은 절대 일어나서는 안 되네."

스토아 철학이 최고의 자기계발 도구인 이유

그의 인생관과 리더십은 간단하고 단순했다. "옳은 일을 하라. 나머지는 중요하지 않다", 그리고 "어떤 사람이 선한 사람인지 이야기하는 데 시간을 낭비하지 말고 스스로 선한 사람이 되어라"라는 것이다. 스토아 철학의 핵심을 단적으로 드러내는 말로, 마르쿠스가 평생 지녔던 태도이기도 하다.

그에게는 어려운 일을 쉽게 풀어나가는, 다른 사람들이 갖지 못한 특별한 능력이 있었던 것처럼 보인다. 스토아 철학은 일반적으로 고통을 인내하고, 물질적인 욕망과 육욕을 자제한다는 인식이 있다. 하지만 마르쿠스는 스토아 철학을 단순히 인내와 절제의 철학이라고 받아들이지 않았을 것이다. 마르쿠스에겐 스토아 철학이야말로 자신을 더 나은 사람으로 만들어 고난을 적극적으로 극복할 수 있게끔 도와주는 지름길이었기 때문이다. 역사학자 헤로디아누스는 마르쿠스 아우렐리우스를 이렇게 평가했다. "단순한 말이나 철학 이론에 대한 지식이 아닌, 흠 없는 성품과 온건한 삶의 방식으로 철학의 가르침을 증명한 유일한 황제."

단단한 철학적 가르침과 성품 뒤에는 인간적인 면모도 있었다. 마르쿠스는 다른 사람과 다를 바 없이 슬픈 일에 눈물을 흘렸고, 힘든 일에 고통을 느꼈으며, 숱한 상실과 좌절도 겪었다. 『히스토리아 아우구스타』에 따르면 마르쿠스는 자신의 스승이 세상을 떠났을 때 눈물을 흘렸다고 한다. 어느 날, 법정에서 사건을 감독하던 중 한 변호사가 로마를 유린하는 전염병으로 많은 사람이 목숨을 잃었다고 말했을 때도 눈물을 흘렸다. 아마 뒤에서는 더 많은 눈물을 흘렸을 것이다. 가장 신뢰하던 장군에게 배신을 당했고, 사랑하는 아내는 불과 서른다섯에 사망했으며, 여덟 명의 자녀가 요절했다.

유약해서, 또는 스토아 철학을 실천하기에 내공이 부족해서 눈물을 흘린 게 아니다. 그 역시 인간이기에 울었다. 이런 고통스러운 사건들은 마르쿠스를 슬프게 했다. 일찍이 아버지 안토니우스는 다정한 말투로 아들에게 이렇게 말한 바 있다. "철학도 제국도 인간의 감정까지 막을 수는 없다."

마르쿠스도 결국 인간이니, 화를 내기도 했을 것이다. 그도 욕심과 두려움을 느끼고, 경쟁자가 사라졌으면 하는 마음을 갖기도 했을 것이다. 혹은 어쩌면 그는 분노를 통제할 필요가 없었을 수도 있다. 출판을 염두에 두지 않고 일기처럼 쓴 『명상록』에서조차 분노를 통제하는 법은 다루지 않은 걸 보면 말이다.

어쨌든 마르쿠스는 분노나 슬픔 같은 인간적 정념과 함께, 자신이 믿었던 가치를 무너뜨리는 해로운 정념도 길들이기 위해서도 노력했다. 그는 이렇게 썼다. "신에게 이렇게 기도해보면 알게 될 것이다. '저 여자와 한 번 자게 해주소서'라고 기도하지 말고 '저 여자와 한 번 자고 싶은 마음이 없어지게 해주소서'라고 기도하라. '저 사람이 사라지게 해주소서'라고 기도하지 말고 '저 사람이 사라졌으면 하는 마음이 없어지게 해주소서'라고 기도하라. '내 아이를 구해주소서'라고 기도하지 말고 '내 아이를 잃으면 어쩌나 하는 두려움을 내게서 없애주소서'라고 기도하라."

마르쿠스는 어려운 시기를 마주할 때마다 이런 조언을 마음에 새겼다. "외부의 환경으로 불안해지고 혼란스러워진다면, 신속하게 너 자신으로 돌아가라. 불안과 혼란에 필요 이상으로 노출되지 말라. 끊임없이 너 자신으로 돌아간다면 네가 처한 환경을 더 잘 다스리게 될 것이다."

트루먼 대통령 시기 국무부 장관과 국방부 장관을 지낸 조지 마셜의 아내는 남편을 이렇게 묘사했다.

> 남편에 관해 쓴 기사를 보니 기자들은 대개 남편이 내성적이고 겸손하다고 썼더군요. 하지만 전 그가 내성적이거나 지나치게 겸손하다고 생각하지 않습니다. 자신의 능력을 잘 알고 있지만, 겸손함과 이타심으로 조절하는 것뿐이죠. 강인한 남자치고 보기 힘든 면모입니다.

철인 황제를 떠올리게 하는 표현이다. 마르쿠스는 권력을 쥐었지만 타락하지 않았고, 끔찍한 전염병이 돌았을 때도 두려워하지 않았으며, 배신당했을 때 분노를 자제했고, 가족을 잃는 비극에도 무너지지 않았다. 그가 태어날 때부터 완벽했다면, 존경받을 이유는 거의 없었을 것이다. 완벽하지 않았다는 게 요점이다. 그가 노력으로 현자의 경지에 다다른 것처럼, 우리도 변할 수 있다. 마르쿠스도 우리가 다른 누군가와 비교하면서 부끄러워하는 것보다, 먼저 스스로 가진 능력을 다시 떠올리기를 바랄 것이다.

이게 무슨 뜻일까? 누구나 철인 황제 마르쿠스 아우렐리우스가 될 수 있다는 뜻이다. 그는 한 인간이 할 수 있는 일이라면 모두가 할 수 있다며, 자기 자신에게, 그리고 우리들에게 말하고 있다.

매일 밤낮으로 이런 생각을 하라

그렇다면 철인 황제의 수양법은 어땠을까? 생각보다 꽤 단순하다. 세네카의 글과 에픽테토스의 아침저녁 성찰법에 영향을 받은 것처럼 보이는데, 그의 철학자로서의 힘은 자기 성찰에서 나왔다. "매일 밤낮으로 생각하고, 글로 쓰고, 크게 소리 내어 읽고, 자기 자신과 다른 사람들에게 이야기하라."

마르쿠스는 몇 년간의 수양을 통해 자신만의 철학 사상을 키워나갔다. 특히 스토아 철학자들의 조언과 격언을 끊임없이 적어 내려갔다. 실제로 마르쿠스의 유일한 작품 『명상록』은 크리시포스의 명언, 파나이티오스와 제논의 글, 소크라테스에 관한 이야기, 아리스토파네스의 시, 에픽테토스의 수양법을 비롯해 스토아 철학이 알려주는 지혜에 대한 온갖 독창적 해석으로 가득하다.

167년에 쓰인 『명상록』의 원제는 '나에게 쓴 일기'다. 책의 본질을 완벽하게 담고 있는 제목이다. 이 책을 읽어보면, 진정으로 자기 자신만을 위해서 쓴 글이라는 게 느껴진다. 자기 자신에게 쓴 글이었기에 "안토니누스 피우스에게 용서를 구한 투스쿨룸의 징세관을 그가 어떻게 했는가"라든지, "카이에타의 그 사람"에게 신탁을 들었다는 식으로 자세한 내용이 없는 메모도 많다. 만약 독자를 겨냥하고 썼다면, 분명 누구를 지칭하는지 친절하게 알려주었을 것이다. 역사로 기록되기에는 너무 사소한 순간들이지만, 작가 마르쿠스에게는 영향을 미친 순간들이었을 것이다.

『명상록』은 독자가 아닌 마르쿠스 자신을 위한 책이다. 하지만 독자를 염두에 두지 않은 바로 그 점이, 이 작품을 시간이 지나도 빛이 바래지 않는 훌륭한 작품으로 만든다. 그 작품은 후대의 수많은 독자에게 교훈을 주는 데 성공했다. 1984년에 미국의 철학자 브랜드 블랜샤드 Brand Blanshard는 이런 글을 썼다.

오늘날 로마 사령관들이 어떻게 나아가고 후퇴했는지 관심을 두는 사람은 매우 적다. 하지만 실제의 삶이 거의 알려지지 않은 한 남자가 쓴 비망록은 세기를 넘어 사람들의 주목을 받는다. 이 진기한 인물은 한밤중에 펜을 들어 그날 일어난 일이나 내일의 계획을 쓰는 대신, 자신이 좇았던 이상이나 염원 등 심오하고 불변하는 주제에 대한 글을 썼다.

『명상록』 제1권의 제목이 '빛과 교훈'이라는 건 마르쿠스의 이상과 염원이 어떤 것이었는지 잘 드러낸다. 17절, 총 단어 수의 10퍼센트에 해당하는 2만 1천 단어에 걸쳐 그는 인생에서 가장 중요한 사람들에게 배운 교훈을 되새기고 해석하는 시간을 가진다. 제1권에서 마르쿠스는 할아버지의 예의와 온유함을, 아버지의 과시하지 않는 겸손함을, 어머니에게는 경건함과 관대함을, 개인 교사의 긍정적인 노동관을 배웠노라 고백한다. 그리고 주변에 좋은 사람들을 내려준 신에게 감사한다. 순전히 이론적이거나 사변적인 문제에 대한 글을 쓰지 않는 것, 잘잘못을 따져 훈계하는 연설을 삼가는 것, 사람들에게 금욕주의자거나 자선사업가처럼 보이려고 하지 않는 태도를 가르쳐준 루스티쿠스에게도 담담하게 감사를 표한다.

왜 감사의 글을 썼을까? 개인적으로 소장하고 말면, 저 사람들은 본인이 마르쿠스에게 어떤 의미였는지 알 수 없는데 말이다. 마르쿠스는 그 이유를 다음과 같이 설명한다.

네 마음을 즐겁고 기쁘게 하고자 한다면, 함께 어울리는 사람들의 좋은 점을 떠올려보라. 예를 들면 이 사람은 활력이 넘치고, 저 사람은 겸손하며, 또 한 사람은 너그럽고, 또 다른 사람은 다른 어떤 좋은 점이 있는지 생각해보라. 우리가 함께 살아가는 사람들의 성품 속에서 다양한 미덕을 많이 발견할 수 있다. 이런 점을 생각할 때처럼 즐겁고 기쁜 순간은 없다. 그러니 사람들의 미덕을 늘 머릿속에 간직해두라.

마르쿠스가 글을 쓴 목적은 스토아 철학의 목적과 진정으로 부합한다. 더 나은 사람이 되고, 삶에서 닥쳐올 고난과 시련을 견디기 위해서였다.

한편 제2권에서 마르쿠스는 제1절을 이렇게 시작한다. 오늘도 우리는 무례하고 교만하고 남을 속이는 사람을 분명 만나게 될 것이라고. 자기도 언제나 선할 수 없다고 변명하거나, 원래 사람은 그런 거라고 체념해서 그런 글을 썼을까? 아니다. 그는 "그 누구도 나에게 해악을 끼칠 수 없다"라고 했다. 그 누구도 마르쿠스에게 상처를 주거나 화를 돋울 수 없었다. 어떤 상황에서도 시민들을 사랑했고, 언제 닥칠지 모르는 풍파를 대비했으며, 개인적으로도 선하게 사는 데온 힘을 기울였기 때문이다.

사실 『명상록』의 핵심 내용은 타인을 위해 봉사하겠다는 다짐이다. 우리 모두에게 '심파테이아'와 공동선을 위해 봉사할 의무가 있다는 주장은 제논이 주창한 이래 크리시포스와 포시도니우스를 거쳐 수 세기 동안 전해 내려왔다. 『명상록』에서도 '공동선'이라는 단어가 80번이 넘게 등장한다. 그것의 실현이 곧 국가의 목적이라고 생각한 적이 거의 없는 전임 황제들을 생각하면 아주 이례적이다. "날이 밝았는데도 잠자리에서 일어나기가 싫을 때는 자연과 본성이 정한 삶의 목적은 다른 사람과 함께 일하는 것이라는 점을 떠올려라." 이런 내용은 너무 잊기 쉬워서, 마음에 두고두고 새겨야 했다. 우리도 마찬가지다.

마르쿠스는 자기만 볼 수 있는 일기장에 글을 쓰면서 자아를 성찰했다. 그는 명성이란 순식간에 사라지는 공허한 것이고, 박수와 환호는 각각 손과 혀가 부딪혀서 나는 소리일 뿐이라 했다. 언젠가 세상을 떠날 텐데, 사후의 명성이 뭐가 중요하단 말인가? 설령 명성을 얻는다고 해도, 미래의 사람들이 현시대의 사람들처럼 답답하고 판단력이 떨어진다면 명성이 무슨 소용이 있으랴.

"한때 사람들이 일상적으로 사용하던 단어들은 이제 한물간 것처럼 들린다. 세상을 떠난 유명인의 이름도 마찬가지이다. 카밀루스와 카이소, 볼레수스, 덴타투스가 그랬고 스키피오와 카토가 그랬으며 아우구스투스가 그랬고 그다음에는 하드리아누스와 안토니누스가 그랬다. 모든 게 눈 깜짝할 사이에 사라져서 전설이 되고 이내 잊힌다." 마케도니아의 왕이었던 알렉산더 대왕이나 그의 마부나, 모두 죽어서는 똑같이 차가운 땅에 묻혔다. 명예나 업적은 무엇을 위한 것인가? 아무리 품성이 좋은 사람일지라도 결국 최후는 다르지 않다.

마르쿠스의 『명상록』 10권이 탄생한 곳으로 알려진 로마 제2군단의 진영, 현재 헝가리 부다페스트 근처에 해당하는 아쿠인쿰에서 고고학자들은 황제의 동상을 발견했다. 동상은 석회암 재질에, 사람 실물보다 컸으며 토가로 덮여 있었다. 얼핏 보면 머리가 부러진 것처럼 보이나 자세히 보면 머리 부분을 교체할 수 있도록 설계됐다는 걸 알 수 있다. 황제를 숭배하는 신전의 장식물로, 새로운 황제가 즉위할 때마다 머리 부분만 바꿨던 것이다. 머리 부분만 계속 바뀌는 동상처럼, 마르쿠스는 자신이 이 세상에서 스쳐 지나가는 사람이란 걸 알았다. 그래서 타인의 칭송과 숭배를 받는 것에는 관심이 없었다. 기념비를 거의 만들지 않았고, 비판에 개의치 않았으며, 절대로 권력을 남용하지 않았다.

황제 하드리아누스가 분노에 사로잡혀 끝이 뾰족한 펜으로 비서의 눈을 찌른 사건이 있다. 물론 황제였기에 아무런 처벌을 받지 않았다. 마르쿠스도 황제라는 지위를 남용해 제멋대로 행동할 수 있었지만, 화를 자제하고 주변 사람들을 채찍질하지 않았다. 마르쿠스는 에우리피데스가 쓴 연극의 한 구절을 인용해 이렇게 썼다. "네게 일어나는 일들 때문에 화를 내는 건 아무런 쓸모가 없다. 그 일들은 네게 아무런 감정도 없기 때문이다."

행동으로 빚어낸 삶

그는 침착하고 존엄성을 갖춘 지도자였지만, 완벽한 통치자라고 할 수는 없다. 마르쿠스는 기독교인을 박해했고, 이는 루스티쿠스와 마르쿠스 삶에 오점으로 남았다. 하지만 마르쿠스 치세 말기를 살았던 초기 기독교 작가 테르툴리아누스는 황제가 기독교를 수호했다고 언급하기도 했다. 마르쿠스는 노예의 삶을 약간 개선했지만, 다른 스토아 철학자들과 마찬가지로 '노예제도'라는 체제 자체에 의문을 제기하진 않았다. 세계 시민으로서 지구상의 모든 인류가 연결되어 있다는 믿음을 가진 사람치고는 많은 전쟁을 일으켰고, 많은 이를 '야만인'이라 간주하고 죽였다. 그리고 무엇보다 철인 황제는 광기 어리고 흠 많은 아들 콤모두스에게 황위를 물려줬다. 마르쿠스는 아우구스투스 다음으로 처음 친자를 둔 황제다. 콤모두스는 네로와 더불어 로마의 암흑기를 대표하는 폭군으로 꼽힌다.

마르쿠스의 실제 모습을 글이나 그가 세운 높은 철학적 기준과 동일시하는 건 무리가 있다. 아마도 절대 권력을 제멋대로 휘둘렀던 다른 황제와 비교하는 게 적절할 것이다. 디오 카시우스도 권력을 남용하지 않았다는 측면에서는 마르쿠스가 그 어떤 황제보다도 국가를 잘 통치했다고 평가했다.

사실 마르쿠스처럼 섬세하고 사려 깊은 사람이 암군으로 돌변하는 경우는 매우 흔하다. 한 나라를 통치하거나 한 회사를 경영하려면, 필연적으로 더러운 세상의 질서와 인간의 결함들을 마주할 수밖에 없다. 이전까지 철인 황제가 등장하지 못했던 건 기회가 부족해서가 아니라 군주가 갖춰야 할 자질을 갖추지 못했거나, 그 자질을 중도에 잃어버린 경우가 많았기 때문이었다. 마르쿠스는 왕이 갖춰야 할 '상아로 된 어깨'와 예리한 사고력을 가지고 있었다. 세상이 플라톤의 『국가』처럼 되기를 기대하지 말라고, 그는 스스로 계속 되뇌었다. 황제로서, 마르쿠스는 현실을 현실적으로 바라보아야 했다. 후계자 자리를 아들에게 물려준 것도 그것 때문이었을까? 이상주의자이자 철학 애호가였던 마르쿠스도 현실적 면모를 가진 듯하다.

마르쿠스는 유려한 말로 늘 스스로를 독려했다. "오이가 쓴가? 그럼 내버려라. 길에 가시덤불이 있는가? 그럼 돌아서 가라. 네가 해야 할 것은 그것으로 충분하다."

행동 하나하나로 삶을 빚어나가라. 그리고 그 행동들이 추구하려던 목적을 달성했을 때는 만족하라. 그런 삶을 사는 걸 가로막을 자는 아무도 없다. 정의와 절제 그리고 지혜를 추구한다면 그 어떤 걸림돌도 헤쳐 나갈 수 있다. 물론 어떤 일들은 외부의 방해로 실패하기도 할 것이다. 그런 경우에는 먼저 그 걸림돌을 있는 그대로 받아들여라. 주어진 상황 속에서 취할 수 있는 다른 행동이 있는지 판단한 후, 그 행동이 내 삶의 가치와 맞을 때는 즉시 실천하라.

이 글은 마르쿠스의 리더십과 자기 쇄신에 대한 태도를 잘 드러낸다. 그는 자신과 함께 일했던 이들에 대해서도 같은 기준을 적용했다. 자신의 기준에 맞추거나 불가능한 걸 기대하는 대신(대부분 재능 있고 뛰어난 지도자도 참모진이 자신의 기준에 맞추길 기대한다) 그들의 강점을 살리고 약점을 품어주었다. 마르쿠스는 누군가가 자신의 말에 동의하지 않는 걸 두려워하지 않았고 공통의 대의명분을 위해 최대한의 의견 합치를 끌어냈다. 디오 카시우스는 이렇게 전한다. "마르쿠스는 어떤 사람이 선을 행하는 한 칭찬을 아끼지 않았다. 자신의 강점을 살릴 수 있는 자리에 배치하되, 그 외의 행동에는 관심을 두지 않았다. 자신이 원하는 대로 사람을 바꿔 쓸 수 없다는 걸 알고 있었고, 새로운 사람을 찾는 것보다 기존 인물을 적재적소에 배치하고 국가에 봉사하게 하는 게 더 적절하다고 생각했기 때문이다."

19세기 전기 작가 에르네스트 르낭Ernest Renan은 마르쿠스의 가치관을 완벽하게 묘사한다. "마르쿠스 아우렐리우스는 금욕을 강조하는 철학을 따르면서 유연성이 없어지고 엄격해졌을지도 모른다. 하지만 그럼으로써 다른 사람에게 찾기 힘든 선한 본성이 더 영롱하게 빛났다. 무엇보다도 그는 다른 사람에게는 관대하고 자기 자신에게는 엄격했다."

마르쿠스가 태어나기 40년 전, 시리아 왕은 무소니우스를 찾아간 적이 있다. 무소니우스는 왕에게 다음과 같이 말했다. "왕이기에 다른 사람보다 더 열심히 철학을 공부해야 합니다. 왕의 가장 중요한 임무는 백성을 보호하고 백성을 위하는 것입니다. 왕은 백성을 보호하고 국가에 유익을 가져다주는 사람으로서 무엇이 선하고 악한지, 무엇이 도움이 되고 무엇이 해로운지, 무엇이 유리하고 무엇이 불리한지 알아야 합니다. 또, 악과 손을 잡은 사람은 해를 입지만 선을 추구하는 자는 보호를 받을 것이고, 남에게 도움을 주고 자신의 이점을 살리는 자는 유익을 누리지만 불리하고 해로운 일에 관여하는 자는 처벌을 받아야 하는 걸 알아야 합니다. 이런 분별력을 기르기 위해서 철학이 필요합니다."

다섯 명의 로마 황제에게 쉴 새 없이 박해받고 괴롭힘을 당한 무소니우스는 언젠가 이런 왕이 나타나리라고 상상할 수 있었을까? 스토아 철학이 말하고 꿈꿔왔던 모든 것들이 이렇게 아름다운 모습으로 순식간에 실현되리란 걸 알았을까? 무소니우스는 선한 사람만이 좋은 왕이 될 수 있다고 말했고, 그의 글을 읽은 마르쿠스는 선한 사람이 되기 위해 최선을 다했다.

무소니우스는 자신의 가르침이 노예의 삶을 개선하는 실질적인 제도로 연결되리라 상상이나 할 수 있었을까? 양아버지 안토니누스와 함께, 마르쿠스는 해방 노예의 권리를 보호하고 심지어 그들이 주인의 재산을 상속받을 수 있는 제도를 마련했다. 또한 노예를 죽이거나 지나치게 잔인하게 대하는 것도 금지했다. 에픽테토스가 평생 다리를 절었던 게 가슴 아파서였을까? 아니면 불우한 사람들을 배려하고 정의를 실현하라는 스토아 철학의 미덕을 추구해서였을까? 물론 마르쿠스도 제도에서 완전히 자유로울 수는 없었지만, 그 당시 관습과 생각을 뛰어넘는 관점을 가지고, 점진적으로 더 나은 세상을 만들어간 점은 무척 인상적이다.

쉬운 결정도, 논쟁의 여지가 없는 결정도 아니었지만, 마르쿠스는 스토아 철학자로서 할 일을 했다. 반대나 비난에 부딪히더라도 굴하지 않았다. 어떤 어려움이 있어도 굴하지 않고 옳은 일을 하는 것은 얼마나 어려운가?

돌이켜보면, 마르쿠스는 일기장을 들여다보면서 들뜬 마음을 가라앉히고 무심, 즉 아파테이아apatheia의 경지에 도달한 게 분명하다. 침착함과 고요함을 뜻하는 단어 'galene(갈리니)'는 『명상록』에 여덟 번이나 등장한다. 그는 고요함을 강과 바다, 별과 자연의 아름다움에 비유했다. 자리에 앉아 첨필에 잉크를 묻혀 왁스 판이나 파피루스에 글을 써 내려가면서, 마르쿠스는 마음의 안식을 얻었다. 온 생애를 철학에만 바치면 좋으련만, 황제가 돌봐야 할 정무는 차고 넘쳤다. 그래서 전쟁터의 천막에서나 콜로세움의 검투 경기 중에 짬을 내서 자아를 성찰했다.

휴식을 취할 땐 자신의 영혼으로 떠나라

『명상록』은 마르쿠스가 시련에 맞서기 위해 마음을 다잡았던 순간이 꽤 자주 있었다는 걸 보여준다. 그는 "인생은 전쟁이고 낯선 땅에 머무르는 여정"이라고 썼다. 실제로 그는 제국의 북부 전선이었던 도나우 지역으로 원정을 떠나, 장장 12년 동안 피비린내 나는 전쟁을 치렀다.

디오 카시우스는 오랜 시간이 흐른 후 로마로 귀환한 황제의 모습을 그린다. 그는 왜 그렇게 오랫동안 자리를 비울 수밖에 없었는지 백성에게 설명했다. 사람들은 "8년!"이라고 애정 어린 목소리로 외쳤다. 양손의 네 손가락을 펴고 황제의 부재 기간을 가리켰다. 마르쿠스는 군중의 흠모가 얼마나 쓸모없는 것인지 자신에게 수없이 되뇌었지만, 그 순간만큼은 쌍수를 들고 환영하는 국민을 마다하지 않았을 것이다. 그래서 고마움과 선행의 표시로 로마 시민에게 800세스테르티우스씩 나눠주었다. 황제가 국민에게 베푼 가장 큰 선물이었다. 거기서 멈추지 않고 황제의 금고를 열어 채무자들의 빚을 탕감해주었고, 심지어 채무 증서를 포럼에서 불태워버렸다.

마르쿠스는 소박하게 살았고, 타인에게 관대했다. 황제로서 자신의 정책은 일기장에 써 내려간 원칙을 철저하게 따랐다. "남에게는 관대하고 나 자신에게는 엄격하라."

스스로 엄격하게 채찍질하는 일은 무척 피곤한 일이다. 그러나 『명상록』에서는 불만이나 한탄, 비난을 찾아볼 수 없다. 짐을 벗어

던지고 산이나 해변으로 떠나거나 서재에서 좋아하는 책을 읽고 싶을 때도 재충전을 위한 휴가가 필요하지는 않았다고 그는 말했다. "근심과 걱정에서 벗어나서 고요하고 평화롭게 쉬기에 자신의 영혼보다 더 좋은 곳은 없다 (…) 자주 영혼 속으로 물러나 쉼으로써 영혼을 새롭게 하라." 이처럼 그는 휴식을 취하기 위한 여행을 떠날 필요가 없었다.

앞에서 언급했듯이, 마르쿠스는 인생 내내 사랑하는 사람들을 잇달아 잃었다. 149년, 갓 태어난 쌍둥이 아들이 사망했다. 151년, 장녀 도미티아 파우스티나가 세상을 떠났다. 152년, 아들 티베리우스 에일리우스 안토니누스가 유아기에 요절했다. 같은 해에 마르쿠스의 누이 코르니피키아도 세상을 떠났다. 얼마 지나지 않아 어머니 도미티아 루킬리아가 세상을 떠났다. 158년, 이름이 알려지지 않은 아들이 죽었다. 161년, 양아버지 안토니누스 피우스가 숨을 거뒀다. 165년, 콤모두스의 쌍둥이 형제인 티투스 아우렐리우스 풀부스 안토니누스가 생을 마감했다. 169년, 작은 수술 중에 아끼던 아들 베루스를 잃었다. 자신이 형과 함께 로마를 통치했듯, 콤모두스와 함께 국가를 이끌기를 바란 아들이었다. 같은 해, 마르쿠스는 동생이자 공동 황제인 루키우스 베루스를 잃었다. 얼마 지나지 않아 아내가 세상을 떠났다.

마르쿠스의 다섯 아들과 세 딸이 아버지보다 일찍 눈을 감았다. 어떤 부모도 자식보다 오래 살기를 바라지 않는 법인데 여덟 명을 잃다니? 세상이 무너지는 것 같았을 것이다. 억울하다는 말로도 부족하다.

세상이 한 사람을 얼마나 쉽게 산산조각 낼 수 있는지, 자신의 믿음이 얼마나 쉽게 무너질 수 있는지 알게 되면, 자연스레 잔인한 세상과 운명을 원망하기 마련이다. 하지만 이토록 잔인한 현실을 겪고 나서 쓴 그의 글은 진정한 리더십의 정수와 놀라운 회복탄력성을 보여준다.

'운이 나빠서 이런 일이 일어났다'고 말하지 말고 '이런 일이 일어났는데도 그 일 때문에 무너지지 않고, 미래에 일어날 일도 두렵지 않으며, 이렇게 아무런 해악도 입지 않고 멀쩡한 것이 행운이다'라고 말하라. 누구나 그런 일에 해악을 입지 않는 건 아니기 때문이다.

마르쿠스는 양부 안토니누스를 항상 모범으로 삼았다. "안토니누스는 행운이 가져다준 유복함을 주저 없이 누렸지만, 뽐내거나 미안해하는 마음을 갖지 않았다. 있을 때는 최대한 활용했고 없을 때는 아쉬워하지 않았다."

『명상록』은 인생의 기복, 즉 인생이 가져다주는 축복과 저주에 대해, "자만하지 말고 있는 그대로 무심하게 받아들여라"라고 말한다. 수 세기 전 제논, 클레안테스, 크리시포스와 아리스토가 주장한 '선호하는 무심'을 이보다 더 잘 보여주는 문장이 있을까?

죽음에 관한 지혜

『명상록』에서 마르쿠스가 가장 심도 있게 다루는 주제는 단연 죽음이다. 자신의 건강 악화와 가족들의 사망으로 늘 죽음이 가까이 있다고 느꼈을지도 모르지만, 작가이자 심리학자인 도널드 로버트슨은 『로마 황제처럼 생각하는 법』에서 조금 다른 주장을 한다. 고대 로마인들은 향을 피우면 가족을 질병으로부터 지킬 수 있다고 믿었다. 역병이 돌았을 때 다른 부유한 로마 시민처럼 몸을 피하지 않았기에, 마르쿠스는 온종일 시체 썩는 냄새와 달콤한 향이 뒤섞인 냄새를 맡아야 했다. 로버트슨은 이렇게 말한다. "10년 동안 도시에 퍼진 향냄새는 마르쿠스가 죽음의 골짜기에 살고 있고, 오늘도 숨 쉬고 있음을 당연하게 여겨서는 안 된다는 걸 늘 깨닫게 했다."

이처럼 마르쿠스의 글에는 그의 통찰력이 담겨 있지만, 시대적인 상황도 반영돼 있다. "자신이 죽었다고 생각하거나 살아야 할 분량은 이미 다 살았다고 생각하라. 너의 여생은 덤으로 주어진 것이라고 여겨라." 또 다른 장에서는 이렇게 썼다. "지금 바로 이 순간에 죽을 수도 있는 사람처럼 모든 것을 행하고 말하고 생각하라."

어쩌면 죽어가는 동안 썼을지도 모르는 『명상록』의 마지막 두 권은 본격적으로 죽음에 대해 다룬다. 삶은 연극과 같다. 모든 연극은 막이 내리고 모든 배우는 무대에서 내려와야 하는 법이다. 하지만 죽음을 두려워하는 사람은 "5막 중 3막만 겨우 마쳤을 뿐인데 이렇게 가야 하나?"라고 절규할지도 모른다.

연극과는 달리 3막만으로 끝날 수 있는 것이 바로 인생이다. 여러 요소를 결합해서 처음 너를 만들어낸 그 존재만이 너의 인생을 언제 끝낼지 결정할 수 있다. 그 결정을 따라 너를 구성하고 있던 것들은 해체된다. 네가 태어나거나 죽는 것은 네가 결정할 수 있는 일이 아니다. 그러므로 자연의 결정을 선의로 받아들여 순순히 떠나라.

자연의 섭리를 따라 세상을 떠나는 건 위대한 철인 황제의 마지막 과제였다. 사실 그뿐만 아니라 모든 인간의 마지막 과제일 것이다. 우리는 언젠가 죽는다. 언제 어떻게 죽을지 모르지만, 그 죽음을 용기를 갖고 침착하게 잘 마주해야 한다.

지금의 오스트리아 빈에 해당하는 지역에서 벌인 게르만족과의 전쟁 도중에 마르쿠스의 병세는 악화된다. 자신의 병을 아들에게 옮길 것을 방지하고, 승계 문제도 깔끔하게 해결하기 위해 마르쿠스는 눈물을 흘리며 아들과 작별을 한다. 그를 로마로 보내 제국을 다스릴 준비를 시켰다. 끝이 얼마 남지 않았지만, 그는 여전히 다른 사람에게 가르침을 주었고 철학자로서 삶을 끝내려고 노력했다. 슬퍼하는 친구들 앞에서 그는 이렇게 말했다. "왜 나를 위해 눈물을 흘리는가? 모두가 고통받는 전염병과 죽음에 대해 생각하지 않고?"

생의 마지막 순간을 위해 늘 마음을 단련했던 마르쿠스는 존엄성을 지키면서 말을 이었다. "만약 지금 내가 세상을 떠나는 걸 허락해준다면, 작별 인사를 고하고 먼저 떠나겠네."

그는 이 말을 하고 하루 정도 더 살았다. 『명상록』의 마지막 문장에는 몸은 병마에 쓰러져갈지라도 여전히 의지를 다지며 자신만의 철학을 지키려고 고군분투한 강인한 철학자의 모습이 보인다.

그러므로 자연의 결정을 선의로 받아들여 순순히 떠나라.

마침내 180년 3월 17일, 위대한 철인 황제 마르쿠스 아우렐리우스는 경비병에게 "떠오르는 태양을 향해 가라. 나의 태양은 이미 지고 있다"라는 마지막 말을 남기고 세상을 떠났다. 잠자리에 들기 전 머리를 가렸고, 영영 깨어나지 못했다.

실천하지 않는 삶은 가치가 없다

제논이 태어나기 백여 년 전, 아테네의 정치가 페리클레스는 유명한 '추도 연설'을 통해 펠로폰네소스 전쟁에서 용감하게 전사한 수천 명의 동포를 애도했다. 그는 전사자들의 숭고한 희생과 위대한 정신을 적절하게 표현하기 위해 심혈을 기울였는데, 자신의 연설을 듣기 위해 모인 아테네 시민들에게 그들의 희생이 개인적인 명예를 위한 것이 아니라 조국과 동료 시민들의 미래를 위한 것임을 강조했다. 자기 목숨까지 기꺼이 내던진 용사들을 고취했던 건, 자신들보다 앞서 살았던 다른 이들의 용기 있는 삶이었다.

수많은 시간이 지난 후, 아프리카계 미국인으로서는 처음으로 메이저리그에서 활약한 재키 로빈슨은 이 메시지를 더 간결하게 표현했다. 그는 자신의 묘비에 이렇게 썼다. "타인의 삶에 영향을 주지 못하는 삶은 가치가 없다."

지금까지 살펴본 스토아 철학자들의 삶도 마찬가지다. 그들의 삶은 한 사람만의 것으로 끝나지 않고, 계속해서 책에 등장하는 후대의 인물에게도 영향을 미쳤을 뿐만 아니라, 이 시대를 살아가는 우리에게도 깊은 감동과 깨달음을 준다.

난파 사고로 우연히 철학에 입문한 제논은 이후 2500년이 넘게 전통이 유지된 철학 학파를 창조했다. 클레안테스의 근면함과 검소함은 그의 학설을 뒷받침했고, 크리시포스는 초기 스토아 이론을 정리하고 체계화했다. 카토는 공화국을 구하지 못한 채 눈감았지만, 이후 세네카와 트라세아 그리고 아그리피누스를 감화시켰고, 미국의 혁명가들 역시 카토를 본받아 공화국을 세웠다. 포르키아는 남편이 독재에 맞설 수 있도록 격려했고, 루스티쿠스는 에픽테토스 강의 필사본을 마르쿠스 아우렐리우스에게 전했으며, 무소니우스는 에픽테토스를 가르쳤다. 에픽테토스의 세계관은 아이티의 독립 운동가이자 흑인해방 지도자 투생 루베르튀르와 베트남전쟁의 영웅 제임스 스톡데일이 고단한 투옥 시절을 견디는 힘이 되었다. 글을 통해 영향력을 드러낼 때도 있었지만, 대부분은 스토아 철학을 삶에서 직접 실천함으로써 다른 이들에게 영감을 주었다.

철학을 가장 잘 실천하는 법

스토아 철학은 소크라테스의 가르침에서 시작했다. 플루타르코스에 따르면, 소크라테스는 학생들을 위해 책상을 놓거나, 의자에 편하게 앉아 있거나, 제자들에게 강의하고 산책할 때에도 시간을 무의미하게 낭비하지 않았다고 한다. 오히려 그 반대였다. 그는 농담할 때나 술을 마실 때, 군사 작전을 수행할 때나 시장에서 학생들과 시간을 보낼 때도 계속해서 철학을 실천했다. 심지어 누명을 쓰고 체포당한 뒤 독배를 마실 때도 철학을 실천했다. 위대한 철학자는 장소와 시간의 구애를 받지 않고 언제나 어디서나, 심지어 정념이 머릿속에 가득 차 있을 때도 철학을 실천할 수 있다는 걸 보여주었다. 고매한 삶이다. 그것이 마르쿠스 아우렐리우스, 제논, 무소니우스, 트라세아와 루틸리우스 등에게 본보기가 되었다는 점이 더욱더 고매하다.

스토아 철학자들은 군사 작전에 투입되기도 했고 시장에서 시간을 보내기도 했으며, 때론 합당한 이유로, 때론 억울하게 체포당했고, 자살을 강요받기도 했다. 하지만 언제나 철학자다운 면모를 보여줬고, 어쩔 땐 자기 목숨을 희생하면서까지 최선의 선택을 하려고 노력했다.

마르쿠스 아우렐리우스는 자신이 현재 맡은 역할을 충실히 다하는 게 철학을 가장 잘 실천하는 방법이라고 말했다. 아마 황제로서 역할과 소임을 다하라는 뜻이었겠지만, 그 의미는 확장될 수 있다. 부모로서 해야 할 역할, 배우자로서 해야 할 역할, 줄을 서서 기다리는 사람의 역할, 슬프고 절망적인 소식을 들은 사람의 역할, 부자의 역할, 추방당하거나 파산한 사람의 역할, 육체적으로 또는 정신적으로 예속된 사람의 역할 등 우리에겐 수많은 역할이 있다. 그리고 그 역할을 상황에 맞게 잘 해내는 게 바로 철학의 본질이고, 스토아 철학자를 탄생시키는 원천이다.

그렇다면 자신이 맡은 역할을 어떻게 잘 해낼 수 있을까? 철학자가 되기 전 노예였던 에픽테토스는, 제자들에게 세상으로 나아가 사람답게 먹고, 마시고, 입고, 결혼하고, 아이를 낳고, 활발하게 정치 활동을 하고, 고통을 견디고, 의지가 굳은 형제와 아버지, 아들, 이웃, 동반자와 함께 운명이 가져오는 고난을 견뎌내라고 했다. 진정한 배움은 이런 일상적인 태도에서 드러난다.

대체로 스토아 철학자들은 제논으로부터 배운 통찰력, 크리시포스가 매일 쓴 500줄의 글, 클레안테스가 쓴 50권의 책, 에픽테토스의 강의 필사본과 마르쿠스 아우렐리우스의 『명상록』으로부터 얻은 교훈을 실천했다. 또 타의 모범이 된 카토의 행실, 아그리피누스의 거침없는 용기, 세네카와 키케로, 그리고 디오티무스의 이야기로부터 배운 것을 몸소 보여주었다.

스토아 철학자들에게도 부족한 점이 있었을까? 물론이다. 그들은 재물의 유혹에 빠지거나 명성을 위해 타협하기도 했다. 화를 내기도 했고, 거짓말을 했으며, 경쟁자를 제거하거나 불미스러운 상황을 모른 척하기도 했다. 나서야 할 때 침묵했다. 판결에 의문이 남는 법률을 집행했고, 항상 행복하지는 않았다. 인생에 닥친 모든 역경을 언제나 존엄하게 감내한 것은 아니었다.

야망과 추진력, 권력과 지나친 욕망 그리고 잔혹함은 모두 로마의 역사를 추동한 동력이다. 로마의 지도자 대부분은 권력의 괴물 같았고, 무수한 악행으로 지금까지 회자되고 있다. 스토아학파 역시 무결하거나 완벽하진 않았지만, 그럼에도 끝내 삶에서 지켜낸 절제와 선함은 동시대 사람들에게 큰 위안이 되었다. 영국이 낳은 위대한 소설가 C. S. 루이스는 이렇게 말했다. "잔인한 폭군과 정복자는 종이 한 장 차이지만 폭군과 성인의 차이는 엄청나다."

실패한 사람, 평범한 사람에게서도 인생을 배울 수 있다

이 책에 등장하는 그 어떤 인물도 인생의 모든 순간에서 용기와 정의, 절제와 지혜라는 고결한 덕목을 실천하지는 못했다. 하지만 자신만의 방법으로 성공하거나 역경에 맞섬으로써, 의도했든 아니든 자신이 믿는 원칙이 실제 선택보다 더 숭고하다는 걸 가르쳐주었다. 완전무결한 인생보다 스토아적인 삶을 살려고 노력한 데에 더 큰 의의가 있다. 철학자들의 노력과 그 안에서의 성공과 실패로부터 교훈을 얻을 수 있다는 점에 주목하자.

에픽테토스는 이런 말을 했다. "신이시여, 아프지만 행복한 사람을 보여주십시오. 위험에 처했지만 행복한 사람, 죽어가지만 행복한 사람, 추방당했지만 행복한 사람, 불명예를 안았지만 행복한 사람을 보여주십시오. 스토아 철학자를 직접 볼 수 있다면 여한이 없겠습니다! 하지만 신이 저에게 완벽한 사람을 보여줄 수 없다면, 적어도 완벽한 사람이 되려고 적극적으로 노력하는 사람을 보여주십시오!" 이게 바로 이 책에 담긴 이야기와 인물들을 통해 궁극적으로 말하고자 하는 메시지다.

『스토아 수업』이 지금까지도 누군가에게 감화를 주고 있는 많은 스토아 철학자의 삶을 알리는 데 도움이 됐으면 좋겠다. 사실 책을 펴내는 데 가장 어려웠던 점은 스토아 철학의 원칙을 지키기 위해 씨름하고, 실천하며, 타인의 본보기가 되는 소위 '현대판 스토아 철학자'의 삶을 담지 않기로 한 것이다. 지갑에 마르쿠스 아우렐리우스의 명언을 넣어 다니는 《허핑턴 포스트》의 설립자이자 미디어계의 거물 아리아나 허핑턴 Arianna Huffington, 수십 년 동안 전쟁터에서도 『명상록』을 지니고 다녔던 제임스 매티스 장군의 경우처럼, 스토아 철학은 오늘날에도 명맥을 유지하며 핵심 메시지인 지혜, 용기, 인간다움을 간직하고 있다. 팀 페리스 Tim Ferriss 같은 작가나 《아이리시 타임스》의 칼럼니스트 로라 케네디 Laura Kennedy, 불안 치료와 인지행동 치료에 스토아 철학을 접목한 도널드 로버트슨 등은 스토아 철학을 대중화하는 데 일조했다.

스토아학파 중 엘리트 운동선수는 크리시포스뿐이었지만, 오늘날 스토아 철학은 NFL이나 NBA, MLB, 럭비 월드컵과 축구 선수들의 일상적인 훈련법이 되었다. 스포츠 캐스터 미셸 타포야 Michele Tafoya는 무소니우스가 흐뭇한 미소를 지을 만큼 철학 공부를 쉬지 않는다. 피츠버그 파이리츠 야구단의 클럽 하우스 벽에는 에픽테토스의 명언이 새겨져 있다. "우리를 화나게 하는 것은 우리를 화나게 한 일 자체가 아니라 그 일에 대한 우리의 판단이다."

제논, 세네카, 카토나 키케로는 오늘날의 실리콘밸리 사업가 케빈 로즈^{Kevin Rose}나 월 스트리트 재벌 토머스 캐플런^{Thomas Kaplan}처럼 막대한 부를 쌓은 벤처 사업가에 비유할 수 있다. 그들은 사업을 거느리는 동시에 스토아 철학을 실천했다. 수천 년 전 로마의 라이벌 학파와 1776년 미국을 세운 건국의 아버지들이 그랬듯이, 현재 미국 국회에서는 매일 아침 스토아 철학을 주제로 토론한다. 어쩌면 불의에 맞선 수호자 헬비디우스의 정신이 그 자리에서 다시 꽃피울는지도 모른다.

역사에 기록으로 남지는 않았지만, 무명의 평범한 철학자들도 많다. 그들은 스토아 철학자의 지혜 덕분에 자기 삶에 찾아온 시련과 고난을 인내할 수 있었다. 그들은 부모였고 시민이었으며 선생님이었고, 다른 사람들처럼 욕망과 두려움, 희망과 꿈을 가지고 유한한 삶을 사는 사람들이었다. 그리고 이 글을 읽는 독자처럼, 세네카나 에픽테토스 또는 포시도니우스처럼 최선을 다해 살아가려고 노력했다. 더 나은 사람이 되기 위해 글을 읽고, 가르침을 실천하고, 시도하고, 실패하고, 실패를 딛고 일어서 다시 시도했다. 우리의 삶도 그래야 하지 않을까.

어떻게 죽을 것인가?

〜〜〜

이 책에 등장하는 스토아 철학자들은 모두 죽음을 피해갈 수 없었다. 철학자들은 우리 모두가 태어나서 살아가다가 언젠가 죽지만, 오직 소수만이 '진정한 삶'을 산다고 말한다. 많은 사람은 실제 죽음에 이르기 전에 이미 죽어 있다는 것이다. 세네카의 말을 빌리면, 죽은 것과 별반 다를 것 없는 삶을 산다.

이 책은 스토아 철학자의 삶을 다루지만, 사실 거기서 가장 흥미로운 부분은 죽음이다. 그들에게 삶은 죽음을 준비하는 단계였다. 키케로는 철학적으로 사는 것은 죽는 법을 배우는 것이라고 말한 적 있다. 세네카는 권력을 쥐었으나, 인생의 종착역에 도착할 준비를 하고 있었다. 카토도, 트라세아도, 제논도 마찬가지다. 용기와 존엄성, 명석한 두뇌와 측은지심은 그들이 두렵거나 슬픈 상황에 처할 때 힘을 발휘했다. 폭군의 손에 죽든, 크리시포스처럼 농담이 너무 웃겨서 죽든, 스토아 철학자는 오랫동안 공부한 철학의 핵심을 죽음의 순간에 실천하면서 큰 교훈을 남겼다.

어찌 보면 이 책을 마무리하기에 적절한 교훈이다. 스토아 철학자 모두가 철학을 완벽하게 실천하지는 못했다. 그러나 방황과 타협 끝에 결국 도망친 키케로 정도를 제외하고, 이 책에서 소개한 스토아 철학자 중에 잘 죽지 못한 인물은 없다. 키케로는 스토아 철학을 사랑했지만 실천하지는 못한 인물이다. 쉽게 빗대어 말하면, 의사가 자신에게 처방한 약을 먹지 않은 셈이다.

에픽테토스는 말했다. "살아가면서 그 어떤 실수도 안 할 수 있는가? 그건 불가능하다. 하지만 실수를 피하려고 노력하는 사람은 누구나 될 수 있다."

이게 바로 스토아 철학의 핵심 메시지다. 자신이 할 수 있는 한 최선을 다하려는 끈기, 마음을 다스리는 평정심, 실수를 줄이려고 하는 마음가짐, 완벽하진 않더라도 계속 발전하고 더 나은 사람, 더 좋은 사람이 되려는 강한 의지, 이런 말들로 이 책에 등장하는 모든 스토아 철학자의 삶을 설명할 수 있다.

그런 훌륭한 가르침을 물려받은 이들에게 남겨진 질문은 단 하나다. 우리는 지금 스토아 철학을 실천하고 있는가?

출처 및 참고 도서

초기 스토아 철학 서적과 역사

1. Annas, Julia, ed. *Cicero: On Moral Ends*. Cambridge: Cambridge University Press, 2001. Contains a very helpful introduction and timeline of Cicero's writings.

2. Dyck, Andrew R. *A Commentary on Cicero, De Officiis*. Ann Arbor: University of Michigan Press, 1996.

3. Edelstein, Ludwig, and I. G. Kidd. *Posidonius*. Vol. 1, *The Fragments*. 2nd ed. Cambridge: Cambridge University Press, 1989.

4. Graver, Margaret. *Cicero on the Emotions: Tusculan Disputations 3 and 4*. Chicago: University of Chicago Press, 2002.

5. Graver, Margaret, and A. A. Long, trans. and commentary. *Letters on Ethics by Lucius Annaeus Seneca*. Chicago: University of Chicago Press, 2015.

6. Kidd, I. G. *Posidonius*. Vol. 2, *The Commentary*. Cambridge: Cambridge

University Press, 1988.

7.   ———. *Posidonius*. Vol. 3, *The Translation of the Fragments*. Cambridge: Cambridge University Press, 1999.

8.   Loeb Classical Library. Cambridge, MA: Harvard University Press. Includes important doxographical and historical source works such as Diogenes Laërtius, Plutarch, Tacitus, Suetonius, Dio Cassius, Athenaeus, Aulus Gellius, *Historia Augusta*, and others, along with Cicero and the many primary Stoic texts by Seneca, Epictetus, and Marcus Aurelius. www. loebclassics.com.

9.   Long, A. A., trans. *How to Be Free: An Ancient Guide to the Stoic Life, Epictetus' Encheiridion and Selections from Discourses*. Princeton, NJ: Princeton University Press, 2018.

10.   Long, A. A., and D. N. Sedley. *The Hellenistic Philosophers*. 2 vols. Cambridge: Cambridge University Press, 1987.

11.   Lutz, Cora E. *Musonius Rufus: The Roman Socrates*. Yale Classical Studies, vol. 10. New Haven, CT: Yale University Press, 1947. This collection of Musonius's lectures and fragments was reissued without the Otto Hense Greek text under the title *That One Should Disdain Hardships: The Teachings of a Roman Stoic*, with an introduction by Gretchen Reydams–Schils. New Haven, CT: Yale University Press, 2020.

12.   Mensch, Pamela, trans., and James Miller, ed. *Diogenes Laertius' Lives of the Eminent Philosophers*. Oxford: Oxford University Press, 2018. Not only a superb translation, but the collected essays are invaluable.

13.   Pomeroy, A. *Arius Didymus: Epitome of Stoic Ethics*. Atlanta: Society of Biblical Literature, 1999.

14.   Ramelli, I. *Hierocles the Stoic: Elements of Ethics, Fragments and Excerpts*.

Atlanta: Society of Biblical Literature, 2009.

15. Thom, Johan C. *Cleanthes' Hymn to Zeus*. Studies and Texts in Antiquity and Christianity 33. Tübingen: Mohr Siebeck, 2005.

16. von Arnim, Hans. *Stoicorum Veterum Fragmenta*. Leipzig: Teubner, 1903 – 5. Reprintedin four volumes by Wipf & Stock, Eugene, OR.

역사적 · 이론적 배경

1. Adams, G. W. *Marcus Aurelius in the Historia Augusta and Beyond*. New York: Lexington Books, 2013.

2. Algra, K., J. Barnes, J. Mansfeld, and M. Schofield, eds. *The Cambridge History of Hellenistic Philosophy*. Cambridge: Cambridge University Press, 1999.

3. Arena, Valentina. *Libertas and the Practice of Politics in the Late Roman Republic*. Cambridge: Cambridge University Press, 2012.

4. Astin, A. E. *Scipio Aemilianus*. Oxford: Oxford University Press, 1967.

5. Barnes, Jonathan. *Mantissa*: *Essays in Ancient Philosophy IV*. Edited by Maddalena Bonelli. Oxford: Clarendon Press, 2015.

6. Barrett, Anthony A. *Agrippina*: *Sex, Power, and Politics in the Early Empire*. New Haven, CT: Yale University Press, 1996.

7. Bartsch, Shadi, and Alessandro Schiesaro, eds. *The Cambridge Companion to Seneca*. Cambridge: Cambridge University Press, 2015.

8. Berthold, Richard M. *Rhodes in the Hellenistic Age*. Ithaca, NY: Cornell University Press, 2009.

9. Billows, Richard A. *Antigonos the One-Eyed and the Creation of the Hellenistic State*. Berkeley: University of California Press, 1990.

10. Birley, A. R. *Marcus Aurelius: A Biography*. London: Routledge, 2002.

11. Branham, R. Bract, and Marie-Odile Goulet-Cazé. *The Cynics: The Cynic Movement in Antiquity and Its Legacy*. Berkeley: University of California Press, 1996.

12. Davies, Malcolm. "The Hero at the Crossroads: Prodicus and the Choice of Heracles.", *Prometheus* 39 (2013): 3 – 17

13. Dawson, Doyne. *Cities of the Gods: Communist Utopias in Greek Thought*. Oxford: Oxford University Press, 1992.

14. Drinkwater, John F. *Nero: Emperor and Court*. Cambridge: Cambridge University Press, 2019.

15. Everitt, Anthony. *Cicero: The Life and Times of Rome's Greatest Politician*. New York: Random House, 2003.

16. Garland, R. *The Piraeus: From the Fifth to the First Century B.C.* London: Bristol Classical Press, 1987.

17. Gill, C. *The Structured Self in Hellenistic and Roman Thought*. Oxford: Oxford University Press, 2006.

18. Goodman, Rob, and Jimmy Soni. *Rome's Last Citizen: The Life and Legacy of Cato, Mortal Enemy of Caesar*. New York: Thomas Dunne, 2014.

19. Grant, Michael. *The Antonines: The Roman Empire in Transition*. London: Routledge, 1994.

20. Green, Peter. *Alexander to Actium: The Historical Evolution of the Hellenistic Age*. Berkeley: University of California Press, 1990.

21. Griffin, Miriam, and Jonathan Barnes, eds. *Philosophia Togata I: Essays on Philosophy and Roman Society*. Oxford: Clarendon Press, 1996.

22. Haskell, H. J. *This Was Cicero: Modern Politics in a Roman Toga*. New York: Alfred A. Knopf, 1942.

23. Laffranque, Marie. *Poseidonios D'Apamée*. Presses Universitaires de France, 1964.

24. Lavery, Gerard. "Cicero's Philarchia and Marius." *Greece & Rome* 18, no. 2 (1971): 133–42. Millar, Fergus. *The Roman Near East: 31 BC–AD 337*. Cambridge, MA: Harvard University Press, 1993.

26. Mitchison, Naomi. *The Blood of the Martyrs*. Edinburgh: Canongate, 1988. First published 1939.

27. Morford, Mark. *The Roman Philosophers: From the Time of Cato the Censor to the Death of Marcus Aurelius*. London: Routledge, 2002.

28. Nussbaum, M. *The Therapy of Desire*. Princeton, NJ: Princeton University Press, 1994.

29. Quinn, Josephine C. *In Search of the Phoenicians*. Princeton, NJ: Princeton University Press, 2018.

30. Raven, James, ed. *Lost Libraries: The Destruction of Great Book Collections Since Antiquity*. London: Palgrave Macmillan, 2004. In particular, chapter 3, T. Keith Dix, "Aristotle's Peripatetic Library."

31. Rawson, Elizabeth. *Cicero: A Portrait*. London: Bristol Classical Press, 1994. Originally published 1975.

32. ———. *Intellectual Life in the Late Roman Republic*. London: Duckworth, 2013. Originally published 1985.

33. Romm, James S. *Dying Every Day: Seneca at the Court of Nero*. New York: Alfred A. Knopf, 2014.

34. Sedley, David. "Philodemus and the Decentralisation of Philosophy." *Cronache Ercolanesi* 33 (2003): 31–41.

35. Smith, William, ed. *A Dictionary of Greek and Roman Biography and Mythology*. 3 vols. London: I. B. Tauris, 2007. Originially published 1849.

36. ———. *A Dictionary of Greek and Roman Antiquities*. 2 vols. Cambridge: Cambridge University Press, 2013. Originally published 1842.

37. Striker, G. *Essays on Hellenistic Epistemology and Ethics*. Cambridge: Cambridge University Press, 1996.

38. Williams, Gareth D., and Katherina Volk. *Roman Reflections: Studies in Latin Philosophy*. Oxford: Oxford University Press, 2015.

39. Wilson, Emily. *The Greatest Empire: A Life of Seneca*. New York: Oxford University Press, 2014.

40. Woolmer, Mark. *A Short History of the Phoenicians*. London: I. B. Tauris, 2017.

스토아 철학 관련 작품들

1. Bobzien, Susanne. *Determinism and Freedom in Stoic Philosophy*. Oxford: Clarendon Press, 2001.

2. Brennan, T. *The Stoic Life*. Oxford: Oxford University Press, 2005.

3. Brunt, P. A. *Studies in Stoicism*. Edited by Miriam Griffin and Alison Samuels. Oxford: Oxford University Press, 2013.

4. Colish, Marcia L. *The Stoic Tradition from Antiquity to the Early Middle Ages*. Vol. 1, Stoicism in Classical Latin Literature. Leiden: E. J. Brill, 1985.

5. ———. *The Stoic Tradition from Antiquity to the Early Middle Ages*. Vol. 2, Stoicism in Christian Latin Thought Through the Sixth Century. Leiden: E. J. Brill, 1985.

6. Edelstein, Ludwig. *The Meaning of Stoicism*. Martin Classical Lectures, vol. XXI. Cambridge, MA: Harvard University Press, 1966.

7. Engberg-Pedersen, T. *Paul and the Stoics*. Louisville, KY: Westminster John Knox Press, 2000.

8. Erskine, Andrew. *The Hellenistic Stoa: Political Thought and Action*. Ithaca: Cornell University Press, 1990.

9. Gould, Josiah B. *The Philosophy of Chrysippus*. Albany: State University of New York Press, 1970.

10. Graver, Margaret. *Stoicism and Emotion*. Chicago: University of Chicago Press, 2007.

11. Hadot, P. *The Inner Citadel: The Meditations of Marcus Aurelius*. Translated by Michael Chase. Cambridge, MA: Harvard University Press, 1998.

12. Hahm, David E. "Posidonius' Theory of Historical Causation." In *Aufstieg und Niedergang der Romischen Welt*, II.36.3, pp. 1325 – 63. Berlin: De Gruyter, 1989.

13. ———. "Diogenes Laertius VII: On the Stoics." In *Aufstieg und Niedergang der Romischen Welt*, II.36.6, pp. 4076 – 182, indices pp. 4404 – 11. Berlin: De Gruyter, 1992.

14. Ierodiakoou, Katerina. *Topics in Stoic Philosophy*. Oxford: Oxford University Press, 1999.

15. Inwood, B. *The Cambridge Companion to the Stoics*. Cambridge: Cambridge University Press, 2003.

16. Jackson-McCabe, Matt. "The Stoic Theory of Implanted Preconceptions." *Phronesis* 49, no. 4 (2004): 323 – 47.

17. Jedan, Christophe. *Stoic Virtues: Chrysippus and the Religious Character of Stoic Ethics*. London: Continuum, 2009.

18. Klein, Jacob. "The Stoic Argument from Oikeiōsis." *Oxford Studies in Ancient Philosophy* 50 (2016): 143 – 200.

19. Long, A. A. *Hellenistic Philosophy: Stoics, Epicureans, Skeptics.* 2nd ed. London: Duckworth, 1986.

20. ———. *Problems in Stoicism.* London: Continuum, 2000.

21. ———. *Stoic Studies.* Berkeley: University of California Press, 2001.

22. ———. *From Epicurus to Epictetus: Studies in Hellenistic and Roman Philosophy.* Oxford: Oxford University Press, 2006.

23. ———. *Greek Models of Mind and Self.* Cambridge, MA: Harvard University Press, 2015.

24. Long, A. G., ed. *Plato and the Stoics.* Cambridge: Cambridge University Press, 2013.

25. Meijer, P. A. *Stoic Theology: Proofs for the Existence of the Cosmic God and of the Traditional Gods.* Delft: Eburon, 2007.

26. Motto, Anna Lydia. *Seneca Sourcebook: Guide to the Thought of Lucius Annaeus Seneca.* Amsterdam: Adolf M. Hakkert, 1970.

27. Newman, Robert J. "Cotidie Meditare: Theory and Practice of the Meditation in Imperial Stoicism." In *Aufstieg und Niedergang der Romischen Welt*, II.36.3. Berlin: De Gruyter, 1989.

28. Obbink, Dirk, and Paul A. Vander Waerdt. "Diogenes of Babylon: The Stoic Sage in the City of Fools." *Greek, Roman, and Byzantine Studies* 32, no. 4 (1991): 355 – 96.

29. Papazian, Michael. "The Ontological Argument of Diogenes of Babylon." *Phronesis* 52, no. 2 (2007): 188 – 209.

30. Reydams–Schils, Gretchen. *The Roman Stoics: Self, Responsibility, and Affection.* Chicago: University of Chicago Press, 2005.

31. ———. "Philosophy and Education in Stoicism of the Roman Imperial Era." *Oxford Review of Education* 36, no. 5 (2010): 561 – 74.

32. Robertson, Donald. *How to Think Like a Roman Emperor: The Stoic Philosophy of Marcus Aurelius.* New York: St. Martin's Press, 2019.

33. Sambursky, Samuel. *The Physics of the Stoics.* London: Routledge, 1959.

34. Sandbach, F. H. *The Stoics.* 2nd ed. London: Duckworth, 1994.

35. Scaltsas, Theodore, and Andrew S. Mason, eds. *The Philosophy of Epictetus.* Oxford: Oxford University Press, 2007.

36. Schofield, M. *The Stoic Idea of the City.* Chicago: University of Chicago Press, 1999.

37. Schofield, M., and G. Striker, eds. *The Norms of Nature.* Cambridge: Cambridge University Press, 1986.

38. Sellars, J. *Stoicism.* Berkeley and Durham: University of California Press and Acumen, UK, 2006.

39. ———. "Stoic Cosmopolitanism and Zeno's 'Republic.'" *History of Political Thought* 28, no. 1 (2007): 1–29.

40. ———. *The Art of Living: The Stoics on the Nature and Function of Philosophy.* London: Bloomsbury, 2013.

41. ———. *Hellenistic Philosophy.* Oxford: Oxford University Press, 2018.

42. Sorabji, Richard. *Emotion and Peace of Mind: From Stoic Agitation to Christian Temptation.* Oxford: Oxford University Press, 2000.

43. Star, Christopher. *The Empire of the Self: Self-Command and Political Speech in Seneca and Petronius.* Baltimore: Johns Hopkins University Press, 2012.

44. Stephens, W. O. *Epictetus and Happiness as Freedom.* London: Continuum, 2007.

45. Valantasis, Richard. "Musonius Rufus and Roman Ascetical Theory." *Greek, Roman, and Byzantine Studies* 40 (2001).

46. Weiss, Robin. "The Stoics and the Practical: A Roman Reply to Aristotle."

DePaul College of Liberal Arts and Social Sciences, Theses and Dissertations, Paper 143 (2013), http://via.library.depaul.edu/etd/143.

옮긴이 조율리

영어 및 독일어 번역가. 한국외국어대학교에서 국제통상학과 스페인어를 전공했고, 한국외국어대학교 통번역대
학원을 거쳐 독일 하이델베르크대학교 석사 과정을 졸업했다. 캐나다 킹스턴대학교에서 영어 연수를 마친 뒤 주
한멕시코 대사관에서 통번역사로 근무했으며, 현재는 독일에 거주하면서 글로하나 출판번역 에이전시 소속 전문
번역가로 영미서, 스페인서, 독일서 리뷰와 번역에 정진하고 있다. 역서로 『너무 과한데 만족을 모르는』(공역)이
있다.

철학은 어떻게 삶의 기술이 되는가

스토아 수업

초판 1쇄 발행 2021년 3월 24일
초판 5쇄 발행 2023년 7월 14일

지은이 라이언 홀리데이 · 스티븐 핸슬먼
옮긴이 조율리
펴낸이 김선식

경영총괄이사 김은영
콘텐츠사업본부장 박현미
콘텐츠사업4팀장 임소연 **콘텐츠사업4팀** 황정민, 박유아, 옥다애, 백지윤
편집관리팀 조세현, 백설희 **저작권팀** 한승빈, 이슬, 윤제희
마케팅본부장 권장규 **마케팅1팀** 최혜령, 오서영
미디어홍보본부장 정명찬 **영상디자인파트** 송현석, 박장미
브랜드관리팀 안지혜, 오수미, 김은지, 이소영, 문윤정, 이예주
지식교양팀 이수인, 염아라, 석찬미, 김혜원, 백지은
크리에이티브팀 임유나, 박지수, 변승주, 김화정 **뉴미디어팀** 김민정, 이지은, 홍수경, 서가을
재무관리팀 하미선, 윤이경, 김재경, 이보람, 박성완
인사총무팀 강미숙, 김혜진, 지석배, 박예찬, 황종원
제작관리팀 이소현, 최완규, 이지우, 김소영, 김진경, 양지환
물류관리팀 김형기, 김선진, 한유현, 전태환, 전태연, 양문현, 최창우

펴낸곳 다산북스 **출판등록** 2005년 12월 23일 제313-2005-00277호
주소 경기도 파주시 회동길 490 3층
전화 02-702-1724 **팩스** 02-703-2219 **이메일** dasanbooks@dasanbooks.com
홈페이지 www.dasanbooks.com **블로그** blog.naver.com/dasan_books
종이 (주)아이피피 **출력** 민언프린텍 **후가공** 제이오엘앤피 **제본** 국일문화사

ISBN 979-11-306-3636-8 (03100)

다산북스(DASANBOOKS)는 독자 여러분의 책에 관한 아이디어와 원고 투고를 기쁜 마음으로 기다리고 있습니다.
책 출간을 원하는 아이디어가 있으신 분은 다산북스 홈페이지 '투고원고'란으로 간단한 개요와 취지, 연락처 등을 보내주세요.
머뭇거리지 말고 문을 두드리세요.